行政長官制度、權力與特區管治

基本法
研究叢書
LB

行政長官制度、權力與特區管治

朱國斌 章小杉 楊曉楠 編著

香港城市大學出版社
City University of Hong Kong Press

國際統一書號：978-962-937-616-1

出版
　　　香港城市大學出版社
　　　香港九龍達之路
　　　香港城市大學
　　　網址：www.cityu.edu.hk/upress
　　　電郵：upress@cityu.edu.hk

**The System and Power of the Chief Executive in relation to
Governance of the Hong Kong Special Administrative Region**
(in traditional Chinese characters)

ISBN: 978-962-937-616-1

Published by
　　　City University of Hong Kong Press
　　　Tat Chee Avenue
　　　Kowloon, Hong Kong
　　　Website: www.cityu.edu.hk/upress
　　　E-mail: upress@cityu.edu.hk

Printed in Hong Kong

目錄

總序

一

　　1997 年 7 月 1 日，中華人民共和國恢復對香港行使主權，「實現了長期以來中國人民收回香港的共同願望」（參見《香港特別行政區基本法‧序言》）。同日，香港特別行政區成立，成為「中華人民共和國的一個享有高度自治權的地方行政區域」（第 12 條）；《香港特別行政區基本法》正式生效，「以保障國家對香港的基本方針政策的實施」（〈序言〉）。始自這日，香港的歷史翻開了嶄新的一頁。

　　香港回歸標誌着中國在國家統一之路上邁出了一大步。對於香港特區而言，在《基本法》載明的「一國兩制」、「港人治港」、「高度自治」這些根本性原則統率之下，回歸更意味着憲制秩序的轉換與重構，以及中央與地方關係制度再造。在特區之內，「不實行社會主義制度和政策，保持原有的資本主義制度和生活方式，五十年不變」。就政府管治制度而言，基本的立法、行政、司法制度得以延續。就此而言，香港回歸取得了巨大成就，達成了歷史使命。

　　彈指間，香港回歸祖國已經二十年了。

二

　　常聽說：「香港是一本很難讀懂的大書。」對一些人而言，這本書依然晦澀難懂；而對另一些人來說，這本書寫到這般田地，不讀也罷。二十年後的今日，有人不斷地追問，東方之珠的「風采是否浪漫依然」？君不見，港英政府時代的制度瓶頸與問題，如貧富差距、地產霸權，今日仍揮之不去，赫然在目；特區政府又面臨着新的、尖銳的挑戰，有如北京－香港關係、行政－立法關係、管治低效、社會發展裏

足不前、本土主義與港獨思潮、普通法之延續，等等。這些，我們不可能視而不見。

然而，這又是一本必須去讀的書。之於內地讀者來說，很難理解在同文同種之下，為什麼兩地人民關係仍然顯得那麼生分，其程度甚至比回歸前更甚；為什麼祖國大家庭的小兄弟還是那麼「調皮」，時不時惹得父母生氣和懊惱。而對這本書的作者——香港人——來說，儘管「本是同根生」，但就是沒有那種親密無間的感覺。

這些年來，中國經濟發展突飛猛進，改革開放造就了「製造大國」。以經濟體量觀之，中國一躍而為世界第二大經濟體，這的確讓國人引以為傲，這就是「硬實力」。反觀香港，其 GDP 佔全國 GDP 的比重從 1997 年的 18.45%，下跌到 2016 年的 2.85%（《橙新聞》，2017 年 6 月 25 日），斷崖式下跌，今非昔比。

若僅以「硬實力」比拼，香港早就慘敗了。然而，在一國兩制下，香港人仍然有那份執着和「制度自信」，社會仍然繁榮昌盛。而且，客觀地觀察，香港也有自己的「軟實力」（soft power）。香港人自持的核心價值是法治、廉潔政府、自由，甚至還有有限的民主。

三

香港是一本必須讀懂的書。

在內地，以學術論文發表數量為衡量依據，香港研究曾一度成為「顯學」，時間大約是在《中英聯合聲明》簽署之後至《基本法》制定期間。及至香港九七回歸前後，也曾見研究興趣的再現。近兩三年來，在社會科學界，有關香港的研究又見興趣和出版高峰，這尤以法學界和政治學界為甚。

就《基本法》研究而言，學術成果猶如「雨後春筍，層出不窮」。理論的繁榮不一定表現在為成就唱讚歌，在客觀上，它反映了在實踐中存在並出現了很多新問題。今時今日，學術界首先面對的宏觀課題就是《基本法》理論的體系化、深度建設及研究的應用性。

從檢視現在的學術成果可以看到，學術界目前正關注的理論性、

實踐型問題包括：憲法與特區憲制秩序的形成、憲法與《基本法》的關係與互動、《基本法》變遷與政治發展之道、政治改革與中央權力、作為憲法原則的一國兩制、一國與兩制的關係、全面管治權與中央監督權之確立與行使、一國兩制與新型中央與地方關係模式、統一與多元之下中央與地方關係、特區管治與《基本法》、《基本法》之下權力分立模式、行政主導抑或三權分立、善治與行政——立法關係、《基本法》的「自足性」與全國人大常委會、《基本法》的「自足性」與香港普通法法庭、《基本法》下「雙軌制」釋法制度、本土主義及港獨思潮與《基本法》、《基本法》法理學，等等。

這些重大課題值得我們投入精力，一一闡發、澄清。

四

自 1996 年開始，我就在香港城市大學法律學院講授《香港基本法》及相關課程，對《基本法》研究略有心得，也希望為學術研究盡點綿薄之力。策劃出版本套「基本法研究叢書」的基本出發點及「初心」就是，多研究些問題，在理論與實踐間架設橋樑。進而言之，這也是為了學術，為了一國兩制繼續成功實踐，為了香港特區更好的未來。簡而言之，總結經驗，繼往開來。

「學術性」和「開放性」，是本叢書編輯出版所秉承的兩個基本原則。「學術性」不等於刻意追求著作的理論性、抽象性，不等於建造象牙之塔。不過，構造、解構與重構概念與理論是本叢書的使命之一。一部有質量的學術著作往往對實踐具有直接或間接的參考價值和指導意義。這樣的著作才有擔當，才能展現作者的使命感。至於「開放性」，具體而言，是指研究課題的開放性、研究方法的跨學科性，以及稿源的開放性。一切與《基本法》實施有關的課題都是本叢書關注的焦點，跨學科的著作尤為珍貴。叢書歡迎兩岸四地及海外作者不吝賜教、踴躍投稿，中英文著作兼收並蓄。

本叢書不敢好高騖遠，但還是志存高遠，希望為《基本法》研究提供一個共享平台，為學人搭建一個交流的園地。

最後，不能也不應該忘記的是，從策劃這套叢書的念頭一閃現開始，我就得到了來自香港和內地的傑出法律人和學者的至關重要的精神與道義支持。在此，我要特別記下對本叢書學術顧問委員會成員的真誠謝意，他們是：梁愛詩、王振民、王磊、何建宗、胡錦光、秦前紅、陳弘毅、楊艾文、韓大元。

<h2 style="text-align:center">五</h2>

香港城市大學位於九龍塘、獅子山下。在寫作本序言時，我情不自禁地想起那首耳熟能詳、由黃霑作詞、羅文演唱的名曲：《獅子山下》，不覺思緒萬千。《基本法》載明，一國兩制，「五十年不變」。二十年轉瞬即逝了，往者不可諫，來者猶可追。在未來的三十年，香港仍然會面對新的矛盾與挑戰，與此同時且重要的是，還有更多的發展機遇和更大的成功機會。香港人更應秉承獅子山精神，不斷適應變換中的新形勢、新環境，追求進步、繁榮、幸福。不忘初心，香港的前景必定是美好的。這也是我內心的深切願望。

行文至此，讓我引用一段《獅子山下》的歌詞為本序作結：

放開　彼此心中矛盾
理想　一起去追
同舟人　誓相隨
無畏　更無懼
同處　海角天邊
攜手　踏平崎嶇
我哋大家　用艱辛努力
寫下那　不朽香江名句

朱國斌
香港城市大學法律學院教授、法學博士
於九龍塘、獅子山下
2017 年 6 月 25 日子夜

序言

　　在香港特別行政區憲制機關中，行政長官無疑是最為重要的機構：一方面，行政長官作為特別行政區的首長，成為中央與特區的聯繫紐帶；另一方面，行政長官領導香港行政機關在整個政治體制內起到主導作用。行政長官的權力與特權由《香港基本法》列明；然而，在《香港基本法》的實踐中，行政長官權力及其行使並不經常是順理成章、合符期許、循着立法原意運行的。

　　在特別行政區 24 年的歷史中（1997–2021），我們一共見證過五屆政府、四任行政長官，他們是董建華先生、曾蔭權先生、梁振英先生、林鄭月娥女士。客觀地講，諸位行政長官治理施政不是按部就班、一帆風順的。那麼，我們不禁要問，是《香港基本法》設計的制度本身有結構性、技術性還是邏輯性缺陷，還是情勢變更之下行政長官（制度）未能適應這種時勢變遷，還是其他主觀或客觀原因？這種狀況給我們提出了關於行政長官制度的一些有研究價值的理論與實踐問題。

　　2019 年 12 月 20–21 日，由我主持「香港基本法實施研究：中國憲法和比較憲法的視角」（Research Project on the Implementation of the Hong Kong Basic Law: Chinese and Comparative Constitutional Law Perspectives）這一大型研究項目資助召開的「行政長官制度與權力」專題研討會在香港城市大學法律學院舉行。本研討會邀請到了來自內地、香港和澳門的法律與政策專家出席。本次會議圍繞相關憲制性法律條文，尤其是《基本法》第 48 條，探討行政長官制度安排與權力行使。研討會分為四大部分：第一部分主要集中於探討緊急情況下的行政長官職權，即行政長官應對緊急情況的權力；第二部分以《基本法》第 48 條為中心，對行政長官的各項職權作出釋義和考察；第三部分重點探討行政長官在

「一國兩制」和《基本法》之下的憲制地位與憲制責任；第四部分主題發言，集中討論緊急情況因應、行政長官的憲制角色以及行政長官的憲制權力。

本書大部分章節來自是次研討會論文，論文在最後收入著作之前由原作者作了不同程度的修正，最後由編者全面閱讀編輯。目前章節的編排則不完全等同於會議結構安排，而是以「行政長官制度、權力與特區管治」為主題重新集結展開，內容更加聚焦且相互關聯，以體現其理論性、研究性和結構嚴謹特點。

在出版本書之際，我特別感謝研究項目資助人對學術研究事業的慷慨支持。此前，研究項目還資助了《中央與特別行政區關係專論》（香港城市大學出版社 2019 年 6 月版，364 頁）、《「一地兩檢」與全國人大常委會的權力》（香港城市大學出版社 2020 年 11 月版，341 頁）兩書的編輯出版計劃。為此，我本人、亦代表與會者向研究資助人慷慨解囊的善舉表達深深的謝意。在香港，研究贊助人都是熱心社會公益的成功人士，他們不圖名不圖利，精神可嘉且感人。

最後，我要感謝章小杉博士（廣東外貿外語大學法學院講師、研討會時任香港城市大學法律學院博士後研究員）、楊曉楠教授（大連海事大學法學院教授）同意我一起共同主編本書，沒有她們的支持與合作，本書出版可能沒有這麼快，質量也沒有現在這種水準。章小杉博士在當時直接參加了「行政長官制度與權力」專題研討會的組織和會晤工作。同時，我要謝謝香港城市大學法律學院公法與人權論壇時任研究助理馮卓賢先生的全程行政支持。當然，我們謝謝香港城市大學法律學院提供的各種便利。

朱國斌

法律學院教授

2021 年 5 月 10 日

香港城市大學李達三葉耀珍學術樓，樂耘齋

導讀

特別行政區制度是憲法和《香港基本法》確立的特殊地方治理制度安排。香港特別行政區回歸 24 年來，在憲法和《香港基本法》共同構成的憲制框架下，政治體制形成以行政長官為核心的行政主導，立法和行政機關相互制約、相互配合，司法獨立的地方特色。作為中華人民共和國的一個特殊的地方行政區域，香港的政治體制有別於其他國家和地區的政體，也不同於其他內地自治區域或地區的政治體制，難以傳統政治理論中的權力分立、地方自治來界定香港特別行政區的制度運行。

在特別行政區的憲制框架下，行政長官的角色較為特殊。一方面，行政長官是特別行政區的首長，代表特別行政區，依照《基本法》的規定對中央人民政府和特別行政區負責；另一方面，行政長官是特別行政區政府的首長，負責特別行政區行政機關，與立法機關、司法機關共同行使特別行政區的管治權力。這種雙重首長制的憲制安排，必然決定行政長官所行使的權力不限於傳統意義上的行政權，還要在中央與地方關係中扮演重要的角色。行政長官的產生、履職、述職也不單純是特別行政區的自治事項，而涉及中央對特別行政區「全面管治權」的落實。從行政長官制度設計本身、歷史源流，到其選舉制度、述職機制，再到其在特別行政區的憲制框架下行使的具體權力，都是學界關注的焦點問題。從理論上，對行政長官相關制度進行深入研究，有利於貫徹實施「一國兩制」方針，落實「愛國者治港」原則，維護香港特別行政區的繁榮和穩定。

對於行政長官權力的研究首先應是文本主義的，對於《香港基本法》條文的立法歷史、規範內涵和體系結構等議題的闡述，構成了理解

行政長官權能和憲制地位的基礎。行政長官是一個法定機構。和其他的行政機關一樣，行政長官依照憲法、《香港基本法》以及香港本地法律行政，其權力行使的依據和邊界均由法律規定。同時，對於行政長官權力的研究還應保持實用主義的態度，政治權力的行使並非僵化，法律文本的概況性、模糊性，以及法律實踐的多樣性帶來了很多現實運行中的爭議。再者，對行政長官權力的研究還應抱以歷史主義的視角，三十餘年前《香港基本法》文本確定至今日，本地社會、國家以及國際社會經歷了巨大的變遷。法律並非在真空中運行，政治和社會環境會影響法律的運作。香港回歸以來的政治實踐，亦如此證明。因而，對行政長官制度和權力的研究，不能完全無視 30 餘年間特別是回歸 24 年來的政治和社會環境變遷。

本書融合了不同的學術視角，對行政長官的權力進行精細化剖析，對於深入理解香港特別行政區憲制體制，甚有裨益。

朱國斌教授與底高揚、章小杉合著的〈行政長官制度立法原意、理論建構與完善方向〉一文系統闡釋了行政長官的法律地位與法律職權。作者指出，《基本法》明確了行政長官作為香港特區首長和特區政府首長的「雙首長」法律地位。這法律地位具體地體現在行政長官與中央政府、特區政府、立法會、法院的憲制關係中。《基本法》規定了行政長官的職權，但相關規定的邏輯性較差。對此，作者分別以實體性權力與程序性權力、完整性權力與不完整性權力、特首權與首腦權三種分類標準，對行政長官的權力進行了類型化的研究。從香港回歸前後的憲政歷程來看，行政長官的職權的設置邏輯在於確保它居於憲制結構中的強勢地位，以確保香港的穩定和行政效率。然而，香港回歸以來，行政長官的職權的實施效果並不理想，受到立法、行政、司法等各方的掣肘。導致這現狀的原因是多元的，推動行政長官職權進一步落實，需要一套從理念到實踐的改革方案。

朱世海副教授的〈關於香港行政長官普選制度設計的思考〉一文探討了香港行政長官普選制度的設計應當注意的重要原則與問題。作者指出，選舉制度是民主制度的核心部分。《香港基本法》中有關行政長

官普選的規定較為原則，因此需設計具體的普選制度。這過程中應儘量實現三個「統一」。第一，保持功能界別傳統與擴大香港選民基礎相統一。以四大界別構成的行政長官提名委員會應擴大選民基數，這本符合《基本法》的「達致普選」的精神。第二，立足香港本土區情與世界民主潮流相統一。按照《基本法》的規定，行政長官的普選必須堅持由提名委員會提名的做法，方可符合香港本土實際。同時應跟上世界民主潮流，在提名制度等問題上，採用更加平等的安排。第三，尊重香港選民意志與體現中央政府意志相統一。實行普選後，行政長官人選就是香港選民的意志體現，應予尊重。同時，中央政府依法擁有實質性的任命權。因而要做到中央政府意志與香港選民意志的合一。

陳明輝博士的〈論行政長官任免制度的構成及其完善──以《基本法》第 45 條為中心〉一文從規範分析的角度探究行政長官的任免制度。作者指出，《基本法》第 45 條對行政長官設計了一種「選舉＋任命」的產生機制，這種機制是「一國兩制」內在張力的一個縮影。目前行政長官的選舉通過選舉委員會進行，選舉委員會同時享有提名權和選舉權，而中央人民政府則擁有最終的任命權。選舉權和任命權都是實質性權力，二者協調與否取決於中央意志與特區意志的和諧程度。雖然《基本法》未規定中央對行政長官的免職權，但可以通過憲法和《基本法》的相關條款推導得出。在緊急狀態之下，中央擁有對行政長官的單方任免權。在正常狀態下，中央的免職權只有在行政長官任期屆滿、辭職和遭到彈劾時才能動用。行政長官任免制度應當從具體規則層面進行完善，一方面是在選舉環節結合《行政長官選舉條例》完善選舉制度，另一方面應當由中央制定行政長官任免辦法，詳細規定任免程序。

黃明濤副教授的〈行政長官述職的制度化──以《香港基本法》第 43 條為中心〉一文從實現特區對中央負責的角度探討行政長官述職的制度化。作者提出，《基本法》規定，行政長官作為特區的首長，代表香港特區向中央人民政府負責。但從性質上來說，中央人民政府不是一個嚴格與香港特區對應的主體。如果將「中央人民政府」理解為「中央」，則會出現接受負責的機關不明確的問題。如果理解為「國家」，則

行政長官應向國家主席述職，但這缺乏《基本法》依據。某種意義上，中央人民政府是作為國家的代表，接受特區的負責。《基本法》上「負責」的含義並不清晰，對何為「述職」也缺乏實踐與理論上的共識。如從促進行政長官述職的制度化的角度來看，以憲制慣例作為述職的制度載體是適宜的。述職的內容應不限於特區政府的施政，更包括特區各方面重要情勢。述職僅僅是一種告知，而並非表達贊同或反對的態度。申言之，述職並不等於或包含行政長官的任何實質決定。

程潔副教授的〈香港的行政長官權力：從行政主導到分權制衡〉一文在批判行政主導和分權制衡兩種理論的不足後，提出以法律現實主義理解行政長官的權力。作者指出，儘管「行政主導」不是一個被明確界定的概念，但從政治傳統的延續性、《基本法》原意及條款中，我們均能發現行政長官在憲制架構中的強勢地位。而「分權制衡」理論認為，《基本法》體現了分權制衡的原則，行政長官及行政機關受到立法與司法的制衡。這兩種理論囿於法律形式主義的理解，與香港的政治現實脫節。實際上，立法會與法院的權力實踐均對行政長官的權力產生了影響與制約；相反，中央政府不論政治或法律上，都傾向於維護、提升行政長官權力。綜合來看，行政長官的權力逐漸從行政主導演化為受分權制衡，但並未穩定在分權制衡體系下。法律現實主義視角有助於我們打破兩種理論分化對立的僵局：要麼選擇強化行政主導、要麼強化分權事實、要麼持中調和兩方的政治主張與利益要求。

夏引業副教授的〈「民主悖論」與強權特首——以香港《基本法》第 48 條第 2 項為中心的分析〉一文重點分析了《基本法》賦予特首的執行法律的權力以及特首「權」與「能」不匹配的現狀。作者指出，當前香港正陷入「民主悖論」並集中體現為特首制度困境，特首的選舉、產生及其權力行使不斷引發新的政治、社會問題。《基本法》因襲港督體制所設計的「強權特首」，因回歸後政治環境的變化而無法實現。以《香港基本法》第 48 條第 2 項之規定為例，該條款賦予了行政長官廣泛且靈活的權力，但行政長官的實際權能受到了極大的壓制與限制，總體表現為「有權無能」，以至於行政長官十分謹慎地依照該條款行使權力

仍會引來各種指摘與對抗。香港走出困局、擺脫困境需要並將產生強權特首。特首的實際權力運作同時取決於特首的自我認知，以及相應的環境與條件，香港國安法的實施加固了特首的權力與地位，現任特首也更加清晰而明確地履行職責，形勢有望朝着積極有利方向發展。

楊曉楠教授的〈中央在特區發出行政指令權：對《香港基本法》第48條第8項的釋義學分析〉一文深入探究了中央人民政府向行政長官發出指令的權力的內涵、實質、範圍，及其與其他權力機制之間的關係。作者認為，中央人民政府就《基本法》規定的有關事務向行政長官發出指令是中央全面管治權的重要組成部分。回歸二十多年來，中央人民政府在實踐中鮮有公開明確地行使過該權力，學界對該權力的實質、內涵、機理研究也尚存空白。從《基本法》制定的歷史、中央與地方關係理論視角探析中央在特區發出行政指令權的法理基礎，對於完善中央管治權理論極為重要。中央向行政長官發出指令本質上是一項中央行政權的行使方式，也構成了行政長官的執行義務，其範圍是《基本法》中規定的、與中央人民政府有關的事務。在行使該權力時應從中央管治權的整體進行考慮，還應考慮這一權力行使與特區政治環境的相互作用，在機制建構中應特別注意該權力行使程序的規範性與公開性。

底高揚博士的〈論香港特別行政區行政長官的緊急立法權〉一文分析了行政長官緊急立法權的權力基礎與權力實施。作者認為，1997年2月全國人大常委會所作的決定是一項政治決斷，具有授予行政長官緊急立法權的憲制功能。行政長官的緊急立法權具有完善香港緊急法制、應對社會風險、拓展「一國兩制」彈性空間的必要性。其正當性可由香港緊急法治的發展階段、行政長官的雙首長地位、適合香港的緊急權力法律制度模式證成。其實施前提是事實的緊急情況而非擬制的緊急狀態。實施時應明確行政長官緊急情況判斷權與全國人大常委會緊急情況判斷權的關係，應妥善處理特區緊急立法權實施的及時性與民主性的關係。緊急情況下比例原則的標準應從「合理比例」轉向「明顯不合理」。在監督方面，《緊急法》與《釋義法》關於附屬法例的規

定存在衝突，立法會的立法審查可能會引發憲制危機；為防止司法專斷，相關司法審查應是有限度的，宜在具體個案中進行。

康玉梅博士的〈香港特別行政區《基本法》中的行政命令制度：淵源、流變與反思〉一文探討了行政長官行政命令職權的起源、適用及理論基礎。作者指出，《基本法》第 48（4）條確立的行政命令制度自回歸以來基本上處於沉睡狀態。從港督職權或中國內地行政權設置兩個路徑來溯源，只能看到些許的印跡或影子，無法得知是否存在明晰的制度承繼關係。從《基本法》起草過程來看，行政命令制度經歷的文本改動甚少，其爭議焦點主要在於範圍的界定和權力的限制。從行政長官發佈的關於公務員和秘密監察兩次行政命令的實踐應用來看，法院通過肯定前案、否定後案而初步確立了它的性質、適用範圍與效力：即由行政長官發佈的，形式上以《基本法》第 48（4）條為制定依據，實質上適用於行政機關內部公務人員，具有行政性而非立法性效力的行政管理工具。這與制度設計初衷產生了某種程度的背離和流變。它背後遵循的是自港督時期就確立的法律保留原則，但有必要反思目前司法實踐對其界定。

羅沛然博士的〈試論香港特別行政區行政長官的赦免權〉一文主要探討了行政長官依據《基本法》擁有的赦免權，及其與特赦、死後赦免、國家大赦等相關概念的關係。作者指出，《基本法》第 48 條規定了香港特首「赦免或減輕刑事罪犯的刑罰」的職權。這職權是參照港英時代總督的恩赦權。《英皇制誥》詳細規定了總督的恩赦權及其條件，但《基本法》沒有照搬，僅作原則性規定。從莊豐案、邱廣文案的司法實踐來看，行政長官的赦免及減刑權並不能成為凌駕法律之上的特權，亦不是替代法院處置犯罪人士的司法權，它須受到《基本法》的規限與法院的司法覆核的控制。行政長官的赦免權只限已定罪人士，而「反修例」中常談及的「特赦」更包括了被控告人士，因而「特赦」概念常受到違反法治精神的質疑。行政長官的赦免與減刑權具有多元可能。它看來可用來赦免已去世人士。它看來可用來貫徹中央當局對國家行大赦的意思。它看來可作為社會復和過程的一環。

　　葉海波教授的〈行政長官的行政特權——《香港基本法》第 48 條第十一項的分析〉一文探究了《基本法》授予行政長官的行政特權及其與立法會調查權的關係。作者論及，在美國，總統的行政特權植根於憲法至上原則與權力分立原則，指的是為了執行實施法律的憲法職責，總統必須對一定類型的檔案與通訊予以保密。這權力首先被用於總統抵制國會的調查。《香港基本法》第 48 條第 11 項也規定了行政長官的行政特權，它同樣構成了立法會調查權的法律界限之一。不過，鑒於立法會的調查權是它履行法定職責的保證，行政長官如主張行政特權，必須建基於《基本法》，即必須通過《基本法》規定的「安全和重大公共利益」法則的檢驗。香港《立法會（權力及特權）條例》對行政長官的行政特權的條件作了壓縮性規定，較之《基本法》規定更窄。按照權力分立的原則，行政特權不應當由立法機關予以規限，還是應遵從《基本法》的限制規定。全國人大常委會擁有對這一憲法性條款的解釋權。

　　盧兆興教授與洪松勳博士合著的〈行政長官會同行政會議的權力〉一文從歷史與發展的角度探討香港現時行政長官會同行政會議的組成與權力運作。作者詳細回顧了殖民地時期的制度史與香港回歸後歷任行政長官與其行政會議的組成及發展情況，指出行政長官會同行政會議制度源於殖民地時代的港督會同行政局制度，2002 年推行主要官員問責制後，整個公務員決策體系被納入行政會議中，加強了行政長官的管治團隊與管治能力。但現實證明，歷任行政長官與其行政會議都未能達致良好的管治效果。香港的管治問題，均可歸咎於行政長官會同行政會議制度中的深層矛盾。回歸以來，政府一味強調行政主導，沒有在香港建立起真正有效的權力分享機制與問責機制，這裡首先是缺乏本地對行政長官的問責機制。特首的民主認受性與問責機制的缺失，導致特區政府的主導地位無法落實。除此之外，特首的個人風格也進一步加深政府的施政困難，是社會嚴重分化的主要原因之一。

　　朱世海副教授的〈香港行政長官與《基本法》解釋〉一文分析了行政長官與《基本法》解釋制度的關係。作者認為，《基本法》第 158 條

規定的釋法主體有兩個,即全國人大常委會和香港法院。香港法院因擁有解釋《基本法》的權力而在實際上能夠對政府行為行使「違憲審查權」,這權力有時使「行政主導」變為「司法主導」。為應對法院解釋《基本法》帶來的挑戰,行政長官需要尋求全國人大常委會的《基本法》解釋權的支持。但全國人大常委會的釋法容易衝擊香港以普通法傳統為基礎的法律體制,因而不宜常態化。從為防止行政弄權、保護人權的角度,司法機關對政府行為的審查是必要的。不過,香港司法機關在違「憲」審查事務上經驗不足,以致對政府管治造成一些消極影響。為促進行政長官依法施政,從協調行政長官與司法的關係角度而言,需要完善、修改《基本法》第 158 條的規定,明確行政長官的提請釋法權,進一步提高行政長官對釋法的參與程度,發揮行政長官在釋法中的作用。

作者簡介

（按文章先後排序）

朱國斌：香港城市大學法律學院教授、法學博士，香港城市大學法律學院
人權法律與政策論壇主任，香港城市大學公共事務與法律研究
中心副主任，香港城市大學出版社社長。主要研究方向為中國
憲法、香港基本法、比較憲法、香港及內地法律制度，以及人
權法。近年主要著作包括：《中國憲法與政治制度》（第二版）、
《香江法政縱橫：香港基本法學緒論》、《新編中國法》（主編）、
《當代中國政治與政府》（合著，第三版）、《香港司法制度》（合
著，第二版）、《香港特區政治體制研究》（主編）、《第五次人
大釋法：憲法與學理論爭》（主編）、《中央與特別行政區關係
專論》（主編）、《「一地兩檢」與全國人大常委會的權力》（主
編）、《建構「一國兩制」憲制：在動態中達至平衡》和 *Personal
Data Privacy Law in Hong Kong*（2nd ed.，主編）。近期論文發表
於：*Stanford Journal of International Law, International Journal of
Constitutional Law, Human Rights Quarterly, Columbia Journal of
Asian Law, Suffolk University Law Review, Hong Kong Law Journal,
International Review of Administrative Sciences and China: An
International Journal*。

底高揚：深圳大學港澳基本法研究中心助理教授，法學博士，碩士生導
師。主要研究方向：憲法基本理論與制度、香港基本法。曾在
《法商研究》《法學》《政治與法律》《武漢大學學報（哲學社會
科學版）》等發表多篇論文，部分成果被人大複印資料《憲法

學、行政法學》《公共行政》以及《社會科學文摘》《新華文摘（網路版）》等轉載；曾獲中央領導、部級領導批示多項；現主持教育部、廣東省社科規劃項目等。

章小杉：廣東外語外貿大學法學院講師，法學博士。畢業於武漢大學法學院憲法學與行政法學專業。曾為美國佩斯大學法學院訪問學者及香港城市大學法律學院博士後研究員。主要研究領域為中國憲法、香港基本法、比較憲法及憲法理論。

朱世海：澳門科技大學法學院副教授，法學博士。研究領域為憲法（港澳基本法）、政治學（政黨體制）。近 10 年來，主持並完成 3 項國家社科基金項目課題；出版專著《香港政黨研究》（時事出版社，2008 年版）、《香港行政主導體制研究》（法律出版社，2011 年版）、《分歧與共識——香港行政長官選舉制度研究》（香港三聯書店出版公司，2018 年出版）；發表論文約 30 篇，其中多篇被《新華文摘》、《新華月報》、《思想理論動態參閱》、《憲法學行政法學》（中國人民大學報刊複印資料）、《港澳台研究》（中國人民大學報刊複印資料）、《黨政幹部決策參考》、《國圖決策參考》、《民主法制周刊》、《民主法制時報》、《學習時報》、《中國機構改革與管理》、《中國政協》、《長江日報》、《人民之聲報》、《行政法制》、《人民政壇》、《法治與社會》等轉載（摘編）。

陳明輝：北京理工大學法學院助理教授，法學博士。香港城市大學法律學院博士後（2017），北京大學法學院博士後（2019–2020）。主要研究方向為國家機構組織法、港澳基本法，已在《法學研究》、《法商研究》、《法律科學》、《政治與法律》等學術刊物發表論文若干。

黃明濤：武漢大學法學院副教授，法學博士。兼任中國憲法學研究會秘書處副秘書長；曾為美國威斯康星大學麥迪遜分校法學院暨東亞法律研究中心訪問學者（2011–2012）、香港大學法律學院中國法中心訪問學者（2014）。主要研究領域包括憲法基礎理論、比較憲法學（英美法系憲法）、一國兩制與港澳基本法。已在《中國法學》、《法商研究》、《政治與法律》、《法學評論》等學術刊物發表論文 20 餘篇，多篇被中國人民大學複印報刊資料轉載；在香港地區發表論文及報章評論若干；已出版專著 3 部，參編教材 2 部；主持國家社科基金項目 1 項。新近作品有：《憲制的成長：香港基本法研究》，三聯書店（香港）有限公司，2019 年10 月出版。

程　潔：加拿大英屬哥倫比亞大學法學院法學院副教授。曾任清華大學法學院副教授（1999–2019），並曾經作為訪問副教授訪問密歇根大學法學院、巴黎政治學院、哥倫比亞大學法學院等。2006–2007 年借調至全國人民代表大會常委會香港澳門基本法委員會。主要研究領域包括：中國憲法、比較憲法、香港基本法、澳門基本法、徵地權、信息安全、司法政治等。主要代表作品包括《治道與治權：中國憲法的制度分析》（法律出版社 2015 年版）、《憲政精義——法治下的開放政府》（中國政法大學出版社2002 年版）、曾經在《中國法學》、《法學研究》、《法學家》等專業期刊發表多篇學術文章。近期有關《香港基本法》的文章包括：〈香港新憲制秩序的法理基礎：分權還是授權〉（《中國法學》2017 年第 4 期）；〈不對稱治理格局下香港的憲制基礎與憲法適用〉（《中國法律評論》2018 年第 5 期）；"Paths of Justice"(Book Review), *Asia Pacific Law Review*, vol. 27, no. 2, pp. 306–9.(November 2019)。

夏引業：重慶大學法學院副教授、香港大學博士後研究人員。發表論文 30 餘篇，評論若干，主持省部級以上項目 5 項，研究方向為民族憲法學、一國兩制法學。

楊曉楠：大連海事大學法學院教授，香港大學公法學博士。曾任美國密歇根大學格勞修斯學者、香港城市大學兼職副研究員、香港大學中國法中心訪問學者。主要研究領域為憲法學基礎理論、比較憲法、比較行政法、港澳基本法、中央與地方關係理論、地方立法。曾主持國家社科、教育部、省社科等各類項目 20 餘項，發表中英文論文 40 餘篇。新近作品有：《中央與地方關係視角下的香港基本法解釋》、《〈香港基本法〉第 39 條的教義學分析：權利體系與規範功能》等。

康玉梅：北京外國語大學法學院講師。北京大學法學博士（2015）、美國哥倫比亞大學聯合培養博士、清華大學法學院博士後（2016–2018），香港大法律學院 Leslie Wright 基金研究員（2017）和基本法博士後研究人員（2019–2021）。主要研究方向為憲法與行政法、港澳基本法、法學理論和立法學，已在《中外法學》、《環球法律評論》等法學核心刊物發表數篇學術論文。

羅沛然：倫敦大學政治經濟學院法律學士，香港大學哲學博士，英格蘭及香港大律師。

葉海波：畢業於武漢大學法學院憲法與行政法學專業，法學博士，現為深圳大學法學院教授、深圳大學法學院副院長，兼任國務院發展研究中心港澳研究所高級研究員、廣東省法學會香港基本法澳門基本法研究會秘書長、深圳大學港澳基本法研究中心副主任、深圳大學合規研究院執行院長、深圳大學黨內法規研究中

心副主任、中國法學會憲法學研究會和立法學研究會理事等。主要研究憲法學與行政法學、黨內法規、合規原理與實務、港澳基本法、國家監察等理論與實踐問題。

盧兆興： 香港大學專業進修學院文理學院副院長、教授。曾於香港教育大學、滑鐵盧大學、香港大學和香港科技大學歷任要職。著作、論文、專著研究涉及中國、台灣、香港和澳門，主要內容包括民主政治與管治、有組織犯罪、危機管理等。

洪松勳： 香港教育大學社會學系助理教授、博士。其香港研究專著散佈於不同的學術期刊和書籍中。在香港歷史研究中探索學校公民教育政策，並將香港研究範圍拓展到不同的政治、社會文化和教育議題上。

第一部分

行政長官制度及其建構

第一章

行政長官制度立法原意、理論建構與完善方向

✥❖✥❖✥❖✥❖✥❖✥❖✥❖✥❖✥❖✥❖✥❖

朱國斌

香港城市大學法律學院教授

底高揚

深圳大學港澳基本法研究中心助理教授

章小杉

香港城市大學法律學院博士後研究員

　　從世界範圍來看，隨着公民參政意識的日益高漲和參政能力的不斷增強，社會組織力量的日益壯大和階層利益的不斷分化，科技（尤其是互聯網）發展的日新月異和西式民主思潮的極端變異，公眾服務需求日益多元而行政供給相對滯後，政府管治日趨困難成為一種全球性的常態化現象。比如美國奧巴馬時期的政府停擺危機、英國政府面臨的蘇格蘭獨立問題、西班牙政府遭遇的加泰羅尼亞公投事件等。不同背景下產生的形形色色的問題給各國政府管治帶來巨大的挑戰。同樣，在中國實施高度自治的地方行政區域——香港特別行政區（以下簡稱「香港」或「香港特區」），特區政府管治也面臨着來自立法會、法院、泛民派政治團體、媒體等多方面的壓力和挑戰。近幾年香港發生的「佔中」、「旺角暴亂」、「反送中」等嚴重干擾特區憲制秩序、影響香港社會穩定的重大事件就是例證。增強特區政府的管治能力、提高特區政

*　原文載於《紫荊論壇》2020 年 7–12 月號。特別感謝全國港澳研究會研究資助。

府的管治效率、提升特區政府的管治認同，是特區政府建設亟待解決的重大課題。

改善特區政府管治現狀，不僅要注重優化特區政府管治的外在環境，處理好特區政府與中央人民政府、特區立法會、特區法院等外部關係，還要着力完善特區政府自身的組織架構、功能配置、運作機制等。就後者而言，其中一個關鍵要素就是行政長官及其管治權能。根據《中華人民共和國香港特別行政區基本法》（以下簡稱「《基本法》」），香港特區行政長官是重要的憲制機構，有着重要的憲制地位和憲制作用。從香港層面來看，行政長官不僅是特區政府的首長，領導特區政府，還是香港特區的首長，代表着香港特區；從國家層面來看，行政長官是中國地方行政區域的首長，是中央管治香港的直接、重要樞紐，是中央意志在香港落地貫徹的關鍵環節。有效發揮行政長官的憲制作用，對於改善特區政府管治、提高管治效能有重大意義。

進一步地分析，行政長官憲制作用的發揮效果，首要地反映在行政長官職權的實現程度上。故切實有效地落實行政長官的職權，是行政長官有效發揮憲制作用的重中之重。行政長官的憲制職權，可從文本和實踐兩個層面分而檢視之。就文本而言，《基本法》第 48 條集中規定了行政長官的職權。然而，存在的問題是：（1）這些職權處於一種雜亂無章的狀態，如何使這些職權清晰化、邏輯化、體系化？（2）除第 48 條外，《基本法》是否有其他條款規定了行政長官的職權？在其他場景是否存在類似於憲制慣例性質的行政長官職權？（3）為什麼要賦予行政長官上述職權，或者說，這些職權之間的內部結構以及設置這些職權的內在邏輯是什麼？從實踐來看，需要總結和反思的是：（1）行政長官職權的行使效果如何？（2）為什麼有些職權得不到落實？（3）影響行政長官職權落實的因素是什麼？（4）如何完善行政長官職權行使的體制和機制？等等。為回答上述問題，本文從《基本法》文本出發，並結合香港特區的實際情況，通過文本解析、歷史考察、現狀評估等方法，系統闡釋行政長官的法律地位、明確行政長官職權的類型界限、理順行政長官職權的設置邏輯、識別行政長官職權難以落實的癥結、提出進

一步落實行政長官職權的可行建議，以求推動行政長官職權配置的科學化、內容的體系化、運作的制度化、效益的最大化。

一、「雙首長」——香港特區行政長官的法律地位

研究行政長官的職權首先要明確的是行政長官在香港憲制中的法律地位，因為處於什麼樣的法律地位決定了行政長官應該擁有什麼樣的職權。《基本法》第 43 條第 1 款[1]和第 60 條第 1 款[2]規定了行政長官作為香港特區首長和特區政府首長的「雙首長」法律地位，而這種法律地位進一步體現在行政長官與中央政府、特區政府、特區立法會、特區法院等不同憲制單元的關係中。《基本法》對這些關係作了較為明確的規定，所以，下面我們以上述關係為視角，系統地結合《基本法》的相關規定，對行政長官的「雙首長」法律地位進行闡釋和總結。

（一）行政長官與中央人民政府的關係

根據《基本法》第 15 條、[3]第 43 條第 2 款[4]和第 45 條第 1 款，[5]兩者關係可以概括為：中央人民政府依法任命行政長官，行政長官對中央人民政府負責。因而，理解兩者的關係需要對「任命」和「負責」進行釋義。

---

1. 《基本法》第 43 條第 1 款規定：
   香港特別行政區行政長官是香港特別行政區的首長，代表香港特別行政區。

2. 《基本法》第 60 條第 1 款規定：
   香港特別行政區政府的首長是香港特別行政區行政長官。

3. 《基本法》第 15 條規定：
   中央人民政府依照本法第四章的規定任命香港特別行政區行政長官和行政機關的主要官員。

4. 《基本法》第 43 條第 2 款規定：
   香港特別行政區行政長官依照本法的規定對中央人民政府和香港特別行政區負責。

5. 第 45 條第 1 款規定：
   香港特別行政區行政長官在當地通過選舉或協商產生，由中央人民政府任命。

就「任命」而言，我們須確定這種「任命」是實質性的還是名義性的。首先，香港特區的設立及其政治體制的安排最終源於中國《憲法》第 31 條，[6] 其規定了在香港實行的制度由具有主權者地位的全國人大以法律予以設置。在《基本法》屬於授權法[7] 的背景下，全國人大及其授權者（包括全國人大常委會、中央人民政府等）對香港政制的設計和安排具有決定權，因而，由中央人民政府任命香港特區行政長官實質是行使主權的體現，具有充分的合理性和正當性。其次，中央人民政府對行政長官的任命權是獨立而完整的。不管是現在的行政長官產生制度，還是未來行政長官普選制度，都包括了選舉和任命兩個主要程序，根據《行政長官選舉條例》第 11 條第（3）項規定[8] 可知，若選舉出來的待任命行政長官候選人未按期就任行政長官，則重新進行投票。在此，導致未按期就任的情形並未排除中央人民政府未通過對該候選人的任命，因而，可以斷定選舉程序和任命程序是兩個獨立的環節，前者並不是後者的附屬或可有可無的步驟。進一步而言，根據《行政長官選舉條例》第 11 條第（3）項的上述內涵，中央人民政府未任命該候選人實質上產生了否定行政長官選舉結果的法律效果。再次，根據國家主權行為的「不可司法性」（或「不可訴性」，non-judiciability），香港

---

6. 《憲法》第 31 條規定：
   國家在必要時得設立特別行政區。在特別行政區內實行的制度按照具體情況由全國人民代表大會以法律規定。

7. 許崇德先生認為香港和澳門的《基本法》是國家最高權力機關制定的特別授權法。許崇德主編：《港澳基本法教程》，北京：中國人民大學出版社，1994 年，第 54 頁。關於《基本法》作為授權法的法理依據及其體現，請參見鄒平學等：《香港基本法實踐問題研究》，北京：社會科學文獻出版社，2014 年，第 125–133 頁；朱世海：〈香港基本法中的權力結構探析─以中央與香港特別行政區關係為視角〉，《浙江社會科學》2016 年第 6 期。有關《基本法》作為分權法還是授權法的討論，亦可參見程潔：〈香港新憲制秩序的法理基礎：分權還是授權〉，《中國法學》2017 年第 4 期。

8. 《行政長官選舉條例》第 11 條第（3）項規定：
   在某些情況下定出新投票日：
   ……
   （3）如在選舉中選出待任命以填補──
   將會根據第 4(a) 條出現的行政長官職位空缺的候選人，未能在該空缺出現當日就任為行政長官，則倘若在任行政長官任期屆滿後的第 120 日……

法院不能對中央人民政府行使任命權行為進行司法審查。[9]綜上所述，中央人民政府對行政長官的任命權是實質性的，具有直接決定香港特區行政長官能否最終產生的實質效力。

就「負責」而言，一方面，香港特區行政長官對中央人民政府負責制不同於英式責任內閣制，[10]也不同於中國內地被產生機關對人民代表大會的負責制，[11]其內涵的關鍵字眼是「依照本法（即《基本法》）的規定」。從總體來看，《基本法》第43條第2款的「負責」實質是一個二元體系，[12]即以香港特區為基準線，特區高度自治範圍內的事務由行政長官對特區負責，高度自治範圍外的事務由行政長官對中央人民政府負責。也就是說，行政長官對中央人民政府的負責是一種有限責任制。[13]另一方面，儘管《基本法》未直接規定中央人民政府可以提出對行政長官的不信任案，但不論從任命的基礎還是從政治憲理來看，中央人民政府保留着對行政長官的直接罷免權。當然，這種罷免權的行使應有嚴格的條件和程序，其前提至少是行政長官的言行嚴重違背了「一國兩制」基本原則和《基本法》的有關規定。綜合分析，我們可以進

---

9. 參見韓大元、黃明濤：〈論中央人民政府對香港特區行政長官的任命權〉，《港澳研究》2014年第1期。
   《基本法》第19條第3款規定：
   香港特別行政區法院對國防、外交等國家行為無管轄權。香港特別行政區法院在審理案件中遇有涉及國防、外交等國家行為的事實問題，應取得行政長官就該等問題發出的證明文件，上述文件對法院有約束力。行政長官在發出證明文件前，須取得中央人民政府的證明書。

10. 英式責任內閣制是以議會為基礎而形成的，即由在議會議員選舉中佔多數的政黨或政黨聯盟的領袖擔任首相，並組織內閣，內閣政府集體向議會負責。議會可以對內閣投不信任票，迫使內閣整體辭職，由國王任命新的首腦重組內閣；首相也可以提請國王解散議會，重新選舉。

11. 「一府兩院」由本級人民代表大會選舉產生，前者對後者負責，執行或適用後者制定的法律、作出的決定並受後者監督，後者有權罷免前者。

12. 《基本法》第43條第2款規定：
   香港特別行政區行政長官依照本法的規定對中央人民政府和香港特別行政區負責。

13. 這一點在國務院發展研究中心港澳研究所編寫的《香港基本法讀本》裏有所體現。行政長官對中央人民政府負責的主要內容包括執行《基本法》和香港其他法律；執行中央人民政府就《基本法》規定的有關事務發出的指令；代表特區政府處理中央授權的對外事務和其他事務；提請中央人民政府任免政府主要官員。參見《香港基本法讀本》，北京：商務出版社，2009年，第135–136頁。列舉式的規定說明行政長官對中央人民政府的負責範圍是有限的。

一步將香港特區行政長官與中央人民政府的關係概括為：後者依法獨立而完整地任命前者，前者在香港特區高度自治範圍外對後者負有限責任，且後者對前者保留直接罷免權。

（二）行政長官與特區政府的關係

在總體層面上，《基本法》第 60 條[14]明確規定了行政長官是特區政府的首長，而第 59 條[15]規定特區政府是香港特區的行政機關，因而，此處「首長」的性質可以判斷為行政權性質（executive power），即在行政長官與特區政府的關係架構裏，行政長官是香港特區的最高行政官員。關於此處「首長」的內涵，《基本法》其他條文進行了主要列舉，具體來說：第一，《基本法》第 48 條第（1）項[16]規定了行政長官對特區政府的領導權。從中國憲制用語慣例來看，「領導」一詞用於描述上下級關係，行政長官領導特區政府意味着在特區政府架構中，行政長官居於最高和最終決定地位。第二，《基本法》第 48 條第（4）項[17]規定了行政長官的政策、命令決定權。特區政府的運作必須具備起始點，這個起始點就是具體的政策、行政命令。但政策和行政命令不會憑空產生，其必須依靠行政長官來作出。如果把特區政府比作一個人的話，行政長官就是這個人的大腦或中樞，先由大腦作出決定，再由身體其他部分協調完成所決定事項。儘管特區政府設置了行政會議，但本質上它被定位為行政長官決策的協助機構，不能對行政長官決策構

---

14. 《基本法》第 60 條規定：
    香港特別行政區政府的首長是香港特別行政區行政長官。
    香港特別行政區政府設政務司、財政司、律政司和各局、處、署。

15. 第 59 條規定：
    香港特別行政區政府是香港特別行政區行政機關。

16. 《基本法》第 48 條第（1）項規定：
    （1）領導香港特別行政區政府……

17. 《基本法》第 48 條第（4）項規定：
    （4）決定政府政策和發佈行政命令……

成制約作用。[18] 第三，《基本法》第 48 條第（5）項[19]規定了行政長官對
政府主要官員的提名任免權。特區政府（Administration）的運作，離不
開各具體職能部門的配合與支持，而為了保證各職能部門的效率，一
般實行部門首長負責制。將各職能部門首長的提名任免權配置給行政
長官，實質上就使得行政長官抓住了特區政府的組閣權，有利於維護
行政長官作為特區政府首長的最高行政地位。2002 年，為加強管治效
能、減少行政長官與主要官員的人事與工作矛盾及確保行政長官施政
理念順利施行，時任行政長官董建華在其第二屆任期內推行「主要官員
問責制」（也稱「政治委任制」，Principal Officials Accountability System－
POAS），將所有司局長由公務員職位改為以合約方式聘任，主要官員
由行政長官推薦由中央人民政府委任，並對行政長官負責。此舉加強
了行政長官對特區政府的領導，令行政長官成為特區政府實質上的首
長。[20] 由此可見，行政長官是特區政府的首長，也是特區政府的終極負
責主體。[21]

（三）行政長官與立法機關的關係

　　兩者關係的準確定位是香港政制發展中最複雜、最具爭議、也最
重要的問題。儘管兩者的關係被預設為「既相互制衡，又相互配合」，[22]

---

18. 具體體現在《基本法》第 56 條第 3 款規定：
　　行政長官如不採納行政會議多數成員的意見，應將具體理由記錄在案。

19. 《基本法》第 48 條第（5）項規定：
　　（5）提名並報請中央人民政府任命下列主要官員：各司司長、副司長，各局局長，廉政專員，審計
　　署署長，警務處處長，入境事務處處長，海關關長；建議中央人民政府免除上述官員職務。

20. 鄧木佳：〈香港特區主要官員問責制研究〉，《廣東社會科學》2009 年第 2 期；何建宗：〈基本法秩
　　序下的政治委任官員與公務員〉，《原道》2015 年第 3 期。

21. 行政長官與特區政府的關係，在政務司所扮演的角色中亦有體現：在現行政制架構之下，政務司
　　司長的職權主要在於協助行政長官。參見林峰、王書成：〈香港政務司憲政職能之演變及其改革
　　的必要性〉，《紫荊論壇》2012 年第 5 期；王書成：《謙抑主義與香港憲制轉型——「一國兩制」
　　的視角》，三聯書店（香港）有限公司，2018 年，第 118–134 頁。

22. 姬鵬飛：《關於〈中華人民共和國香港特別行政區基本法（草案）〉及其有關文件的說明》，1990 年
　　3 月 28 日在第七屆全國人民代表大會第三次會議上。

但是從制度的初衷及香港殖民地前的政治文化來看，行政長官在二者的關係中佔據着主導地位。

　　一方面，立法會制約行政長官的力度有限。根據《基本法》第 64 條，[23] 特區政府須對立法會負責，由行政長官與特區政府的關係可知，實質上是指由行政長官領導的特區政府對立法會負責。然而，《基本法》第 64 條規定的「負責」與《基本法》第 43 條規定的「負責」非常不同，因為第 64 條以冒號的形式將「負責」的內容嚴格限定於「執行立法會通過並已生效的法律；定期向立法會作施政報告；答覆立法會議員的質詢；徵稅和公共開支須經立法會批准」。意即，冒號之後的內容是對「負責」的完全列舉。作為政府首長的行政長官，邏輯上當然會受到立法會的制約；政府管治失當時，行政長官當然負有責任。但《基本法》在設計這一制約原則時，也給行政長官安排了反制措施或制衡機制，即《基本法》第 51 條 [24] 規定的臨時短期撥款權和《基本法》第 50 條第 1 款 [25] 規定的解散立法會的權力。[26] 同樣的情況也適用於《基本

---

23. 《基本法》第 64 條規定：
　　香港特別行政區政府必須遵守法律，對香港特別行政區立法會負責：執行立法會通過並已生效的法律；定期向立法會作施政報告；答覆立法會議員的質詢；徵稅和公共開支須經立法會批准。

24. 《基本法》第 51 條規定：
　　香港特別行政區立法會如拒絕批准政府提出的財政預算案，行政長官可向立法會申請臨時撥款。如果由於立法會已被解散而不能批准撥款，行政長官可在選出新的立法會前的一段時期內，按上一財政年度的開支標準，批准臨時短期撥款。

25. 《基本法》第 50 條第 1 款規定：
　　香港特別行政區行政長官如拒絕簽署立法會再次通過的法案或立法會拒絕通過政府提出的財政預算案或其他重要法案，經協商仍不能取得一致意見，行政長官可解散立法會。

26. 徵稅和公共開支關乎政府的錢袋子，而解散立法會直接關乎議員的切身利益，相信理性的議員不會為了堅持某種理念而冒丟掉「生計」的風險。

法》第 73 條[27]規定的立法會對行政機關的制約權。儘管《基本法》賦予了立法會對行政長官的彈劾動議權，但真正實現彈劾的程序可謂極其繁瑣，[28]而且最終的決定權掌握在中央人民政府手中。可以看出，《基本法》文本中立法會對行政長官的制約不具有終局性和徹底性，但是具有一定程度的形式性和程序性。

另一方面，行政長官嚴重制約着立法會。立法會作為立法機關的核心功能是立法，然而，《基本法》第 49 條、第 50 條、第 76 條卻規定立法會通過的法案必須經行政長官簽署、公佈，才能生效。[29]這種安排將部分的立法權交予行政長官，由此，某項法律最終能否出台，取決於行政長官的意志。當然，行政長官的這種程序性否決權，並不意味着行政對立法的絕對主導，其實質是行政長官代表行政性權力（executive power）對立法權的制約，而立法權仍然在自己的邏輯下自主

---

27. 《基本法》第 73 條規定：

　　香港特別行政區立法會行使下列職權：

　　…

　　（2）根據政府的提案，審核、通過財政預算；

　　（3）批准稅收和公共開支；

　　（4）聽取行政長官的施政報告並進行辯論；

　　（5）對政府的工作提出質詢；……

28. 《基本法》第 73 條第（9）項規定：

　　如立法會全體議員的四分之一聯合動議，指控行政長官有嚴重違法或瀆職行為而不辭職，經立法會通過進行調查，立法會可委托終審法院首席法官負責組成獨立的調查委員會，並擔任主席。調查委員會負責進行調查，並向立法會提出報告。如該調查委員會認為有足夠證據構成上述指控，立法會以全體議員三分之二多數通過，可提出彈劾案，報請中央人民政府決定。

29. 《基本法》第 49 條規定：

　　香港特別行政區行政長官如認為立法會通過的法案不符合香港特別行政區的整體利益，可在三個月內將法案發回立法會重議，立法會如以不少於全體議員三分之二多數再次通過原案，行政長官必須在一個月內簽署公佈或按本法第 50 條的規定處理。

　　《基本法》第 50 條規定：

　　香港特別行政區行政長官如拒絕簽署立法會再次通過的法案或立法會拒絕通過政府提出的財政預算案或其他重要法案，經協商仍不能取得一致意見，行政長官可解散立法會。

　　行政長官在解散立法會前，須徵詢行政會議的意見。行政長官在其一任任期內只能解散立法會一次。

　　《基本法》第 76 條規定：

　　香港特別行政區立法會通過的法案，須經行政長官簽署、公佈，方能生效。

運作。此外，香港的法律一般由立法會議員或特區政府提出法案，但是從數量和許可權來看，兩者的配置權重差異很大。不僅在法案提出的數量上，特區政府的議案要遠多於議員的「私人議案」(private bill)，而且立法會議員的提案權受到嚴格限制。[30] 綜上所述，《基本法》關於行政長官和立法會的條文設置並不對等，行政長官在與立法會的制衡關係中處於比較有利的地位，就兩者在《基本法》框架中的力量對比關係而言，顯然是前者更勝一籌。

(四) 行政長官與司法機關的關係

受英國普通法傳統的影響，香港社會視司法權為捍衛法治和人權的最後屏障，司法機關具有強烈的獨立性格，[31] 司法獨立被信奉為香港社會核心價值觀，因此這對關係在《基本法》文本設計中相對溫和，二者的制衡關係相對較弱，彼此之間保持了足夠的謙抑和尊讓。從行政長官的角度來看，其對司法機關的制約包括以下方面：一是對是否涉及國家事實行為的判斷須取得行政長官的證明文件，[32] 這是防止香港司法染指國家事務，以維護和捍衛國家主權權威與尊嚴的制度安排；二是依法定程序任免各級法院法官，[33] 但這種人事任免是根據獨立委員會

---

30. 《基本法》第 74 條規定：
    香港特別行政區立法會議員根據本法規定並依照法定程序提出法律草案，凡不涉及公共開支或政治體制或政府運作者，可由立法會議員個別或聯名提出。凡涉及政府政策者，在提出前必須得到行政長官的書面同意。

31. 參見董茂雲等：《香港特別行政區法院研究》，北京：商務印書館，2010 年，第 131 頁。

32. 《基本法》第 19 條第 3 款規定：
    香港特別行政區法院對國防、外交等國家行為無管轄權。香港特別行政區法院在審理案件中遇有涉及國防、外交等國家行為的事實問題，應取得行政長官就該等問題發出的證明文件，上述文件對法院有約束力。行政長官在發出證明文件前，須取得中央人民政府的證明書。

33. 《基本法》第 48 條規定：
    香港特別行政區行政長官行使下列職權：
    ......
    (6) 依照法定程序任免各級法院法官......

或審議庭的推薦或建議實施的，[34]是一種形式上的任免權，目的在於凸顯行政長官作為香港特區首長的地位；三是赦免或減輕刑事罪犯的刑罰，[35]目的在於防止司法權濫用而造成冤假錯案。[36]從司法機關的角度來看，《基本法》規定的行政長官受制約的內容僅限於行政長官就任時向香港特區終審法院首席法官申報財產，其目的在於督促行政長官保持廉潔。綜上所述，儘管《基本法》規定了行政長官對司法機關的制約作用，但其用意不在於干預司法獨立和司法審判，而是對行政長官作為香港特區首腦的法律地位以及履行其對中央憲制責任的體現。

在分析了《基本法》文本中行政長官與不同憲制單元的關係的基礎上，我們最後來解析《基本法》第 43 條第 1 款（「香港特別行政區行政長官是香港特別行政區的首長，代表香港特別行政區」）的內涵。通常來說，立法、行政、司法是重要的憲制要素，從西方的憲政規律來看，三者的關係表現為：司法（即普通法院的違憲審查工作）主要審查立法行為和行政行為合憲與否，立法主要規範和制約行政。香港在英國殖民統治下繼受了普通法傳統，但作為香港特區憲制性法律的《基本法》在設計政治體制時顯然沒有完全採用上述西方憲政邏輯，而是結合香港實際情況作了獨特的憲制安排，這集中體現在行政長官這一單獨的憲制安排上。香港特區的政治體制可概括為「中央授權之下權力

---

34. 《基本法》第 88 條規定：
    香港特別行政區法院的法官，根據當地法官和法律界及其他方面知名人士組成的獨立委員會推薦，由行政長官任命。
    《基本法》第 89 條規定：
    香港特別行政區法院的法官只有在無力履行職責或行為不檢的情況下，行政長官才可根據終審法院首席法官任命的不少於三名當地法官組成的審議庭的建議，予以免職。
    香港特別行政區終審法院的首席法官只有在無力履行職責或行為不檢的情況下，行政長官才可任命不少於五名當地法官組成的審議庭進行審議，並可根據其建議，依照本法規定的程序，予以免職。

35. 《基本法》第 48 條規定：香港特別行政區行政長官行使下列職權：
    ……
    （12）赦免或減輕刑事罪犯的刑罰；……

36. 傅思明：《香港特別行政區行政主導政治體制》，北京：中國民主法制出版社，2010 年，第 87 頁。

分立之上的行政主導」，行政長官在香港特區的政治體制中佔有核心地位。[37]《基本法》第四章規定了香港特區的政治體制，其中行政長官作為獨立的元素單列了出來，目的就是凸顯行政長官法律地位的（相對）獨立性。

綜合分析行政長官與不同憲制單元關係後，我們可以圍繞「行政長官為特區首長」進一步得出如下結論：第一，就中央與特區關係而言，行政長官直接受中央領導，代表香港特區對中央負責，中央可任命和罷免行政長官，對行政長官享有絕對的制約權。第二，就特區內部權力關係而言，在行政、立法和司法三權之中，行政長官佔據着優勢地位。《基本法》文本中的行政長官，在中央人民政府的直接控制下，擁有着相對於特區政府、立法會、司法機關的優勢地位，而這正是香港政治體制設計的初衷。第三，作為重要憲制單元，行政長官是實權首長。行政長官負有重大的政治責任和行政責任，為保證其履行責任，須賦予其一定的實權，比如行政長官領導特區政府、簽署立法會通過的法案、決定政府政策和發佈行政命令等。第四，行政主導是香港特區政治體制的顯著特徵，但不是香港特區政治體制的唯一特徵。分權與制衡已經成為現代憲制的普遍內容，在《基本法》文本中，行政長官、行政機關、立法機關、司法機關等憲制單元依法按照各自的權力範圍和邏輯相對獨立地運作，因此，不能簡單地、當然地、絕對地由行政長官的法律地位推出香港特區的政治體制是行政主導制。第五，行政長官作為香港特區首長，宜界定為香港政治體制中獨立的政權機關。特區政府由行政長官領導，但行政性只是行政長官在特區政府封閉空間的地位——特區政府首長之體現，而在香港特區整個開放的政治體制裏，行政長官不能簡單歸結於行政範疇。在這個意義上講，我們傳統上對香港政治體制的總結[38]是不周延的。

---

37. 朱國斌：《香港特區政治體制研究》，香港：香港城市大學出版社，2017 年，第 3-27 頁。

38. 即以行政為主導，司法獨立，行政與立法既互相制衡又互相配合，重在配合。

二、香港特區行政長官職權的類型化及其釋義

作為香港特區的憲制性法律，《基本法》明確了行政長官的「雙首長」法律地位，相應地也規定了行政長官的職權。因此，本部分就以《基本法》為解析對象，從應然的角度研究行政長官的職權。預設的目標是通過規範法學的研究方法對行政長官職權進行釋義，得到法律規範層面的行政長官職權所具有的內涵和結構。

《基本法》第 48 條集中列舉了香港特區行政長官的 13 項職權，照錄如下：

（一）領導香港特別行政區政府；

（二）負責執行本法和依照本法適用於香港特別行政區的其他法律；

（三）簽署立法會通過的法案，公佈法律；

簽署立法會通過的財政預算案，將財政預算、決算報中央人民政府備案；

（四）決定政府政策和發佈行政命令；

（五）提名並報請中央人民政府任命下列主要官員：各司司長、副司長，各局局長，廉政專員，審計署署長，警務處處長，入境事務處處長，海關關長；建議中央人民政府免除上述官員職務；

（六）依照法定程序任免各級法院法官；

（七）依照法定程序任免公職人員；

（八）執行中央人民政府就本法規定的有關事務發出的指令；

（九）代表香港特別行政區政府處理中央授權的對外事務和其他事務；

（十）批准向立法會提出有關財政收入或支出的動議；

（十一）根據安全和重大公共利益的考慮，決定政府官員或其他負責政府公務的人員是否向立法會或其屬下的委員會作證和提供證據；

（十二）赦免或減輕刑事罪犯的刑罰；

（十三）處理請願，申訴事項。

《基本法》其他條款，如第 19 條、第 55 條、第 76 條等，也零散地提及行政長官的職權。這些職權內容豐富、範圍廣闊，但形式散亂、邏輯不清，既不利於行政長官本人準確而全面地認知這些職權，也無助於人們透過行政長官的職權來理解香港政治體制。因此，很有必要按照一定的分類標準對行政長官職權進行類型化的歸納和總結。從既有的相關文獻來看，有的學者簡單地對這些職權進行了合並同類項，劃分為：(1)《基本法》和依照《基本法》適用於特別行政區的其他法律的執行權；(2) 行政權；(3) 與立法有關的職權；(4) 人事任免權；(5) 中央交辦事務的執行權和處理權；(6) 與財政有關的職權；(7) 與司法有關的職權；(8) 其他重要職權。[39] 有的學者依據職權行使的對象或事由，將行政長官的職權進一步劃分：(1) 因應行政長官實施公共行政而設置的職權；(2) 與立法會有關的職權；(3) 與司法機關相關的職權。[40]

通過考察和分析，本文認為上述分類方法雖然將雜亂無章的職權進行了整理，但仍然存在嚴重缺陷：一是劃分標準不科學。第一種劃分標準很大程度上是依據職權的字面意義進行的分類，其邏輯是不周延的，結果就是子類別之間仍然存在交叉關係，例如人事任免從性質上來說隸屬於行政範疇，故人事任免權與行政權在邏輯上應是種屬關係。二是劃分結果無意義。類型化分析方法不能局限於統計學上的數量意義，必須對認識對象有深入的解析，便於人們識別和準確認知該對象。第二種劃分結果沒有涉及職權本身的性質，不具有任何實質性的意義，因為行政長官作為特區首長，即便不知道擁有什麼職權，但一定知道這些職權必然與行政、立法和司法等機關有關。此外，一項職權可能不止涉及一個機關，比如終審法院的法官和高等法院首席法

---

39. 許崇德主編：《港澳基本法教程》，北京：中國人民大學出版社，1994 年，第 184–188 頁。國務院發展研究中心港澳研究所編寫的《香港基本法讀本》也採取了此種類型劃分方法，北京：商務印書館，2009 年，第 133–136 頁。

40. 參見傅思明：《香港特別行政區行政主導政治體制》，北京：中國民主法制出版社，2010 年，第 78–88 頁。

官的任免同時與立法會和法院都有關聯，此時第二種劃分方法就是無效的。三是劃分方法不能體現香港特殊的憲制安排。香港特區是中國特殊的地方行政區域，其設置的首要目的是「維護國家的統一和領土完整，保持香港的繁榮和穩定」，[41] 所以香港特區的制度設計都是為了這一目的。在行政長官職權配置上，這種目的論則體現為功能適當原則。但上述諸如此類的劃分方法沒有將職權的特殊性和關鍵性展示出來，無法呈現重要職權或其重要環節是否配置給行政長官，也無法識別制約行政長官職權行使的障礙或風險所在。如何在尊重權力運行客觀規律的基礎上，描述和刻畫香港特區憲制安排的特殊性，是行政長官職權類型化研究必須要考慮的重點和難點問題。

　　基於以上分析，本文嘗試擇取其他適當的標準，集中對《基本法》第 48 條列舉的行政長官諸項職權進行類型化研究，然後將行政長官的其他未列舉職權對號入座。當然，這種類型化研究不是基於純粹微觀層面的法釋義學，而是基於職權的性質、影響力、獨立程度等因素對行政長官職權作整體性討論與界定，從而為後文提出落實和完善行政長官職權行使程序和效果的建議奠定基礎。

（一）實體性權力與程序性權力

　　根據職權對某一事項是否具有決定性的影響力，本文把行政長官的職權劃分為實體性權力和程序性權力。本文將實體性權力定義為「行政長官依法對某一事項的產生、發展以及與此有關的權力責任關係配置具有決定性影響力的職權」，而將程序性權力定義為「行政長官依法輔助性地參與某一事項的產生、發展過程中所享有的職權」。下面，本文依據上述定義中的關鍵字——分析《基本法》第 48 條的行政長官各項職權，從整體上對行政長官職權作出實體性和程序性的權力劃分。

---

41. 《基本法》序言第 2 段規定：
　　為了維護國家的統一和領土完整，保持香港的繁榮和穩定，並考慮到香港的歷史和現實情況，國家決定，……

第（1）項職權中的關鍵字為「領導」，即行政長官對特區政府工作實施指引和產生影響，這與行政長官是特區政府的首長相呼應，表明了行政長官在特區政府運作的決定性地位，因此，該項職權應判定為實體性權力。第（2）項職權的關鍵字為「執行」，即由行政長官將《基本法》的規定付諸於實踐，使應然的紙面規定變為實然的客觀秩序。《基本法》規定了香港的基本制度，但「徒法不足以自行」，於是《基本法》將此職權賦予行政長官，由其負責實施《基本法》。本文認為這裏的「執行」不應狹隘地解釋為行政長官只履行《基本法》規定其的具體職責，而是包括執行、監督等在內的廣義上的「執行」。行政長官的「法律執行權」對行政、立法甚至司法都可能產生實質性影響，因此宜界定為實體性權力。第（3）項職權的關鍵字為「簽署」「公佈」「備案」。根據《基本法》第49條、第50條、第76條的相應規定，行政長官如果拒絕簽署香港立法會通過的法案，則該法案不能生效，即行政長官的「法案簽署權」對立法會的法案具有決定性的影響，因此，行政長官該項職權為實體性權力。根據一般憲制原理，「公佈」「備案」為輔助性的步驟，故該職權為程序性權力。第（4）項職權的關鍵字為「決定」「發佈」，根據前面的定義可知，「決定」為實體性權力，「發佈」為程序性權力。第（5）項職權的關鍵字為「提名並報請…任命」「建議…免除」，由於「任命」「免除」與否的決定權屬於中央人民政府，故該項職權首先看上去輔助性的程序性權力。然而，行政長官決定提名誰或不提名誰卻是實實在在的權力，故該項權力又是實體性的權力。第（6）項職權的關鍵字為「任免」，而「任免」是有「根據」的，[42]且本文認為這是嚴格

---

42. 《基本法》第88條規定：
   香港特別行政區法院的法官，根據當地法官和法律界及其他方面知名人士組成的獨立委員會推薦，由行政長官任命。
   《基本法》第89條規定：
   香港特別行政區法院的法官只在無力履行職責或行為不檢的情況下，行政長官才可根據終審法院首席法官任命的不少於三名當地法官組成的審議庭的建議，予以免職。香港特別行政區終審法院的首席法官只有在無力履行職責或行為不檢的情況下，行政長官才可任命不少於五名當地法官組成的審議庭進行審議，並可根據其建議，依照本法規定的程序，予以免職。

的「根據」，司法人員推薦委員會的推薦決定了司法人員的人選，[43]行政長官對此沒有自由裁量的空間；同時，《基本法》第 90 條規定香港終審法院的法官和高等法院首席法官的「任免」還須徵得立法會同意，所以行政長官的「法官任免權」為程序性權力。第 (7) 項職權的關鍵字為「任免」，根據立法安排，這裏的「公職人員」應做限縮解釋，即排除第 (5) 項中的政府主要官員和第 (6) 項中的法官，此時其範圍應界定為政府其他公務人員（包括行政會議成員中的立法會議員等）。而行政長官是特區政府的首長，對上述任免具有決定權，因此，這裏的「任免」是實體性權力。第 (8) 項職權的關鍵字為「執行」，儘管執行對象為中央人民政府的發出的指令，但行政長官對於如何執行仍然有很大的決定空間，因此該職權為實體性權力。第 (9) 項職權中的關鍵字為「代表」「處理」，一般來講，「代表」是一種象徵性的禮儀形式，但此處行政長官能夠對中央授權的對外事務和其他事務作出實質意義上的決定，因此，該職權宜界定為實體性權力。第 (10) 項職權的關鍵字為「批准」，根據《基本法》第 73 條的規定，批准稅收和公共開支是立法會的職責，行政長官批准向立法會提出財政收入或支出的動議其中的一個步驟，對財政收入或支出的具體事務不起決定性影響，因此該職權為程序性權力。第 (11) 項職權涉及政府官員或其他負責政府公務人員作證和提供證據的問題，儘管這一問題是立法會或其屬下的委員會的事務的一個環節，但是否允許作證和提供證據是行政長官根據安全和重大公共利益考慮作出決定，所以該職權是實體性權力。第 (12) 項職權的關鍵字是「赦免」「減輕」，行政長官對是否赦免或減輕刑事罪犯刑罰有決定權，其不是司法程序的一個環節，一旦作出決定就可以付諸實施，因此該職權是一項實體性權力。第 (13) 項職權涉及請願申訴事項，從實踐來看，行政長官作為集中受理的「窗口」，一般按具體事由將請願

---

43. 董茂雲等：《香港特別行政區法院研究》，北京：商務印書館，2009 年，第 91 頁。

申訴的案件交給相應的部門，不會對請願申訴的具體事項直接作出決定，因此是一項輔助性的程序性權力。

綜上所述，《基本法》第 48 條第（1）（2）（5）（7）（8）（9）（11）（12）項規定的行政長官的職權為實體性權力，第（6）（10）（13）項規定的行政長官的職權為程序性權力。第（3）項的「簽署」是實體性權力，「公佈」「備案」是程序性權力。第（4）項的「決定」為實體性權力，「發佈」為程序性權力。

	實體性權力	程序性權力
行政長官的憲制職權	領導香港特別行政區政府； 負責執行本法和依照本法適用於香港特別行政區的其他法律； 簽署立法會通過的法案； 簽署立法會通過的財政預算案； 決定政府政策； 提名並報請中央人民政府任命主要官員； 依照法定程序任免公職人員； 執行中央人民政府就本法規定的有關事務發出的指令； 代表香港特別行政區政府處理中央授權的對外事務和其他事務； 根據安全和重大公共利益的考慮，決定政府官員或其他負責政府公務的人員是否向立法會或其屬下的委員會作證和提供證據； 赦免或減輕刑事罪犯的刑罰。	公佈法律； 發佈行政命令； 將財政預算、決算報中央人民政府備案； 依照法定程序任免各級法院法官； 批准向立法會提出有關財政收入或支出的動議； 處理請願、申訴事項。

區分行政長官的實體性權力與程序性權力的意義在於：在理論上，有助於從內部釐清行政長官自身的職權體系，明確行政長官的核心權力與輔助性權力，為進一步定位行政長官職權的完善重點奠定理論基礎；在實踐中，有助於篩選出行政長官的職權實施重點，形成結構清晰、層次分明的職權「差序格局」，使行政長官有限的制度資源得到合理、高效地配置。

（二）完整性權力與不完整性權力

　　按照職權的行使與實現是否依賴其他機關，本文將行政長官的職權劃分為完整性權力（或自主性權力）與不完整性權力。其中，完整性權力是指在行使時不依賴其他部門或機關的行為就可以達到具體事務的終局狀態的行政長官的權力。不完整性權力，簡而言之，就是在內容上具有不完整性，或在程序上具有非終局性，或在效力上具有附條件性的行政長官的權力。下面，本文依據上述定義簡單分析《基本法》第 48 條的行政長官各項職權，從整體上對行政長官職權作出完整性和不完整性的權力劃分。

　　第（1）項職權是「領導」特區政府，由於行政長官具有特區政府首長的憲制性地位，不依賴其他機關就可以實現對特區政府的領導，所以該職權是完整性權力。第（2）項職權為法律的執行權，執行法律離不開對法律的解釋，但《基本法》將其解釋權賦予了全國人大常委會和香港法院，所以該職權是不完整性權力。第（3）項職權賦予了行政長官「法案簽署權」「法律公佈權」「財政預算案簽署權」，根據原文規定，我們容易判斷出「財政預算案簽署權」和「法律公佈權」是完整性權力，因為行政長官簽署立法會通過的法案、財政預算案後，就可以直接報備案或進行公佈，該案件就達到終局狀態了。就「法案簽署權」而言，根據第 49 條、第 50 條及 52 條第（2）項可知，原立法會或重選立法會可能相繼通過所爭議法案，不但法案無法達到終局狀態，行政長官還可能被迫辭職，因此，行政長官的「法案簽署權」為不完整性權力。根據前面的分析，很容易判斷出第（4）項的政策決定權和行政命令發佈權為完整性權力。第（5）項職權中，由於行政長官提名及建議免除政府主要官員需要報請中央人民政府決定，因此該職權是不完整性權力。第（6）項的法官任免權中，由於終審法院法官和高等法院的首席法官須經立法會的同意，因此是不完整性權力。第（7）項職權是對除法官、政府主要官員以外的其他負責政府公務人員的任免，由於這些人員經行政長官作出任免決定後就發生最終的法律效力，因此是完整性權力。第

(8) 項職權中，行政長官在執行中央人民政府的指令時，儘管需要其他部門或機關的支援和配合，而且指令的實現很大程度上儘管依賴於政府各部門的能力和效率，但是在「主要官員問責制」（POAS）之下以及根據上述第 (7) 項權力，行政長官具有執行指令的充分權威，故該職權是一項完整性權力。同理，第 (9) 項職權也屬於完整性權力。第 (10) 項職權涉及向立法會提出關於財政收入或支出的動議，只要行政長官批准了，該動議就通過了，因此該職權是一項完整性權力。第 (11) (12) (13) 項職權中行政長官「決定政府公務人員作證和提供證據」「赦免或減輕刑罰」「處理請願申訴」都不會受到制約，且不依賴於其他部門或機關，一旦作出就具有終局效力，因此這些職權都是完整性權力。

綜上所述，《基本法》第 48 條第 (1) (4) (7) (8) (9) (10) (11) (12) (13) 項行政長官職權是完整性權力，第 (2) (5) (6) 項是不完整性權力。第 (3) 項職權中的「法律公佈權」「財政預算案簽署權」是完整性權力，「法案簽署權」是不完整性權力。

	完整性權力	不完整性權力
行政長官的憲制職權	領導香港特別行政區政府； 決定政府政策和發佈行政命令； 公佈法律； 簽署立法會通過的財政預算案； 依照法定程序任免公職人員； 執行中央人民政府就本法規定的有關事務發出的指令； 代表香港特別行政區政府處理中央授權的對外事務和其他事務； 批准向立法會提出有關財政收入或支出的動議； 根據安全和重大公共利益的考慮，決定政府官員或其他負責政府公務的人員是否向立法會或其屬下的委員會作證和提供證據； 赦免或減輕刑事罪犯的刑罰； 處理請願、申訴事項。	負責執行本法和依照本法適用於香港特別行政區的其他法律； 簽署立法會通過的法案； 提名並報請中央人民政府任命主要官員； 依照法定程序任免各級法院法官。

如此區分行政長官的完整性權力與不完整性權力的意義在於：在理論上，有助於從外部探析行政長官職權行使與中央政府、特區政府、特區立法會、特區法院等關係，使這些關係具體化、過程化、視覺化，方便我們從理論上找出行政長官職權落實的風險所在，為進一步推動行政長官職權落實提供理論指引。在實踐上，有利於找尋制約行政長官職權落實的原因或癥結所在，通過條分縷析式的職權分析，為每一項職權落實環節出現的問題找出背後原因並提出解決方法，從而為健全行政長官職權行使程序、提升行政長官職權行使效果提供可操作性的方案、措施。

（三）特首權與首腦權

根據行政長官的雙重角色，本文將行政長官的職權劃分為特區首長權即「特首權」和特區政府首長權即「首腦權」。[44]香港特區首長和特區政府首長是兩個不同的憲制角色，根據香港特區的實際情況（甚至考慮到回歸前香港管治的經驗），《基本法》將這兩種角色同時賦予香港行政長官一人。在前面分析行政長官的法律地位時，本文指出香港行政長官是實權特首，不是虛位特首，其具體體現就是行政長官同時擁有特首權和首腦權。那麼這裏如何區別劃分特首權和首腦權？本文認為，特首權可以被描述為行政長官作為香港特區的代表在需要以「香港特區」名義行為時所具有的權力，具有憲制性、政治性、宏觀性、整體性、對外性等權力屬性。首腦權可以被描述為行政長官作為特區政府（Administration, or Government）的首長在需要以「特區政府」名義行為時所具有的面向行政系統內或面向立法或司法權力時的權力，具有管理性（administrative 和／或 managerial）、部分性、互動性、對內性等權力屬性。下面，本文依據上述權力屬性簡單分析《基本法》第 48 條的行政長官各項職權，從整體上對行政長官職權按此標準作出特首權和首腦權的劃分。

---

44. 一個類似的劃分，請參見張龑、葉一舟：〈從 "executive" 一詞看香港行政長官的法律地位〉，《港澳研究》2016 年第 2 期。

第 (1) 項職權是行政長官作為特區政府首長而具有的領導權，其具有面向特區政府的管理性和對內性、限於行政層面的部分性，因此該職權是首腦權。第 (2) 項職權是行政長官向中央人民政府負責的一項極為重要的內容[45]，目的是保證《基本法》和其他法律在香港得到良好實施，具有政治性、對外性和整體性等權力屬性，因此其宜界定為特首權。第 (3) 項職權中，行政長官是否簽署和公佈立法會通過的法案的標準在於該法案是否符合香港整體利益；此外，該職權是對第 (2) 項職權的具體適用，即簽署和公佈該法案要向中央人民政府負責，因此該職權屬於特首權。而由於香港特區財政獨立，簽署立法會財政預算案是面向特區政府的，所以該職權屬於首腦權。第 (4) 項職權是面向特區政府的，具有管理性、對內性和部分性，因此是首腦權。第 (5) 項職權同樣是向中央人民政府負責的表現，且這種任免是在香港特區層面作出的，因此屬於特首權。第 (6) 項的法官任免權是面向行政系統之外的，是行政長官代表香港特區對法院法官進行任免，因此屬於特首權。根據前面的分析，第 (7) 項職權是任免負責政府公務的其他人員，其具有管理性、對內性的特點，因此是首腦權。第 (8) 項和第 (9) 項職權同樣是行政長官代表香港特區向中央人民政府負責的重要表現，[46]儘管第 (9) 項規定的是「代表特區政府」，但處理對外事務的名義一定是香港特區，而不是特區政府，因此這些職權宜界定為特首權。第 (10) 項是行政長官代表特區政府向立法會提出動議，是行政運作的重要組成部分，因此該職權應為首腦權。第 (11) 項職權是基於香港特區的整體安全和重大公共利益來考慮是否行使的，其實質是廣義的行政權對立法機關（立法權）的制約，並與立法機關發生互動，因此該職權宜界定為首腦權。第 (12) 項職權類似其他國家元首享有的特赦權，其啟動具有法律的和政治的考量，行政機關的首長是不能行使該權力，故該職權只能是應為特首權。第 (13) 項處理請願和申訴的職權屬於政府應有的權力，其性質屬於首腦權。

---

45. 參見許崇德主編：《港澳基本法教程》，北京：中國人民大學出版社，1994 年，第 189 頁。

46. 參見許崇德主編：《港澳基本法教程》，北京：中國人民大學出版社，1994 年，第 189 頁。

綜上所述，《基本法》第 48 條第（2）（5）（6）（8）（9）（12）項行政長官職權是特首權，第（1）（7）（10）（11）（13）項是首腦權。第（3）項職權中，簽署立法會通過的法案和公佈法律是特首權，簽署立法會財政預算案屬於首腦權。第（4）項職權中，決定政府政策是首腦權，發佈行政命令是特首權。

	特首權	首腦權
行政長官的憲制職權	負責執行本法和依照本法適用於香港特別行政區的其他法律； 簽署立法會通過的法案，公佈法律； 發佈行政命令； 提名並報請中央人民政府任命主要官員； 依照法定程序任免各級法院法官； 執行中央人民政府就本法規定的有關事務發出的指令； 代表香港特別行政區政府處理中央授權的對外事務和其他事務； 赦免或減輕刑事罪犯的刑罰。	領導香港特別行政區政府； 簽署立法會通過的財政預算案，將財政預算、決算報中央人民政府備案； 決定政府政策； 依照法定程序任免公職人員； 批准向立法會提出有關財政收入或支出的動議； 根據安全和重大公共利益的考慮，決定政府官員或其他負責政府公務的人員是否向立法會或其屬下的委員會作證和提供證據； 處理請願、申訴事項。

對行政長官的職權作特首權與首腦權之分具有重要的理論與實踐意義。在理論上，第一，由於作為特區政府首長的行政長官不是由全民直接選舉產生，因此該角色不適合與具有民選成分的立法會發生直接制約關係，否則其容易陷入「反多數」甚至「反民主」的陷阱，為泛民主派質疑其民主正當性提供論據。將特首權和首腦權作區分，使得作為特區首長的職權，適當與作為政府首長的職權相分離，令行政長官擁有相對於立法機關的超脫性或超然性。儘管行政長官的權能總量沒有變化，但根據香港實際情況進行了重新配置，這或許才是香港憲制安排的獨特性所在。第二，在某些場合裏，具有首腦權的行政長官實質是具有特首權的行政長官的「執行者」，即在面向中央或對外關係中，代表香港特區的只能是具有特首權的行政長官，這樣有利於理順行政長官自身的內部職權結構和分配。第三，區分特首權和首腦權的另一個重要理論意義是為司法審查確立邊界。

特首權不僅具有法律性，還具有政治性，明確其部分行為不受司法審查，從而有助於塑造或強化行政長官的權威性、超然性。當然這並不代表行政長官的行為完全不受限制或制約，立法會可以對其提出彈劾動議，終審法院可提請全國人大常委會作出《基本法》解釋與決定。在實踐上，通過區分特首權和首腦權來相對剝離行政長官的雙重角色，釐清行政長官角色目前的「混沌」狀態，從而減少實踐中因為行政與立法、司法的相互制約關係而導致行政長官面臨的尷尬環境和「跛腳鴨」狀態。香港行政長官作為實權特首的「實」不是像美國總統那樣僅僅體現在行政權上，還「實」在行政長官的特首權具有排他性（如在處理與中央關係或對外關係時），並且具有真實力量的。儘管在實踐中，行政長官角色合二為一，人們一時難以區分特首權和首腦權，但從長遠來看，讓作為香港特區首長的行政長官擺脫「無權」、「少權」、「跛腳」甚至「癱瘓」狀態，通過學説梳理、官方法理重構、特區司法審查及《基本法》解釋等管道，逐漸分離行政長官的特首權和首腦權，對提升行政長官的權威和實力是有利無害的。

(四)《基本法》第 48 條以外的職權

從《基本法》文本及實踐來看，除第 48 條外，第 50 條第 1 款[47]賦予了行政長官一定條件下解散立法會的權力。根據前面的分類標準，本文認為行政長官的這一職權是其法案簽署權的延續或結果，仍是基於香港特區整體利益考慮，且行政長官解散立法會具有政治性和不可訴性，因此宜界定為特首權而非首腦權。儘管第 50 條第 2 款[48]規定須徵詢行政會議的意見，但不能制約行政長官的決定效力，因此屬於實體性權力

---

47. 《基本法》第 50 條第 1 款規定：
    香港特別行政區行政長官如拒絕簽署立法會再次通過的法案或立法會拒絕通過政府提出的財政預算案或其他重要法案，經協商仍不能取得一致意見，行政長官可解散立法會。
48. 《基本法》第 50 條第 2 款規定：
    行政長官在解散立法會前，須徵詢行政會議的意見。行政長官在其一任任期內只能解散立法會一次。

和完整性權力。值得一提的是，在行政長官解散立法會的過程中存在着一條「權力鏈」，即在徵詢行政會議的意見時，行政長官行使的是作為特區政府首長的首腦權，主要目的在於體現行政與立法的溝通；在行政長官解散立法會時，其行使的是作為香港特區首長的特首權。

《基本法》第 51 條[49]賦予了行政長官臨時撥款申請權和臨時短期撥款批准權，但這兩者具有不同的權力屬性，前者是行政長官作為特區政府首長為解決政府財政困難而向立法會提出臨時撥款申請，具有行政性和部分性，應界定為首腦權。根據前面的分類標準，前者還屬於程序性權力和不完整性權力。後者是行政長官作為香港特區首長為保證香港特區的整體繼續運行而行使的權力，具有較強政治性，因此應界定為特首權。當然還可以明顯判斷出後者屬於實體性權力和完整性權力。

《基本法》第 55 條[50]和第 56 條[51]規定了行政長官對行政會議的職權：人事任免權和主持權。根據上面的分類標準，很容易判斷這兩項職權具有相同的權力屬性，即都屬於首腦權、實體性權力和完整性權力，這裏不再贅述。

除了《基本法》文本外，香港行政長官在實踐中形成了具有憲制慣例性質的職權，本文總結出兩類：榮典權與解釋《基本法》的間接動議權。對於榮典權而言，《基本法》並未作出明確規定，但基於過往

---

49. 《基本法》第 51 條規定：
    香港特別行政區立法會如拒絕批准政府提出的財政預算案，行政長官可向立法會申請臨時撥款。如果由於立法會已被解散而不能批准撥款，行政長官可在選出新的立法會前的一段時期內，按上一財政年度的開支標準，批准臨時短期撥款。

50. 《基本法》第 55 條規定：
    香港特別行政區行政會議的成員由行政長官從行政機關的主要官員、立法會議員和社會人士中委任，其任免由行政長官決定。行政會議成員的任期應不超過委任他的行政長官的任期。
    香港特別行政區行政會議成員由在外國無居留權的香港特別行政區永久性居民中的中國公民擔任。
    行政長官認為必要時可邀請有關人士列席會議。

51. 《基本法》第 56 條規定：
    香港特別行政區行政會議由行政長官主持。
    行政長官在作出重要決策、向立法會提交法案、制定附屬法規和解散立法會前，須徵詢行政會議的意見，但人事任免、紀律制裁和緊急情況下採取的措施除外。
    行政長官如不採納行政會議多數成員的意見，應將具體理由記錄在案。

實踐，自回歸以來，香港幾乎每年都會向為香港作出杰出貢獻的人士頒發大紫荊勳章等不同級別的榮譽獎勵。由於香港目前已形成較為複雜的榮典體系，因此本文在此無法詳細展開，但從整體而言，本文認為香港的榮譽嘉獎至少涉及行政長官兩項職權：決定權和頒發權。不同級別的榮譽嘉獎由不同的職權或角色來決定。如果是香港特區層面作出決定，則行政長官行使的是特首權；如果是特區政府層面作出決定，則行政長官行使的是首腦權。當然，行政長官的上述決定權也屬於實體性權力、完整性權力。至於頒發權，如果由行政長官來頒發相應的榮譽，則這種權力宜界定為特首權，因為行政長官是香港特區首長，在香港具有最高代表性和權威性，由行政長官以香港特區首長的身份頒發榮譽更容易體現該榮譽的重要性和影響力。

對於解釋《基本法》的間接動議權而言，《基本法》沒有提供直接依據，但存在間接依據，即《基本法》第 48 條第（2）項—行政長官負責執行《基本法》和其他法律。[52] 實踐中，行政長官在實施《基本法》遇到爭議問題時，基於其對中央人民政府負責的制度設計，可以向中央人民政府回饋或尋求解決爭議問題的辦法。例如在 1999 年終審法院判決「吳嘉玲案」之後，時任行政長官董建華正式向國務院提出報告與請求，國務院再向全國人大常委會正式提請解釋《基本法》。又例如 2005 年時任香港行政長官董建華因病辭職，署理行政長官曾蔭權請求國務院提請全國人大常委會提出就《基本法》第 53 條有關新的行政長官的任期作出解釋。從權力屬性來看，行政長官的解釋《基本法》的間接動議權是從香港特區層面實施的，而且是直接面向中央人民政府，具有較強政治性與政策性，因此該職權只能定為特首權。此外，該職權由於依賴中央人民政府的決定，不產生終局性效力，因此它首先是程序性權力。但是考慮到行政長官完全自行決定動議與否，故它又是一項實

52. 就此問題的學術討論，參見胡錦光、朱世海：〈香港行政長官與基本法解釋〉，《江漢大學學報（社會科學版）》2012 年第 3 期；朱福惠、張晉邦：〈特別行政區憲法解釋提請權的法理依據與實踐動因〉，《中南大學學報（社會科學版）》2018 年第 5 期。

體性權力。最後，因為該動議的提出只需行政長官一人完成即可，所以也屬於完整性權力。

三、香港特區行政長官職權的設置邏輯

檢視香港行政長官職權離不開對其歷史的考察，通過追溯歷史，我們可以試圖回答這些問題：香港特區行政長官職權與港英時期港督的職權有何聯繫？行政長官職權設置的中心目的是什麼？行政長官職權配置要考慮什麼因素？這些問題背後潛藏着香港特區行政長官職權的設置邏輯。

（一）港英時期港督的職權設置

在港英時期，香港很少出現不同性質權力之間的爭拗，即使發生，往往也可以通過香港的政治體制得到有效解決。通過梳理和總結英國治港歷史，可以看出，英治香港的管治核心在於設置了具有在地位與權力方面具有凌駕性的港督一職。可以説，港督在英國管治香港過程中發揮了極其關鍵的作用。那麼，具有什麼樣的權力的港督，才能保證香港的有效管治和順暢運作——既減少英國管理香港的成本和風險，也給英國帶來巨額的經濟利益以及政治利益？或者可以這樣問，英國為港督配置了哪些職權，以至於能夠滿足港督有效管治香港的需要和條件？[53]

港英時期的政治體制包括港督制度、決策、立法的諮詢制度以及行政、司法制度等，其憲制基礎為《英皇制誥》和《皇室訓令》。《英皇

---

53. 參見康玉梅：〈《香港特別行政區基本法》中的行政命令制度淵源、流變與反思〉，《中外法學》2018 年第 4 期；See Tsang S. "Government and Politics in Hong Kong: A Colonial Paradox". In: Brown J. M., Foot R. (eds). *Hong Kong's Transitions, 1842–1997*. St Antony's Series. London: Palgrave Macmillan, 1997; Burns, J. "Hong Kong in 1992: Struggle for Authority". *Asian Survey*, 33(1), 1993, pp. 22–31; Cheung, Anthony, B. L. "Strong Executive, Weak Policy Capacity: The Changing Environment of Policy-making in Hong Kong". *Asian Journal of Political Science*, 12(1), 2004, pp. 1–30.

制誥》設置了總督一職，總督由英皇任命，代表英皇，擔任港英政府的首要職位。[54] 從英治香港的政制關係來看：總督是行政機關的首長，享有發號施令的最終權力；總督組織立法局、召集行政局開會並任命法官、太平紳士等，立法局和行政局實際上分別是港督立法和決策的諮詢機構。[55] 綜上可知，港督既是英皇在香港的唯一與最高代表，又是港英政府的首長，在香港具有至高無上的地位，英治香港的政制是以港督為核心的行政主導體制。[56]

明確了港英政治體制和港督的地位後，我們再來考察港督的職權具體是如何配置的。根據《英皇制誥》第 2 條的規定，總督的權力來源於英皇的授權，英皇通過憲制性文件對總督明文授予權力，英皇授予

---

54. 《英皇制誥》第 1 條規定：
在我們的殖民地香港及其屬地（以下簡稱「殖民地」）中，應有一名總督兼總司令統禦全境，其任命應用有我們簽名蓋印之委任狀。

55. 《英皇制誥》第 2 條規定：
我們特此授權、賦能及命令我們所指的總督兼總司令（以下簡稱「總督」）執行及行使其份內所有職務，按照我們此制誥和任何用我們簽名蓋印授予他的委任狀內的大旨，及不時授予他的訓令 —— 有我們簽名蓋印的，或用我們樞密院的命令，或由我們經主要大臣之一所傳的一以及現在或以後在殖民地生效的法律。
《英皇制誥》第 5 條規定：
在殖民地內應為之設立行政局，此局應由我們用有我們簽名蓋印的任何訓令所指示的人員組成，凡此等人於我們喜好之時在局中出任其位。總督可用他覺得足夠的理由，在等候我們喜好的明示期間，暫令中止任何議員在局中執行職務，並經我們的主要大臣之一立即通知我們。如果中止令由我們經我們的主要大臣之一確認，總督應立即用蓋有殖民地公印的文書撤銷該議員的任命，因此其在局中的席位將空缺。
《英皇制誥》第 6 條規定：
在殖民地內應為之設立立法局，此局應由總督及我們用有我們簽名蓋印之任何訓令所指示的人員組成，凡此等人於我們喜好之時在局中出任其位。總督可用他覺得足夠的理由，在等候我們喜好的明示期間，暫令中止任何議員在局中執行職務，並經我們的主要大臣之一立即通知我們。如果中止令由我們經我們的主要大臣之一確認，總督應立即用蓋有殖民地公印的文書撤銷該議員的任命，因此其在局中的席位將空缺。
《英皇制誥》第 7 條規定：
總督參照立法局的意見和得其同意，可為殖民地的和平、秩序和良好管治而制定法律。
《英皇制誥》第 17 條規定：
凡是我們可以合法設立或委任的任何法官、專員、太平紳士及其他合法委任的官員，總督都可設立及委任之，凡此等人，除非法律另有規定，均應在我們喜好之時任職。

56. 參見王鳳超：《香港政治發展歷程（1843-2015）》，香港：中華書局，2017 年，引言第 ix 頁。

什麼權力，總督就有什麼權力；英皇沒有授予，總督就沒有相應的權力。具體來説：第一，總督擁有最終的行政權，行政局只是諮詢機關而沒有任何行政權，對總督沒有約束力，在緊急情況下，總督擁有廣泛的行政權；第二，總督不單獨擁有立法權，其受到立法局的制約，即總督在行使立法權時須諮詢立法局並經其同意，在某些領域，還必須提請英皇同意，總督對法案享有否決權，但其行使須服從皇室的訓令；第三，總督享有有限的司法權，其有權任免法官、以英皇之名赦免、減輕刑事罪犯的刑罰。此外，總督擁有駐港三軍總司令及駐港海軍中將（Commander-in-Chief and Vice-Admiral of Hong Kong）頭銜。

（二）香港特區政治體制的設置邏輯

在香港特區政治體制模式的設置上曾出現過三種構思模式：立法主導模式、行政主導模式以及三權分立原則指導下的行政機關與立法機關既互相配合又互相制衡模式。[57]香港基本法起草委員會對選擇何種政治體制展開了時間最長、最激烈的爭論。1986年，政制專題小組確定了香港政制設計的基本原則：要符合「一國兩制」的原則，要從香港的法律地位和實際情況出發，以保障香港的穩定繁榮為目的，兼顧社會各階層的利益，有利於資本主義經濟的發展。既保持原政治體制中行之有效的部分，又要循序漸進地逐步發展適合香港情況的民主制度。[58]此外，在制定《基本法》過程中，為了保證香港平穩過渡和回歸前後政制發展的有序銜接，香港特區政制設計吸納了港英管治時期的一些做法，同時，中方通過外交管道聽取了英方的意見，中英雙方就一些政制銜接和發展的重要環節達成共識，[59]中方吸納後將之融入香港

---

57. 《中華人民共和國香港特別行政區基本法起草委員會第三次全體會議文件彙編》，人民出版社1986年版，第32頁。

58. 李昌道、龔曉航：《基本法透視》，香港：中華書局，1990年，第166頁。

59. 這裏的共識包括了行政主導制。中央雙方就香港政治體制設計進行討論時，英方為了自己的商業利益，極力推薦行政主導制，中方則以對港政策要為香港各界能夠接受為原則，於是把港英時期為香港社會廣泛認同的行政主導制作為《基本法》中政制設計的一個原則。

政制設計中。但隨着末代港督彭定康在過渡期內急速推進香港的民主化，代議制不斷衝擊着香港政制原有的行政主導制，民主訴求在香港社會萌發並不斷膨脹。香港反對派將行政主導制視為否定與阻礙香港民主發展、壓縮政黨政治發展空間的藉口。[60] 香港社會的這種意見雖然勢力不大，但一定程度上影響了香港政制設計與發展。1990 年，《基本法》起草委員會主任委員姬鵬飛在其向全國人大作出的《關於〈中華人民共和國香港特別行政區基本法（草案）〉及有關文件的說明》中指出，《基本法》規定體現了「行政與立法之間相互制衡、互相配合的關係」。[61] 最終，《基本法》將「行政與立法相互制衡、相互配合」確立為香港政制設計的基本框架和指導思想，此時香港政治體制設計難覓「行政主導」的蹤迹。[62]

然而，《基本法》頒佈之後，香港政治體制特徵的官方描述發生了轉變：從「司法獨立，行政與立法互相制衡、互相配合」轉到「司法獨立，行政與立法是行政主導原則下的制約和配合」。[63] 對於重提行政主導的正當性，有學者提出如下理由：第一，在起草《基本法》時，草委們將港督制等同於行政主導制，對港督制的否定導致了行政主導被一並拋棄；第二，行政主導最符合循序漸進原則，對現行政治體制的調

---

60. 任余：〈「行政主導」漸行漸遠〉，《廣角鏡月刊》2004 年第 11 期。

61. 姬鵬飛：《關於〈中華人民共和國香港特別行政區基本法（草案）〉及其有關文件的說明》，1990 年 3 月 28 日在第七屆全國人民代表大會第三次會議上。

62. 除了姬鵬飛對《基本法》草案的說明外，這一結論還可以從當時的很多相關文獻中找到論據。比如王叔文主編：《香港特別行政區基本法導論》，北京：中共中央黨校出版社，1990 年，第 177 頁；許崇德：《港澳基本法教程》，北京：中國人民大學出版社，1994 年，第 169 頁；蕭蔚雲：《論香港基本法》，北京：北京大學出版社，2003 年，第 384 頁。

63. 比如王叔文主編：《香港特別行政區基本法導論》，北京：中共中央黨校出版社，1997 年，第 207 頁；許崇德：《一國兩制方針的政治體制》，載 Priscilla M. F. Leung, Zhu Guobin (eds.) *The Basic Law of the HKSAR: From Theory to Practice.* Hong Kong: Butterworth, 1998, pp. 99–101; 蕭蔚雲：《論香港基本法》，北京：北京大學出版社，2003 年，第 829–830 頁。
2004 年「關於《全國人民代表大會常務委員會關於〈中華人民共和國香港特別行政區基本法〉附件一第 7 條和附件二第 3 條的解釋（草案）〉的說明」特別指出：「根據香港基本法確立的政治體制，香港特別行政區實行行政主導，行政長官是特別行政區的首長，代表香港特別行政區，對中央人民政府和香港特別行政區負責」。

整幅度最小；第三，行政主導有利於粉碎彭定康建立立法主導的政改陰謀；第四，亞洲金融危機促進了對《基本法》政治體制的重新解讀，認識到以高效行政為主導的政治體制對作為國際金融中心的香港前途和命運的重要性；第五，維護國家安全的考慮。[64]本文認同上述香港政治體制特徵描述轉變的理由，儘管《基本法》並未明文規定「行政主導」，但從本文前面對香港行政長官的法律地位和《基本法》關於行政長官的職權分析中，我們可以得出行政長官相較於法院、立法會、特區政府等憲制單元具有優勢地位和權力的結論。儘管用行政主導制描述香港政治體制稍顯倉促（因為這種描述事實上忽略了特區政制中的分權與制衡），但行政主導制表達了中央對香港特區政治體制安排的意圖，即通過行政長官，建立管治能力強、行政效率高、政治公信力高的特區政府。縱觀香港政治體制的設置邏輯，我們可以基本得到如下結論：草委們在設置香港政治體制時默認行政主導制、行政與立法互相制衡與配合、司法獨立等要素，但在廢除殖民主義的港督制時一並摒棄了「行政主導」的制度描述。而隨着國內外政治、經濟等大環境的深刻變化，中央政府對特區政府有所期待，故要求特區政府發揮「行政主導」政府的潛力，並在官方話語中將香港政治體制表達為一種「行政主導」的政府。

（三）香港特區行政長官職權設置的中心目的

比較港英時期港督的行政主導邏輯與香港特區行政長官制的邏輯，我們可以發現兩者具有很多相似之處，比如：（1）港督由英皇授權，向英皇負責；行政長官由中央授權，向中央負責；（2）港督擁有最終的行政權，行政長官領導特區政府；（3）港督的立法權受到立法局的制約，行政長官提出的法案須經立法會通過。因此，有人認為香港特區行政長官制是港督制的延續，進而認為香港特區行政長官職權源自

---

64. 參見朱國斌主編：《香港特區政治體制研究》，香港：香港城市大學出版社，2017年，第122-124頁。

港督的特權。[65]本文認為，這種簡單的比較是不確切的，正如許崇德先生所駁斥：「末代港督彭定康在其撤離香港之前口口聲聲稱特區行政長官是他的『繼承人』，這是十分荒謬的。」[66]首先，港督職權設置與香港特區行政長官職權設置的服務目標不同。前者服務的戰略目標不是着眼於殖民，而是為了外交、軍事和商業。[67]從佔領香港的過程看，數任港督就是緊緊圍繞上述目的開展活動的，只是所處時期不同而有所側重而已。[68]為此，英國必須通過港督的職權來牢牢掌握對香港的直接控制權與管治權，維護直轄式的統治。後者的目標在於落實「一國兩制」基本原則，保證香港順利回歸祖國和香港繼續保持繁榮穩定。可以看出，兩者職權設置的出發點是非常不同的。其次，兩者的職權分配邏輯是不同的，前者是絕對縱向邏輯，即港督居於權力最高位，行政局和立法局是其諮詢機構；後者是相對橫向分權邏輯，即行政長官是香港特區的代表和行政權的掌管者，但是行政權與立法權相互制衡。再次，兩者對未來香港政治體制的定位不同。港英時期，香港政制有了些許改革，比如引入非官守議員、華人議員、立法局組成多元化等，但英國政府否決了開放民選議席或改組立法局，實行代議制等政制改革建議。英國人懂得香港是租借地，永遠不能自治或獨立，這

---

65. 這裏涉及到 Peter Wesley-Smith 教授提出的「總督特權可以延續理論」，其認為特權只要不是為當地或英國的立法限制、修改，就可以在前殖民地有效。其以 *Barton v Commonwealth of Australia*（1974）131 CLR 477 為主要論據，提出香港特區在 1997 年 6 月 30 日後可以享有特權。而香港法院在 1997 年「馬維琨案」審理中認為普通法自動成為香港特區法律的一部分，除與《基本法》抵觸或經香港特區立法機關修改的除外。那港督的特權是否為普通法？行政長官的職權是不是對港督特權的自動延續？通過考察 Barton 案可知，澳大利亞法院作出特權延續論所形成的普通法規則是針對國家行為而言的，香港不是獨立的國家，且行政長官不是國家行為的主體，因此不能推論總督的特權能延續成為行政長官的職權。參見 Peter Wesley-Smith. *Constitutional and Administrative Law in Hong Kong*. Hong Kong: Longman Asia, 1994；陳德昌：《論香港特別行政區行政長官的職權》，中國人民大學 2005 年碩士學位論文，第 18–29 頁。

66. 許崇德：〈香港特別行政區行政長官的法律地位〉，《法學雜誌》1997 年第 4 期。

67. 科林斯：《香港行政》，第 47 頁。轉引自余繩武、劉存寬：《19 世紀的香港》，北京：中國社會科學院，2007 年，第 177 頁。

68. 王鳳超：《香港政制發展歷程（1843–2015）》，香港：中華書局，2017 年版，第 27 頁。

「決定了任何在香港進行的民主改革，都會帶來風險，或為他人作嫁衣裳，與英國佔領香港的總體戰略不符。」[69]可以說，港督職權設置是為了加強英國對香港的直接控制，保障英國在香港的長遠利益，是為了限制香港未來政治體制民主化。而香港特區行政長官職權的設置背景是，在民主和法治成為世界趨勢和潮流下，中方順應了香港居民的民主期待，在「一國兩制」原則下授權香港特區高度自治和漸進民主。這樣，港督時代的行政局和立法局由諮詢機構轉變為具有實權的香港特區行政機關和立法機關。可以說，香港特區行政長官職權設置是着眼於香港未來政制民主化改革的，且這一點已經體現在《基本法》第 45 條第 2 款[70]和第 68 條第 2 款。[71]當然，考慮到香港的實際情況，為了繼續保持香港繁榮穩定，香港特區的政制運作不能陷入行政、立法和司法無終止的糾纏之中，因此《基本法》規定了行政長官相較於立法會、法院更具優勢的權力和地位，比如相對輕鬆地解散立法會的權力、提請中央人民政府任命主要官員、向全國人大常委會提出解釋《基本法》的動議權等。儘管《基本法》賦予了立法會彈劾行政長官的動議權，但該程序異常艱難，且最終決定權掌控在中央人民政府手中。所以，整體而言，行政長官擁有相對強勢的法律地位和職權。綜上所述，香港行政長官職權的設置的中心目的是期望行政長官擁有較為強勢的權力和地位，有效地領導特區政府，成為特區憲制結構中的強勢者、《基本法》的實施者和監督者、香港憲制秩序的守護者。

---

69. 王鳳超：《香港政制發展歷程（1843–2015）》，香港：中華書局，2017 年版，第 33 頁。

70. 《基本法》第 45 條第 2 款規定：
   行政長官的產生辦法根據香港特別行政區的實際情況和循序漸進的原則而規定，最終達至由一個有廣泛代表性的提名委員會按民主程序提名後普選產生的目標。

71. 《基本法》第 68 條第 2 款規定：
   立法會的產生辦法根據香港特別行政區的實際情況和循序漸進的原則而規定，最終達至全部議員由普選產生的目標。

四、香港特區行政長官職權實施效果的評估及其原因剖析

本文在前面部分分別從文本邏輯和應然角度分析了《基本法》文本中行政長官的法律地位與職權，從歷史角度追溯了香港特區行政長官職權設置的邏輯，可以推出當時立法者意欲通過權力的傾斜性配置，來形塑或構造一個比較強勢的香港特區行政長官，以及由行政長官領導的特區政府。然而令人遺憾的是，香港回歸 22 周年以來，香港特區行政長官給世人留下弱勢特首、「跛腳鴨」(lame duck) 特首的印象，歷屆行政長官在施政綱領中的偉大抱負最終成為一紙「辛酸淚」。香港特區行政長官職權不能不說是強勢的，但其真實運作為何如上面所述般狼狽不堪？導致香港特區行政長官從文本上的強勢特首變為事實上的弱勢特首的原因是什麼呢？或者說什麼因素直接和間接地制約了香港特區行政長官職權的落實與實現？本部分嘗試着對這些問題作些分析解答。

(一) 香港特區行政長官職權實施效果的評估

自回歸以來，香港已產生過四任行政長官。檢視過去行政長官的施政歷程及績效，不能不讓人得出負面結論。我們發現，行政長官的職權落實不僅屢屢遭遇立法會（權）的阻擾（表現為立法會的「拉布」或流會），時常被起訴到香港法院，甚至作為特區政府首長無法有效領導指揮整個行政系統。下面，本文從立法、行政、司法等多個方面舉例對上述行政長官職權實施效果作具體評估。

在立法方面，行政長官職權未落實的典型例子就是《基本法》第 23 條到現在為止尚未得到落實和 2019 年夏發生的「反送中」（即阻擊《逃犯條例》修訂）。《基本法》第 23 條規定香港特區應自行立法維護國家安全。然而 2003 年，時任行政長官董建華及其領導的特區政府在推進第 23 條立法過程中引發了「七·一」五十萬人大遊行。在巨大的民眾壓力下，原本支持政府立法的自由黨臨時倒戈，導致第 23 條立法無法獲得立法會多數票而被迫擱置。2019 年 6 月至 7 月間，反對派組織超

大規模示威遊行活動，人數最多高達百萬以上，反對政府修訂《逃犯條例》動議，最終迫使行政長官對公眾道歉、政府宣佈無限期擱置修法。除此之外，立法會對行政長官職權實施的影響，還反映在立法會及其屬下委員會對行政權的影響。比如遠在 1999 年，時任立法會議員吳靄儀因不滿律政司司長梁愛詩對胡仙案及港人的大陸子女居港案的處理對梁愛詩提出不信任動議；在香港居屋短樁事件中，立法會議員對房委會主席及房屋署署長提出不信任案；2003 年，對財政司司長梁錦松提出不信任動議；財務委員會在廣深港高速鐵路撥款申請案、長者生活津貼議案、四川地震捐款 1 億港元的撥款申請案、新界東北開發撥款案等惡質「拉布」，[72] 阻撓議案的表決；尤其在像有益於香港經濟、方便出行的香港高鐵「一地兩檢」方案等，反對派議員以「拉布」方式阻撓相關法案通過，等等，不一而足。儘管立法會的不信任案、「拉布」等不具有法律效果，但其所形成的巨大政治壓力以及耗費的制度資源與公帑，導致本可以獲得民意支援的民生工程擱置或「流產」、迫使問責官員辭職，嚴重制約了行政長官職權的落實與實現。

在行政方面，行政長官職權的落實，離不開行政系統特別是公務員系統的支援和配合，立意良好的公共政策需要由高效率、高品質的行政機關來執行和落實。港英時期給香港特區政府留下的一筆寶貴遺產就是廉潔高效的公務員系統。可惜，在董建華第一任行政長官期間，行政長官不能夠直接調動支配公務員隊伍，導致行政長官與行政機關溝通受阻、指揮不暢、執行不力；直至「高官問責制」推行後，情形方才得以改善。然而，時至今日，現實運作卻有悖常理，問責官員沒有整體團體意識，許多上司埋怨指揮不動所管轄的公務員，官僚機構對民意回應不足、行政效率不彰，與香港居民對公共服務越來越高的要求之間存在不小的差距，嚴重限縮了行政長官的管理空間和管治能力。[73]

---

72. 參見田飛龍：〈香港立法會的惡質「拉布」及其治理〉，《當代港澳研究》2014 年第 3 輯。

73. 參見葉健民編著《特區管治的挑戰》，香港：香港城市大學出版社，2017 年，第 126–131 頁。

在司法方面，司法獨立是香港社會極為尊崇的核心價值，其不僅意味着行政長官、行政機關、立法機關、社會方面等不得干預司法，還意味着司法要恪守本分、盡職盡責。司法權制約立法權、行政權，是香港政體之下權力分立架構的應有之義。但香港法院自回歸後確立了一種司法積極主義（judicial activism）的姿態，對行政權力採取積極的司法行動，對行政過程加以干預，加重行政權力實施的司法責任。比如在「吳嘉玲訴入境事務處主任案」中，終審法院以「憲法監督者」的身份，裁定《入境條例》因違反《基本法》而無效，並裁定撤銷入境事務處主任的行政決定。在涉及對基本權利限制的案件中，終審法院增加了證明限制行為具有合理性的司法責任。[74]還比如，朱綺華女士就環評報告申請司法審查，逼停造價逾 700 億港元的港珠澳大橋，朱凱迪就皇后碼頭拆遷申請司法覆核，郭卓堅就「丁屋政策」提請司法覆核等，都顯示司法之於行政的制約以及司法參與公共政策的制定。除此之外，特區法院對公務員管理體制、市政管理等其他眾多行政領域積極採取司法行動，增加了行政長官職權實施的難度，降低了行政效率，客觀上造成了巨大的制度、財產損失。

除了立法、行政、司法方面對行政長官職權的實施帶來上述負面影響，來自香港媒體、社會輿論、政治團體、本土極端分裂勢力等方面的批評、攻擊、阻擾也給行政長官施政製造了不少麻煩、帶來諸多管治難題。當然，行政長官是應該受到來自社會各界的制約和監督的。

綜上所述，自回歸以來，香港社會環境愈加複雜，行政長官職權的落實遭遇來自方方面面的制約和掣肘。正如 2004 年 4 月香港特區政府政制發展專責小組報告所坦承的那樣：「行政與立法機關只能互相制衡，但不能做到充分互相配合，加上在現行制度下，行政長官在立法會中沒有固定的支持，以致對行政主導及施政效率造成不良影響。」[75]

---

74. 參見程潔：〈香港憲制發展與行政主導體制〉，《法學》2009 年第 1 期。

75. 參見《政制發展專責小組第二號報告》第三節第 27 條，《香港特別行政區政府官網》，網址：http://www.info.gov.hk。

可以説，《基本法》賦予行政長官的廣泛而強力的職權並未帶來令人滿意的管治效果。董建華中道辭職、曾蔭權銀鐺入獄、林鄭月娥民望屢創新低等，香港行政長官似乎由《基本法》文本中期待的強勢特首淪落為香港現實社會中的弱勢官員，這樣的局面不僅背離了立法初衷，不利於香港社會持續發展，還嚴重影響了中央對香港特區的管治權威和威信。進一步推進香港行政長官職權的落實與實現，提升香港特區的管治威望和效果，是保證「一國兩制」成功實踐、維護國家安全、主權和發展利益以及繼續保持香港繁榮穩定的重大而緊迫的課題。

（二）香港特區行政長官職權難以落實的原因

從上面的效果評估中，我們可以得知，制約香港特區行政長官職權落實的因素是多元的，既有行政長官自身原因也有外在原因，既有制度原因也有人為原因，既有香港內部原因也有外部原因。本部分結合香港回歸前後的體制變化、《基本法》文本設計和實踐情況對比等，着力分析下面幾方面的原因：

1、制度設計者未預測到香港社會環境的複雜性。港英時期的香港社會處在威權政體下，港督集大權於一身，政府的職能是有限的，香港市民雖無民主，但是享受着社會、經濟自由和充分的人身自由。隨着中國恢復對香港行使主權，行政長官施政面臨的社會政治環境發生了巨大變化。英國在光榮撤退時將代議民主制引入進香港政制，讓香港居民在回歸前最後幾年感受到了威權體制下的寬厚與溫和，以及嘗到民主的滋味。這些改革措施客觀上深刻改變了香港社會政治環境：殖民政府的權威被嚴重削弱，社會上不斷出現政治上的「反對派」，弱化的政府被一大群「零碎權力」包圍，政治環境異常動盪。對於中國來説，這便成為設計香港未來政制所需面對的新的政治現實。【76】回頭再看，香港特區政制的設計者應該是對香港居民的愛國愛港感情過於樂觀了，並未預測甚至意識到這些「民主改革」實際上在一個沒有民主傳

---

76. 劉兆佳：《香港社會的政制改革》，北京：中信出版集團，2016 年，第 234 頁。

統的前殖民地開啟了政黨政治、社會運動、甚至媒體暴力的大門，這就使得《基本法》設計的理想型行政長官制度與香港現實複雜的社會環境出現難以彌合的政治鴻溝。

2、香港特區政治體制內部的矛盾。中央政府一方面為保證香港的平穩過渡和政制銜接，刻意主觀上保留了港英威權體制下的行政主導架構，以港督體制為藍本設計了一個以行政權為主導的特區政制；【77】另一方面將大量的民主元素嵌入《基本法》條文和之下的政治制度中，使立法機關從之前的諮詢機構轉變為有實權的政治權力，同時以選舉使其獲得了民主正當性。於是乎，香港的政治體制實質上是集（理想中的）威權政治與（實際的）民主政治於一身的矛盾體，殊不知威權政治的維持與民主政治的運作是一對不可調和的悖論。上述缺陷作為香港政治體制設計的背景也就罷了，作為香港憲制性法律的《基本法》卻把這種缺陷成文法化了，這具體體現在行政長官作為政府首腦對立法會負責的規定上。這一制度安排實質上蘊含了立法對行政的制衡關係，加大了行政長官為政府首腦的行政機關主導制度運作的難度。此外，這種制度設計事實上帶來了香港政治權力結構的變化，即由港督時期的縱向權力「命令—執行」結構變為香港特區的橫向分權結構，【78】回歸前那種行政相對於立法的「主導」地位和優勢權威基本消失了，尤其在香港民主化浪潮大背景下，港英時期的「行政主導」特徵被徹底掩蓋了。行政相對於立法的優勢被削弱了，行政主導運作起來就難上加難了。

3、行政長官職權的過度模糊性。以本文第二部分中對《基本法》第48條規定的職權類型化研究來看，第（1）（2）（5）（7）（8）（9）（11）（12）項職權為行政長官的實體性權力，而第（1）（4）（7）（8）（9）（10）（11）（12）（13）項職權是行政長官的完整性權力，對比可以看出第（2）項作

---

77. 朱國斌主編：《香港特區政治體制研究》，香港：香港城市大學出版社，2017年，第75頁。

78. 參見鄒平學等著：《香港基本法實踐問題研究》，北京：社會科學文獻出版社，2014年，第286頁。

為行政長官的實體性權力卻不具有程序上的完整性。再進一步考察，可以發現行政長官實體性權力中蘊含着大量開放性的具有不確定性的概念，比如「領導」、「負責」、「代表」等。何謂領導、負責、代表？這些職權缺乏下位的、相應的制度匹配，導致行政長官憲制地位的模糊性和虛無性。儘管自回歸以來，香港還是對這些模糊性職權進行了制度細化，比如在「領導」之下設置了「高官問責制」，加強了行政長官對行政系統的掌控能力。然而，對於香港複雜的政治環境，尤其是立法會中的泛民派挑戰，行政長官職權過度虛化而無法有效應對，比如《基本法》第 73 條規定了立法會就任何有關公共利益問題的辯論權，但立法會中的反對派議員借此對特區政府提出的法案、議案搞惡質「拉布」，行政長官對之表現出無能為力，最終只能依靠立法會主席終止辯論的「剪布權」。所幸，該「剪布權」獲得法院判例的認可。[79] 此外，正如前面所分析的，行政長官的職權處於一種混沌狀態，即行政長官作為香港特區首長所擁有的特首權，與作為香港行政機關首腦所擁有的行政行政權，混為一體，這當然是由行政長官角色的合二為一所決定，但是由此導致的後果就是，期望中的香港特首所具有的那種超然性，始終因被貼上行政權的標籤而屢屢陷入行政與立法、司法的糾纏與爭議中。如此一來，作為香港特區首長的最高法律地位何以在現實社會中得到彰顯？

　　4、香港政黨政治的深刻影響。應該說，香港特區行政長官職權難以落實的根本原因就是快速生長的政黨政治。在港英時期，政黨政治是不存在的（至少在制度層面），港督的意志依靠威權就可以通過政治精英（如立法、行政兩局議員）得以傳達到社會，並由此確立高度權威，以實現香港的有效管治。然而，香港逐步走向局部民主化的過程

---

79. 在「梁國雄訴立法會主席」案中，香港特區終審法院判定，根據《基本法》第 72 條第（1）項的規定，立法會主席有權對辯論設定限制和終結辯論，至於主席有否恰當地行使權力，或主席的決定是否構成未經授權地訂立議事規則等問題，並不屬於法院考慮的範疇。See Leung Kwok Hung v. The President of the Legislative Council of the Hong Kong Special Administrative Region and Another (29/09/2014, FACV1/2014) (2014)17 HKCFAR 689.

中，尤其在回歸後缺少港英威權所形成的緩衝作用時，貴族型政治精英被打散，政治精英團體走向分化，民粹政治、大眾政治乃至街頭政治日益壯大並成為氣候，分屬不同建制派政黨的上層精英對政黨、選民的忠誠遠遠勝過對特區政府和行政長官的忠誠。在行政長官在議會無政黨支持的情況下，[80] 如果行政長官職權的實施與該政黨或所代表選民的利益一致時，則可以得到後者的支援而順利進行；如果行政長官職權的實施與該政黨或所代表選民的利益不一致或直接衝突時，則不但得不到後者的支持，反而會受到後者的百般阻擾。比如，2003 年《基本法》第 23 條立法過程中，具有建制派性質的自由黨（以田北俊為首）為了維護自身政黨的利益、防止被自己的選民拋棄而臨陣倒戈，直接導致第 23 條立法的「流產」和事實上的永久擱置。2019 年春夏之交《逃犯條例》修訂沒有政黨的壓倒性支持，行政長官再次遭遇「滑鐵盧」。這些制度性的阻力導致《基本法》中有利於行政長官職權實施的制度無法有效發揮效用，甚至形同虛設。比如輔助行政長官決策、溝通行政與立法關係的行政會議制度，一方面，就反對派議員而言，他們以行政會議要求成員對決策過程和決策結果保密，而政黨成員不能服從為由，拒絕參加行政會議，從而導致行政長官無法聽到立法會的反對聲音；另一方面，就建制派議員而言，即使成為行政會議成員，他們在考慮問題的時候，往往以自身政黨利益為宗旨，把向選民負責、聽選民的話作為自己的動力、方向和主要考量，而無法像港英時期行政局議員那樣以維護港督和政府的權威為重，從而導致行政長官聽不到真實的諮詢意見或者得不到行政會議成員的衷心擁護。在現代政治中，

---

80. 《行政長官選舉條例》第 31 條規定：

（1）根據第 28 條獲宣佈在選舉中當選的人，須在該項宣佈作出後的 7 個工作日內 ——
公開作出一項法定聲明，表明他不是任何政黨的成員；及

（b）向選舉主任提交一份書面承諾，表明他如獲任命為行政長官，則在他擔任行政長官的任期內 ——

（i）他不會成為任何政黨的成員；或

（ii）他不會作出具有使他受到任何政黨的黨紀約束的效果的任何作為。

政黨具有表達、反映、塑造甚至操縱民意的功能。[81]但目前香港的政制「閹割」了政黨的執政功能，致使行政長官職權的落實缺乏充足的政治資源、行政長官與立法機關無法有效銜接。[82]

五、真正落實行政長官職權的路徑

沒有一種政制模式是普適的，任何政治體制設計得再完美，體制內部的衝突都是不可避免的，這是分權制衡原則在實踐運作中的常態。因而，面對香港行政長官在職權行使的過程中出現的種種問題，在考慮到《基本法》提供的制度性便利前提下，我們應該總結經驗教訓，提出建設性的完善意見。本部分結合前面的分析，分別從理念和實踐的維度提出推動香港特區行政長官職權進一步落實的具體建議。

（一）推動香港特區行政長官職權進一步落實的理念之維

首先，引入和使用「特首權」的概念。如前所述，行政長官既是特區的首長，也是特區政府的首長，即是香港特別行政區名副其實的「雙首長」。這種制度安排令身兼兩職的行政長官享有實權，但是有時也會使得行使特首權的行政長官，被視為行使行政管理權的行政長官，從而令行政長官作為行政機關（Administration）的一部分，陷入與立法機關及司法機關的權力纏鬥，不利於維護作為特區首長的行政長官的權威。適當區分首腦權與特首權，有利於凸顯作為特區首長的行政長官的超脫性和權威性，令其從香港特區整體利益着眼，更好地對中央人民政府和香港特別行政區負責。本文第二部分區分了行政長官的特首權與首腦權，指出《基本法》第48條規定的執行法律、提請中央任命主要官員、依法任免各級法院法官、執行中央人民政府的命令、代

---

81. 參見〔意〕G・薩托利：《政黨與政黨體制》，王明進譯，北京：商務印書館，2006年，第58頁。
82. 參見鄒平學等著：《香港基本法實踐問題研究》，北京：社會科學文獻出版社，2014年，第306-314頁。

表特區處理對外事務、決定公務人員是否向立法會作證、赦免和減輕刑事罪犯的刑罰、處理訴願和申訴、法案簽署權和法律公佈權,《基本法》第 50 條規定的解散立法會的權力,《基本法》第 51 條規定的臨時短期撥款批准權,以及《基本法》未規定的榮典權和解釋《基本法》的間接動議權等,宜界定為行政長官的特首權。在官方法理構建上,可以圍繞特首權概念,重新梳理行政長官的職權和制度體系,形成內涵明確、結構清晰、功能適當、邏輯嚴謹的特首權體系。

其次,正視香港特區政治體制中的分權與制衡。毫無疑問,「行政主導」是香港特區政治體制的一個顯著特徵,也表達了治港者對特區管治的美好願景。然而,行政主導不代表香港特區沒有分權與制衡——如果說香港特區沒有分權與制衡,那麼回歸以來行政機關與立法機關及司法機關的糾纏與互動無疑就是一場幻覺。《基本法》的起草者在描述香港特區政治體制時,用了「既相互配合,又相互制衡」的字眼。事實上,配合與制衡是一體兩面:說行政機關需要立法機關的配合,等於說立法機關有不配合行政機關的權能。配合與制衡是一種動態關係,有時行政機關與立法機關會相互配合,有時行政機關與司法機關會相互制衡。這是《基本法》的文本與香港特區的實際情況決定的。以「行政主導」描述香港特區的政治體制,表達了一種高效管治的美好願景。但是治港者必須看到,這種以行政權為主導的體制是建立在分權與制衡的基礎之上的。精確而簡潔地描述香港特區政治體制,或可考慮學者提出的「行政長官制」。[83] 理論上,重新描述香港特區政治體制,有助於將行政長官作為獨立的憲制單元凸顯出來。根據香港特區的實際情況,調整對香港政治體制特徵的描述,並不違反《基本法》的精神。

再次,考慮在香港特區開放政黨政治制度空間的可能。不論在法律文本上,還是在特區實踐中,行政機關與立法機關都是兩個相對獨立的機關;它們有各自的運作邏輯。但是,為了確保特區政制順利運

---

83. 王磊:〈香港政治體制應當表述為「行政長官制」〉,《政治與法律》2016 年第 12 期。

作，二者的相互配合又是必不可少的。這意味着，在行政機關與立法機關之間，必須有一個穩固且常態化的紐帶。在西方國家和地區，維繫行政與立法關係的紐帶是政黨及其制度。然而，在香港特區，行政長官不能有任何政黨聯繫（參見《行政長官選舉條例》第 31 條），行政會議又無法發揮其應有的作用。於是乎，貌似大權在握的行政長官，在立法會孤立無援，在需要多數議員支援時，往往得不到其所需的支持。而這，是香港特區行政權無法主導的重要原因之一。如果允許行政長官有政黨聯繫，那麼行政長官就有機會在立法會得到穩定的支持，從而確保行政機關與立法機關的相互配合。客觀而言，雖然《基本法》沒有賦予香港政黨任何地位，但是它也沒有明文禁止政黨在香港運作。也就是說，開放香港政黨政治的制度空間，無須修改《基本法》或作重大政改，只需國家香港政策決策者轉變對政黨政治的觀念和態度。雖然如果允許行政長官有政黨聯繫，可能會導致他／她對中央與對政黨的「雙重效忠」的問題，但是在絕大多數時候，中央的利益應該就是建制派政黨的利益，二者並沒有不可調和的根本矛盾。在此建議，對港工作部門認真考慮政黨政治的現實與制度優勢，高度重視行政長官需要政黨支援的問題，並從理論上打破關於香港政黨政治的傳統觀念。

（二）推動香港特區行政長官職權進一步落實的實踐之維

首先，善用行政會議，構建「管治聯盟」。雖然制度設計者未預料到香港政黨政治的蓬勃發展，但是他們考慮到行政長官作出決策時需要聽取多方意見及平衡多方利益，於是設計了協助行政長官決策的行政會議。行政會議的成員由行政長官從行政機關的主要官員、立法會議員和社會人士中委任，其任免由行政長官決定。在缺乏政黨聯繫的情況下，行政長官要善用現有的制度資源，在行政機關與立法機關之間建立實質且穩固的聯繫。行政會議是協助行政長官決策的機構，相當於由行政長官組建的「小內閣」。但是現在的行政會議沒有發揮其應有的作用。將來行政長官在委任行政會議成員時，應當考慮委任一些

有遠見、政治中立、包容性強、有全局觀、有責任感的人士。行政會議應當給行政長官提建設性意見，幫助行政長官完善和維護其決策。經委任的行政會議成員也應恪守職業道德，在行政長官決策之前，可以暢所欲言，表達不同的意見，考慮各種可能性，在行政長官決策之後，就應義無反顧地支持行政長官的決策。

其次，細化和具體化行政長官的職權。就目前而言，有必要將抽象而模糊的職權具體化、體系化、制度化，增強職權行使的可識別性、可操作性、認受性。《基本法》有關行政長官職權的規定總的來說過於宏觀，這或許跟《基本法》的憲制性定位以及立法者「宜粗不宜細」的理念有關。就具體落實而言，必須圍繞《基本法》中的行政長官職權發展其下位概念，形成行政長官職權的職權體系和制度體系，從而使行政長官職權從卡爾·施米特的政治神學走向規範的法律科學。長遠來看，要考慮制定《行政長官權力與特權條例》，逐條逐款落實《基本法》關於行政長官職權的條款，並為權力行使提供指引。例如《基本法》第 48 條第（1）項職權中的「領導」，可以發展出計畫、組織、決策、命令、控制、監督等下位概念，而其中的「監督」已經形成香港政制中的高官問責制度。我們還可以將其中的「命令」形成行政長官在緊急情況下的令狀制度，等等。就特首「行政令」性質而言，儘管當事方可以在司法審查中挑戰命令的合法性和合憲性，但是我們必須從理論上確認這類命令具有普遍的法律效力。[84]

再次，重視行政長官本人的管治能力建設。《基本法》希望建立的是一種以行政長官為主導的政制架構，而保證這種憲制架構有效運作，需要一個有很強的公信力和能力的行政長官。[85]因此，推動行政長官職權的進一步落實，必須回到行政長官本身。一方面，要嚴格考察行政長官的人選。國務院港澳辦公室前主任王光亞曾提出，中央對行政長官的人選有四個標準：愛國愛港、中央信任、有管治能力及港

---

84. *See Leung Kwok Hung and Another v. HKSAR*（09/02/2006, HCAL107/2005）.

85. 參見林峰：〈論香港特別行政區行政長官與立法機關之間的關係〉，《法學家》2007 年第 3 期。

人擁護。這四點要求確實是勝任行政長官職位、有效管治香港特區所必需的。除此之外，行政長官還應具有豐富的政治經歷，具備相當的政治敏感性，確保在重大政治事件決策過程中，不會做出不接近民意的抉擇。林鄭月娥近乎匆忙地推出《逃犯條例》修正案前，缺乏廣泛和專業的諮詢，最終不得不撤回和宣佈為「壽終正寢」，就是一個反面的例子。另一方面，要加強行政長官政治倫理與職業倫理教育，全面提高行政長官的政治素質與管治能力。作為香港特區的行政長官，他／她必須有理想、有信念、有擔當、有魄力，具備忠誠、敬業、公正、廉潔、親民等品質。

最後，適時重啟政改，加強行政長官的認受性。必須承認的是，當下並非重啟政改的良機。就目前而言，香港社會陷入一種非理性的狂熱，街頭政治大行其道，香港特區的管治秩序亟待恢復和重建。此時重啟政改，只會令香港社會變得更加分化，甚至製造新的政治議題，令香港社會陷入無日無之的政治爭拗和混沌中。然而，從長遠來看，香港政制必須向前行，這是恢復香港特區管治權威的必要之舉。香港特區的政治體制，已經離開了威權的此岸，卻又到不了民主的彼岸，這種中間游離狀態使得行政長官在施政時進退失據。讓一個民意基礎薄弱的行政長官去「主導」直選產生的立法會，不僅行政長官本身「沒底氣」，「民意關」也是難以通過的。要將行政長官從這種困境中解救出來，就必須令行政長官本身有香港民意的支持和背書。因此，待時機成熟時，在「一國兩制」原則的指導下，根據《基本法》第45條，達成行政長官普選的共識方案，是解決行政長官職權進一步落實中的「民主赤字」的關鍵之舉。

結語

從法律文本中的強勢政府，到實踐中的弱勢管治，香港特區政治體制的運作呈現了理想與現實之間的巨大差距。這應該是制度設計者始料未及的，也是關心香港前途的人所不樂見的。行政長官的職權無

法落實，是特區管治困難的一大肇因。本文分析了行政長官在香港特區的憲制地位，劃分了行政長官職權的基本類型，追問了行政長官職權的設置邏輯，也考察了行政長官職權實施效果。我們發現，為了確保香港特區管治有力，《基本法》給行政長官配置了多項重要的職權，行政長官無疑應該是香港特區的實權首長。但問題的關鍵在於，行政長官行使職權在很多時候都需要來自其他方面的配合，而行政長官在施政時往往得不到其所需的配合，從而導致雄心勃勃的行政長官在推行其政策時舉步維艱。行政長官的職權得不到落實，有許多方面的深層原因，這並非某個政治強人憑一己之力可以改變的。近期的事態表明，落實行政長官的職權、提升特區政府的管治效能刻不容緩。而要提升落實行政長官的職權、提升特區政府的管治效能，就要有一套從理念到實踐的改革/改良方案。本文提出引進特首權的概念、正視特區政制中的分權制衡、考慮開放政黨政治、善用行政會議、細化行政長官的職權、重視行政長官的管治能力建設以及選擇適合的時機重啓政改等建議，希望有助於增強特區政府的管治能力、提高特區政府的管治效率、提升特區政府的管治認同，有益於形塑一個忠誠、廉潔、高效、公正且服務市民的特區政府。

第二章

關於香港行政長官普選制度設計的思考

澳門科技大學法學院副教授

香港行政長官普選與香港國家安全立法關係密切，全國人大常委會已經完成香港版國安法的立法工作，這為香港行政長官普選奠定了重要基礎，行政長官普選或又將被提上議事日程。關於香港行政長官普選問題，《香港基本法》第 45 條規定，行政長官的產生辦法最終達至由一個有廣泛代表性的提名委員會按照民主程序提名後普選產生的目標。全國人大常委會在 2007 年底也同意香港行政長官在 2017 年可由普選產生，香港特區政府也積極推進普選工作，但遺憾的是政府提出的普選方案在立法會未能通過。因香港在 2019 年發生大規模的社會動亂，其中不否認有外部因素干預，但這主要還是香港深層次矛盾長期積累的結果。針對此，有學者提出重啓政改，漸進推進民主，民主普選是香港社會的共同心願。[1] 筆者就此分享個人的幾點想法。

選舉制度是民主制度的核心組成部分，為民主制度提供了可操作性的政治工具，是國內和國際合法性的基礎。根據熊彼特對民主的最簡定義，「民主制度只不過是一種通過競取人民的選票來獲得做出政治決定的權力的政治方法。」[2] 一般傾向於認為，選舉民主在權力委托上

---

1. 朱國斌：〈「一國兩制」的過去、現在與未來（下）〉，（香港）《大公報》，2020 年 4 月 7 日。

2. 〔美〕約瑟夫熊彼特著：《資本主義、社會主義與民主主義》，吳良健譯，北京：商務印書館，1999年版，第 359 頁。

能夠較為直接與清晰地表達或展現每個人的意願，其目的在於建立以競爭方式來制約執政者的制度安排，保護個人權利與自由。完善的選舉制度是實現民主的必要條件，這已經成為了學界的共識。香港行政長官的普選必須按照《香港基本法》的規定進行，但《香港基本法》的以上規定比較原則，其中提名委員會如何組建、候選人怎麼產生、普選怎樣進行等都需要有進一步的制度安排。設計具體制度來處理這些問題，需要儘量實現三個「統一」。

一、保持功能界別傳統與擴大香港選民基礎相統一

自 1996 年以來，香港行政長官選舉委員會的組成就是由工商、專業、基層勞工宗教、政界四大界別構成。根據全國人大常委會的要求，2017 年行政長官普選的提名委員會也由此四大功能界別構成。功能組別作為香港的一種選舉方式。是由港英政府首先提出，最早是應用於立法機關選舉。設計該選舉方式是鑒於香港財經界及專業人士對維繫香港前途的繁榮港人的信心關係重大，強調這些人士應有充分的代表權。港英政府在 1984 年發表的《代議制綠皮書——代議政制在香港的進一步發展》中提出，當前立法局議員所來自的各種社會功能劃分的選民組別，例如工商界、醫學界、法律界、教育團體、金融界、勞工團體等都應有代表出任立法局議員。其他這類必須足以代表社會上某些人數相當多，而重要的團體或階層的選民組別也應有代表出任立法局議員，每個選民組別所選出的代表數目視其人數多少及重要性而定。港府在上述綠皮書徵求意見後，在同年 11 月公佈的《代議制綠皮書——代議政制在香港的進一步發展》中提出，立法局非官守議員是從按社會功能劃分的組別中甄選出來，以便從每個按社會功能劃分的選民組別中選出一名或多名代表。自 1996 年以來，功能界別選舉也應用於行政長官選舉委員會的構成，香港行政長官選舉委員會的組成就是由工商、專業、基層勞工宗教、政界四大界別構成。全國人大常委會在「831決定」中把四大界別作為行政長官提名委員會的構成方式，預計未來行

政長官提名委員會的構成也會沿用此法。由工商、專業、基層勞工宗教、政界四大界別構成的行政長官提名委員會產生行政長官候選人，也是保證香港各個階層各個界別各個方面均衡參與的重要途徑。

不可諱言，以四大界別構成的行政長官提名委員會，也存在不盡人意之處。如不同界別的合資格選民基數有較大差距，香港社會對界別選舉已有批評，認為有違選舉公平原則。香港社會主流意見認為，必須擴大提名委員會的選民基數。筆者認為，《香港基本法》沒有明確規定是否擴大提名委員會的選民基數，只是通過附件一的有關規定授權香港立法會對此進行立法。擴大行政長官提名委員會選民基數，把更多主體納入選舉程序，不僅沒有違反《香港基本法》，反而是符合《香港基本法》第 45 條達至「普選」的精神。擴大功能界別的選民基數，需要對下列幾個問題進行探討：第一，探明造成目前各界別選民基數有較大差距的原因。提名委員會各界別分組的投票人登記資格。無論是採取個人票、團體票，還是混合票，提名委員會名額在各界別之間的分配都應體現公平正義。但絕對的公正是不存在的，我們只能達至相對公正，而這種相對公正也是由多種因素綜合決定的。分配提名委員數量考慮的主要因素不僅有該界別的從業人口，還要考慮其對香港本地經濟社會發展的貢獻等因素，而這些因素也是動態的，各界別分配提名委員會成員的數量需要適時調整。第二，明確團體（公司）票是否轉化為個人票。選民基礎小的界別基本上是團體（公司）選民，內部競爭缺乏，民主程度較低，甚至存在自動當選現象，如第一界別的商界（第二），雇主聯合會、金融服務界、香港中國企業協會、進出口界等界別的選舉委員會委員全部自動當選。有眾多意見認為應把團體（公司）票轉化為個人票。前行政長官梁振英也表示，為了提高提名委員會的民主成分，政府可以考慮以個人票取代公司或團體票。[3] 鑒於採用團體（公司）票民主程度較低的現實，變團體（公司）票為個人票必然是趨勢。但在具體步驟上，可能難

3.　〈梁振英提個人票建議，泛民建制意見不一〉，《中國新聞網》，網址：http://www.chinanews.com/ga/2012/03-31/3790175.shtml，最後訪問日期：2020 年 4 月 6 日。

以一步到位。此外，個人票應是全體從業者票，還是僅為董事票、高級經理人票，或是以上諸種方式並存？此問題有待於進一步研究。第三，處理好提高民主性與保持功能性的關係。功能界別產生的提名委員會委員應具有本界別的代表性，這是未來功能界別選舉改革必須堅持的原則。變團體（公司）票為個人票是必然趨勢，但應考慮候選人在本界別中必須具有代表性。就工業界別改革而言，如果把選民基礎擴大到工業界的所有員工，好處是選民基礎得到擴大，但因員工的數量大大超出老闆，由此選舉的議員通常只會是工會領袖，難以代表和體現商會業界的利益，也就失去功能界別的原意。在擴大選民基礎時，必須考慮如何厘定選民資格、尤其是候選人資格。其實，界別選民可為該界別的全體從業人員，但必須保證候選人在本界別中具有代表性。故此，可由該界別的會員單位法定代表人組建提名委員會提名產生候選人，以保證候選人具有本界別的代表性。

二、立足香港本土區情與跟上世界民主潮流相統一

香港行政長官實現普選是香港民主政治發展的重要內容，香港民主政治發展首先應立足香港本土區情。《香港基本法》已經規定，行政長官的產生辦法最終達至由一個有廣泛代表性的提名委員會，按照民主程序提名後普選產生的目標。就是依據香港的實際情況作出的制度安排。此內容在沒有修改之前，香港的行政長官普選必須堅持提名委員會提名的辦法，不可實行政黨提名、公民提名等其他辦法，這是法治的基本要求。因為憲法對於某些事項的明文規定是對立法者的形成自由的排除，[4] 所以不能基於《香港基本法》沒有排除行政長官普選候選人由公民提名、政黨提名等提名方式產生，就可以搞公民提名或政黨提名。「公民提名」等主張都因不符合《香港基本法》的規定，不會得以實施，即使這些提名方案的民主程度高於《香港基本法》規定的提名辦

---

4. 許育典：《憲法》，台北：元照出版公司，2010年版，第147頁。

法。政黨提名、公民提名等提名等方法為什麼不能採用？這不僅是因為這些辦法與《香港基本法》的有關規定相衝突，而且因為這些辦法的確不適合於香港。就政黨提名而言。香港目前還沒有專門規範政黨的專門法律，只有在行政長官選舉條例等個別法例中涉及政黨的少量內容。無論是制定法，還是判例法，香港政黨法治水準都很低；香港政黨發展不成熟，尚缺乏明確的施政綱領。社會對政黨的認同度很低，一旦政黨候選人掌握特別行政區的行政長官職位，政治爭拗則會更為加劇；此外香港政黨數量較多，但大多屬於泛民主派陣營。有的政黨還以反政府反中央而標新立異，就公民提名而言，雖然香港居民大多是中國公民，但香港社會中有相當一部分人對於內地負面的東西往往易於接受，卻對於過去 30 多年政治上的巨大進步比較麻木。且老是糾纏歷史上發生過的不愉快事件不放，甚至主張推翻中國執政黨的領導。在這樣的情況下，如果實行公民提名，在香港這樣一個高度自由開放的社會，不能排除與中央對抗的人掌權。正如有關領導所說，提名委員會按照目前的選舉委員會組建，既是《香港基本法》有關規定的要求，也是行政長官普選防範各種風險的客觀需要。[5]

---

5. 時任全國人大常委會副秘書長、基本法委員會主任李飛先生曾闡述提名委員會提名可以降低普選的三個憲制風險的功效，可用來解釋如此安排的目的：第一，降低政治對抗的風險。貫徹落實「一國兩制」，就必須求大同、存大異，兩種社會制度不搞對抗，香港與中央之間不搞對抗，香港社會內部不搞對抗。《香港基本法》規定由一個有廣泛代表性的提名委員會提名行政長官候選人，這個提名委員會是超黨派的，有利於提出各方都能接受的行政長官候選人，降低政治對抗的風險。第二，降低憲制危機的風險。行政長官在香港本地普選產生後，還要報中央人民政府任命，而且這種任命是實質性的。《香港基本法》規定行政長官候選人由一個有廣泛代表性的提名委員會按民主程序提名後普選產生，這個提名委員會由社會各界人士組成，可以對行政長官候選人的資格條件進行比較全面的考慮，從而降低經普選產生的行政長官人選不獲中央政府任命而導致憲制危機的風險。第三，降低民粹主義的風險。要保持香港的經濟地位，必須靠自由港、低稅制來吸引外來投資，必須保障和平衡社會各階層、各界別、各方面的政治經濟利益，不能搞民粹主義。行政長官提名委員會按照均衡參與原則組成，社會各階層、各界別在提名行政長官的候選人時有比較均等的發言權，有利於平衡各種訴求，降低普選導致民粹主義的風險。要充分發揮提名委員會這三個方面的作用，就必須堅持提名委員會按照四大界別等比例組成，必須堅持提名委員會提名行政長官候選人要反映機構提名的性質。以上內容參見李飛：〈深入理解人大常委會決定依法落實行政長官普選〉，《香港文匯報官網》，網址：http://paper.wenweipo.com/2014/09/02/HK1409020041.htm（最後訪問日期：2018 年 9 月 8 日）。

行政首長如何選舉產生，雖然在世界上不存在統一的模式，但現代的選舉制度都應體現平等這一普選的核心價值。香港行政長官普選方案必須立足香港本土區情，但也要跟上世界民主潮流，在提名等制度安排上符合平等的價值準則。行政長官候選人必須得到提名委員會半數以上委員同意的規定，為什麼引起一些港人的強烈反對？因為在提名委員會按照目前行政長官選舉委員會產生辦法產生的情況下，建制派人士將佔據該委員會的大多數。按此選舉規則，泛民主派參選人不可能成為行政長官候選人。而在過去非普選時代，泛民主派的梁家杰、何俊仁，還參加過行政長官選舉。雖然按照當時的選舉規則，他們不會當選。這必然讓人們懷疑普選的真實性、正當性。有學者指出，從《公民權利和政治權利國際公約》英文版本中可以清楚地發現，「普及而平等」不僅約束狹義上的選舉權，也約束被選舉權，被選舉權中當然也包括被提名的權利。因而提名權和被選舉權亦受「普及而平等」原則的約束。[6] 雖然《公約》第 25 條 b 項條約因保留問題不適用於香港行政長官選舉，但是其作為國際公約的重要條款在很多國家適用，故可以作為評判選舉制度是否有充分正當性的標準。《香港基本法》第 25 條規定，香港居民在法律面前一律平等，因而提名問題不能不考慮平等原則。

香港立法會在 2015 年 6 月 18 日就 2017 年行政長官普選方案進行表決，此方案因很多建制派議員臨時離會而未獲通過。即使建制派議員都在，在泛民主派議員一致反對的情況下也無法通過此政改方案。畢竟目前建制派議員人數所佔比例不到全體議員的 2/3。議案遭致反對的主要原因在於，候選人必須獲得提名委員會半數以上委員同意。我們很高興見到時任香港特區律政司司長袁國強先生於 2015 年 2 月 6 日在與李飛等中央官員就本港政改問題交換意見後向媒體表示，2017 年落實行政長官普選不代表是終極方案。這意味着下次行政長官的普選

---

6. 曹旭東：〈論香港行政長官普選討論中的若干爭議焦點〉，《當代港澳研究》2014 年第 3 輯，第 29–30 頁。

方案可以修改。相信屆時的行政長官普選規則會有充分的正當性。可以預想未來普選方案很可能降低候選人的提名門檻。讓建制派、泛民主派都有候選人參加普選，這可能招致小部分港人的反對，但必定獲得最大多數港人的認同。如此具有較高正當性的選舉規則能在立法會獲得通過，也能促使更多的港人去參加選民登記和投票。

三、尊重香港選民意志與體現中央政府意志相統一

《香港基本法》規定行政長官人選在當地經過協商或選舉產生，然後報中央政府任命。自回歸以來，香港行政長官人選都是由選舉產生。雖然這種選舉是間接選舉，但在一定程度上也體現了香港的民意。未來若實現了普選，由香港選民一人一票選出行政長官人選，行政長官人選就是香港選民意志直接物化的結果，應得到充分的尊重，這是不證自明的道理。

有些人一直質疑中央政府對行政長官的任命權是實質性權力。首先中國國家結構形式決定中央政府有權任命特別行政區的行政長官。在單一制下，地方行政區域的權力來自中央的授予。中國憲法雖未明確中國是單一制國家，但憲法第 3 條規定，中央和地方的國家機構職權的劃分，遵循在中央的統一領導下，充分發揮地方的主動性、積極性的原則，這表明中國無疑是單一制國家。在單一制國家，中央政府有權任命地方行政首長。當然有人會說，內地省級行政區域的行政首長是由本地人民代表大會選舉產生的，也沒有中央任命的程序。此說法是事實，但根據幹部人事管理制度，內地省級行政區域行政首長的人選是中央事先確定的，事先就體現了中央意志。其次，掌握對行政長官的任命權也是實現對香港管治的重要保障。根據高度自治原則，中央政府對香港特別行政區直接行使的管治權有限，對其自治權的監督權也有限。香港立法會是民意機關，議員由選民選舉產生，向選民負責，不用向中央政府負責，中央政府難以直接通過立法會實現其管治香港的目的。法院是司法機關，根據《香港基本法》第 88 條，香港特

別行政區法院的法官，根據當地法官和法律界及其他方面知名人士組成的獨立委員會推薦，由行政長官任命。只有終審法院的法官和高等法院首席法官的任命或免職，報全國人民代表大會常務委員會備案。在立法、行政和司法三者之中，只有行政長官及其領導的政府能夠落實中央政府的意旨，故此中央需要掌握擁有對行政長官的實質性任命權。再次，香港政治生態的複雜現狀促使中央政府不能放棄對行政長官的任命權。香港作為被英國殖民統治了 150 多年歷史的地方。政治生態與內地的省份有重大區別，這決定了中央政府要長期掌握行政長官任命權。香港一直存在讓中央政府擔憂的現象：有些人故意與中央政府對抗，有人一直主張推翻共產黨執政，有些港人還搞「港獨」活動。有些外國勢力試圖把香港變成一個顛覆中國內地政權的基地等。行政長官具有廣泛的職權。在香港具有舉足輕重的地位。行政長官實際上是中央與特別行政區之間最重要的法律連接點。面對香港如此複雜的政治生態，中央政府自然不會放棄如此重要人選的任命權。此外，就基本法文本而言，基本法第 73 條第 9 項規定，如立法會以全體議員三分之二多數通過關於行政長官嚴重違法或瀆職的報告，可提出彈劾案，報請中央人民政府決定。由此也幫助我們理解第 45 條中對行政長官的任命權是實質性權力。這種體系解釋的方法，就是基於法律文本的體系解釋，應具有較強的說服力。

行政長官一職由誰擔任不是完全由香港選民決定的，還須要體現中央政府的意志，進一步說，由誰擔任行政長官是香港選民意志與中央政府意志的合一。行政長官既向中央政府負責，又要向香港特別行政區負責。這種雙重負責決定了行政長官不應是中央政府或香港選民單方意志的產物，而是雙方意志的合一。香港行政長官人選應體現中央政府意志，而中央政府的意志可分散於行政長官產生程序的提名、選舉和任命三個環節來系統體現，避免中央政府意志集中於某一環節體現所造成的對香港社會巨大的衝擊。在未來普選的情況下，行政長官人選還是香港選民意志直接物化的結果，中央政府對香港選民的抉擇應予以充分的尊重。為了避免中央政府不任命行政長官人選而引致

的危機，可以考慮通過全國人大常委會解釋《香港基本法》第 45 條，來明確中央政府對行政長官人選具有選擇性任命權。即中央政府若對得票最多的候選人不適合擔任行政長官，可退而求其次；當然若兩者得票數差距較大，中央政府還是任命得票最多者為宜。香港特別行政區政府需要據此修改《行政長官選舉條例》，明確香港本地產生的行政長官人選為得票居前的兩名候選人，並把其上報給中央政府，以供其選擇任命。

第三章

論行政長官任免制度的構成及其完善
以《基本法》第45條為中心

✼✼✼✼✼✼✼✼✼✼✼✼✼✼✼✼✼✼

陳明輝

北京理工大學法學院助理教授

香港回歸二十餘年來，行政長官制度的實施並非一帆風順。實踐中，行政長官制度面臨的挑戰主要來自三個方面：一是如何化解選舉與任命之間的矛盾。一旦香港沒有選舉出符合中央要求的候選人，中央就面臨是否任命的窘境。2012年和2017年的行政長官選舉，都讓中央切實感受到了這種壓力。2019年香港的區議會選舉結果意味着，2021年的行政長官選舉有脱離中央控制的情形出現。二是行政長官履職過程中的治理能力問題。行政長官作為中央與特區的溝通橋梁，要同時對中央和特區負責，這對行政長官的治理能力提出了極高的要求。三是如何完善行政長官的監督機制。對行政長官任職之後的監督包括三個方面，政治忠誠、治理能力和廉潔奉公。目前而言，還沒有行政長官面臨忠誠問題，但這是未來不得不考慮的一個問題。治理能力的問題最為明顯，當行政長官治理能力不足讓中央和香港滿意時是否可以通過一定的程序進行撤換。曾蔭權案件暴露了香港廉政監督制度存在的漏洞。

這些問題不一定都是制度設計引發的問題，但卻需要從制度設計的角度進行回應。「一國兩制」作為偉大戰略構想，自身也處於發展之中，行政長官制度當然也有發展和完善的空間。中共中央在十九屆四中全會的《決定》中已經明確提出，「完善中央對特別行政區行政長官

和主要官員的任免制度和機制」，並且要「健全特別行政區行政長官對
中央政府負責的制度，支持行政長官和特別行政區政府依法施政。」

《中華人民共和國香港特別行政區基本法》（以下簡稱「《基本
法》」）中直接規定任免制度的是第 45 條。該條第 1 款規定：「香港
特別行政區行政長官在當地通過選舉或協商產生，由中央人民政府任
命。」該條款背後的核心命題可以分解為三個：（1）《基本法》設計的此
種「特區選舉 + 中央任命」[1]的原理是什麼，其背後的合理性何在；（2）
選舉和任命之間的關係是什麼，二者發生衝突如何解決；（3）能否從該
條款推斷出中央人民政府的免職權。本文第一部分試圖從比較法上解
釋「地方選舉 + 中央任命」模式的內在原理；第二部分將結合《基本法》
第 15 條、第 45 條第一款和第 48 條第（5）項分析地方選舉與中央任命
的關係；第三部分則回答免職權的歸屬與免職程序問題。

一、行政長官產生機制的基本原理

地方行政長官的產生模式受其國家結構形式影響較大，世界範圍
內而言地方行政長官的產生方式主要有兩種：一是「選舉制」，即地方
行政長官直接由地方選舉產生。很多聯邦制國家和實行地方自治的單
一制國家的地方行政長官都由地方選舉產生。例如，美國各州的州長
均由各州人民直接選舉產生，並不需要總統的任命，選舉出來的州長
直接對本州選民負責。二是「任命制」，即由地方行政長官由中央任
命產生。一些單一制中央集權國家的地方行政長官並不從地方選舉產
生，而是完全取決於中央的任命。例如，法國各省的省長即由內政部
長和總理提名，經部長會議決議後，由總統以命令形式任命。其中，
4/5 的省長必須在現任副省長和內政部中曾任副省長的高級文官中選

---

1. 雖然《基本法》第 45 條規定的是「選舉或協商產生」，但《基本法》實施以來行政長官均通過選舉
產生。

任，其餘五分之一則由政府自由任命。[2]這種直接由中央任命的地方官員，作為中央政府在地方的代表，負責執行全國性法律，維護國家利益，地方的意志和利益則由選舉產生的省議會來代表。

無論地方主要官員是選舉產生還是任命產生，中央政府都保留了必要的控制手段。中央任命的官員毋庸多言，任命權本身就是最為有力的武器。通過地方選舉產生的地方行政長官雖然直接對地方選民負責，但是中央會通過特別的制度設計維持對地方自治權的監督。比如，立法監督——地方政府的許可權由國家憲法或法律規定，行政監督——中央政府有權在法定職權範圍內對地方政府發佈行政命令，財政監督——中央控制着地方的財政權。[3]除此之外，還有軍事監督。例如，《魏瑪憲法》第 48 條第 1 款規定：「如果一州不履行其依照國家憲法或法律必須履行的義務，聯邦總統可以在武裝力量的支援下強制其履行。」

世界上絕大多數國家的地方行政長官的產生，要麼採用「選舉制」要麼採用「任命制」，但這並非沒有例外。1991–1996 年間，俄羅斯各聯邦的州長的產生方式是「任命制」，大部分州的州長依靠總統任命，只有少數聯邦由當地選民直接選舉產生。1996 年以後，直選州長（包括選民直接選舉和州議會直接選舉兩種方式）成為普遍做法。然而，2004年的「別斯蘭事件」發生之後，當時的總統普京決定要徹底重建不能對恐怖挑戰做出反應的執行權力體系，將州長的產生機制改為了「准任命制」，各聯邦最高官員改為由地方議會根據總統的提名進行選舉。2009年，梅德韋杰夫對州長的產生程序進行了改革，從「准任命制」改為了「准選舉制」：州長候選人改由地方議會中居多數的黨派提名，並且多數黨應當一次提出三個候選人，總統在這三個人中進行選擇和任命，如

2. 參見王名揚：《法國行政法》，北京大學出版社，2016 年版，第 58 頁。
3. 參見曾廣載：《西方國家的憲法和政府》，湖北教育出版社，1989 年版，第 633–634 頁。

果總統認為不合適，就再提三個候選人，直到雙方達成一致為止。[4]不過，2012 年以來，俄羅斯又修改了地方選舉機制，雖然還是維持了「准選舉制」的基本模式，但也強化了中央對州長選舉的控制。[5]

可以看到，實行「選舉制」的國家，中央政府要麼有自己的執法機構（如美國），要麼地方政府可以作為中央的執法機構執行中央的法律和命令（如德國）。而實行「任命制」的國家，地方行政長官直接作為中央政府的代理人，地方的意志和利益則由地方選舉產生的議會來承擔。俄羅斯的央地關係一直不太穩定，在聯邦制的國家結構形式下沒辦法直接由中央任命州長，但為了強化中央權威又不能放棄對各聯邦的人事任免權，因此採納了「准選舉制」的地方行政長官的產生方式。

比較而言，《基本法》設計的「地方選舉 + 中央任命」的特區行政長官的產生機制也可以歸入「准選舉制」的範疇，不過香港行政長官產生制度背後的邏輯與俄羅斯大不相同。根據《基本法》第 45 條第規定，行政長官是特區選民選舉出來的政治代表，另一方面行政長官又是中央任命的地方官員。即便是在普通地方，這種選任方式也會帶來一種地方意志與中央意志的衝突，更何況是實施「一國兩制」的特別行政區。

然而，這種產生機制的內在衝突以及可能引發的憲制危機並不是制度設計者的設計疏漏，而是根源於「一國兩制」本身的內在張力。從制度設計者的角度而言，香港回歸之後要推行「兩制」，實行「港人治港」，這意味着香港特區政府的官員都只能從本地產生，行政長官等高級官員完全由中央人民政府任命是不可能的。但實行「兩制」的前提是堅持「一國」，為了確保「一個中國」不動搖，中央必須保留對香港特區政府一定的控制權。中央不向香港特區政府派遣官員，意味着一般情況下中央政府對於香港沒有直接的執法權，國家法律和中央命令的

---

4. 參見于曉麗：〈俄羅斯州長產生方式的變化與聯邦制變革〉，《俄羅斯東歐中亞研究》2013 年第 1 期，第 8–10 頁。

5. 參見官曉萌：〈俄羅斯地區選舉與地區政治新發展 —— 兼論 2018 年地區選舉〉，《俄羅斯研究》2019 年第 2 期，第 100–101 頁。

執行必須依靠香港本土產生的特區政府。在此種情況下，中央勢必要掌握一定分量的人事任免權，才能確保「一國」與「兩制」的平衡。因此，這種「地方選舉＋中央任命」的行政長官產生機制就成了制度設計之初的最佳選擇，它是「一國兩制」原則邏輯演繹的必然結果。[6] 行政長官產生機制的內在張力根源於「一國兩制」原則中「一國」與「兩制」的緊張關係。

理解這種「選舉＋任命」的官員產生制度的另一個參照系是橫向國家機構之間的「提名＋任命」程序。如《美國憲法》第 2 條第 2 款中規定：「總統有權締訂條約，但須爭取參議院的意見和同意，並須出席的參議員中三分之二的人贊成；他有權提名，並於取得參議院的意見和同意後，任命大使、公使及領事、最高法院的法官，以及一切其他在本憲法中未經明定、但以後將依法律的規定而設置之合眾國官員……」[7] 按照權力性質而言，人事任免權屬於總統的行政權範圍，但是《美國憲法》在總統任命權中增加了一道參議院同意的程序，以此形成行政與立法的制衡關係。[8]

同理，行政長官採用「地方選舉＋中央任命」的「准選舉制」，可被理解為一種央地之間的分權與制衡。[9] 雖然從政治理論上而言（中國現行憲法並沒有明確規定國家結構形式），中國是單一制國家，地方的權力來自於中央的授予，中央與地方之間不是行分權，但在「一國兩制」原則之下，特區獲得的高度自治權的範圍比很多聯邦制國家的地方還

---

6. 行政主導體制同樣是「一國兩制」邏輯演繹的結果。行政長官是中央在特區的代表，是中央落實自己政策和法律的直接抓手，行政主導體制的貫徹程度直接決定了中央管治特區的有效性。

7. U.S. CONSTITUTION, Article. II, Section. 2.

8. See Ryan C. Black, Michael S. Lynch, Anthony J. Madonna and Ryan J. Owens. "Assessing Congressional Responses to Growing Presidential Powers: The Case of Recess Appointments". *41 Presidential Studies Quarterly*, 2011, pp. 570–571.

9. 用陳端洪教授的話來說，這就是香港政治體制中的對峙結構的一個體現，是《基本法》中的「二律背反」。參見陳端洪：〈理解香港政治〉，《中外法學》2016 年第 5 期，第 1138 頁；陳端洪：〈論香港特別行政區行政長官提名委員會的合理性與民主正當性〉，《港澳研究》2014 年第 2 期，第 17 頁。

要大，並且這種央港之間的分權結構獲得了《基本法》這一憲制性法律的確認。因此，《基本法》第 45 條規定的行政長官的產生方式條款，就不僅僅是一個普通的條款，而是央地關係條款。[10] 行政長官產生程序中的地方選舉和中央任命實際上是中央和香港特區在人事權上的一種分權制衡，所以選舉與任命之間的矛盾不是制度設計的失誤，而是有意為之的結果。

二、特區選舉與中央任命的關係

任命、選舉、考試、推舉以及抽籤是歷史上幾種代表性的公職人員產生方式。其中，抽籤只在古希臘的雅典平民政體中採用過，推舉在封建社會佔據重要位置，但現在僅為一些鬆散的社會組織採用。在現代民主國家，唯有選舉、任命和考試才是產生公職人員的常見方式。其中，考試主要針對的是專業技術崗位即文官系統的選拔，政務類官員的產生基本上依靠選舉以及基於選舉產生的官員的任命。特別是一個有獨立主權的民主國家，其中央政府的主要官員必定是通過選舉的方式產生。

香港並不是一個獨立的政治體，而只是中國的一個組成部分，作為主權國家的一個地方，香港的官員並不一定要通過選舉產生。擁有香港主權的中央政府有權決定香港行政長官以及其他官員的產生方式，甚至可以直接採用中央任命的方式。[11] 但是在「一國兩制」的原則之下，為了兼顧「一國」和「兩制」，《基本法》就行政長官的產生採用了「特區選舉 + 中央任命」的制度設計。所以，就行政長官的產生方式而言，中央的制度設計既是正當合法的，也是非常合理的。香港政治

---

10. 參見閻承琳：〈香港《基本法》第 45 條的文本解釋〉，《中國法律評論》2015 年第 3 期，第 156 頁。

11. 決定官員產生方式的權力和任命權是兩種不同性質的權力，前者是立法權，後者是行政權。對於單一制國家的地方而言，地方並沒有主權，決定其地方政府組織形式和官員產生方式的權力掌握在中央手裏。See Floyd R. Mechem. "The Power to Appoint Office: Its Location and Limits". *1 Michigan Law Review*, 1903, pp. 531–556.

體制改革，尤其是行政長官「普選」的推進，必須按照《基本法》的制度設計進行。在回答了行政長官產生制度的正當性和合理性之後，我們再來看該制度的內部結構中選舉與任命的關係。

1. 選舉委員會：提名權 + 選舉權

《基本法》第 45 條第 2 款和第 3 款規定：「行政長官的產生辦法根據香港特別行政區的實際情況和循序漸進的原則而規定，最終達至由一個有廣泛代表性的提名委員會按民主程序提名後普選產生的目標。行政長官產生的具體辦法由附件一《香港特別行政區行政長官的產生辦法》規定。」

根據上述規定，最終的行政長官選舉程序有兩個環節 —— 提名委員會（Nominating Committee）的提名（nomination）和普選（ universal suffrage）。但是，由於普選不是一開始就實施，而是要經過「循序漸進的原則」逐步實現。[12] 在推行普選之前，行政長官由一個具有廣泛代表性的選舉委員會（Election Committee）在提名委員會推選出來的候選人中進行選舉，獲勝的候選人進入中央人民政府的任命程序。提名委員會的提名和選舉委員會的選舉構成了普選之前行政長官在地方產生的兩道程序。嚴格來說，提名委員會是《基本法》第 45 條規定的「憲制機關」，擁有行政長官的提名權，而選舉委員會是《香港特別行政區行政長官的產生辦法》規定的代替普選的選舉機構，享有對提名人的選舉權，並且後者會隨着普選的實現取消，而前者在實施普選之後將會繼續存在。

但在實際操作中，提名委員會與選舉委員會已經合二為一，選舉委員會同時擁有行政長官候選人的提名權和選舉權。根據 2014 年 8 月

---

12. 《基本法》將普選的啟動交由了《基本法》附件一《香港特別行政區行政長官的產生辦法》。根據該辦法第 7 條的規定：「二〇〇七年以後各任行政長官的產生辦法如需修改，須經立法會全體議員三分之二多數通過，行政長官同意，並報全國人民代表大會常務委員會批准。」這也就是所謂的「香港政改五步曲」：「行政長官報告 —— 全國人大常委會決定 —— 特區政府提議並經立法會通過 —— 行政長官同意 —— 全國人大常委會批准」。〈何謂「政改五部曲」？〉，《成報網》，網址：http://www.singpao.com/xw/gat/201405/t20140504_504601.html，2019 年 12 月 4 日訪問。

31 日《全國人民代表大會常務委員會關於香港特別行政區行政長官普選問題和 2016 年立法會產生辦法的決定》（以下簡稱「8‧31 決定」）中的相關規定，即便是在實施普選之後，提名委員會產生方式按照前一任行政長官選舉委員會的產生辦法產生。因此，可以這樣理解，在實施普選之前，選舉委員會同時擁有提名權和選舉權，而在實施普選之後，選舉委員會仍擁有提名權，選舉權則交給香港特區的選民。

可見，在行政長官產生機制的「地方選舉」環節中，選舉委員會（提名委員會）始終構成了地方選舉的第一道「過濾機制」。一種極端的看法認為，普選應該是不加任何限制的「一人一票」，人人皆可提名，人人皆可選舉，拒絕中央任命。這種極端觀點的問題在於：

第一，誤解了選舉的功能。現代國家普遍採用的是間接民主的方式，一方面是受制於規模因素，另一方面也是出於選舉功能的考慮。選舉不僅僅是通過投票程序產生代表，而且承擔着擇優的功能。在民主理論大師薩托利看來，選舉制度最開始的產生就是為了擇優，但現在退化到了簡單的得票率統計。[13] 選舉委員會的存在，承擔的就是過濾民意中的非理性因素的作用。根據大眾心理學的研究，人民在沒有被動員起來之前，要麼是麻木的、漠不關心的狀態，要麼是多變的、易受操作的大眾意志。[14] 在選舉活動中被動員起來的大眾，又被拉入了一個個的政治團體之中，憑藉現代傳媒技術和組織結構，這些選民又容易陷入「群體極化」（group polarization）的情境之中，各自的主張越來越極端，不同政見者之間越來越對立，而這已經違背了選舉民主的本質。[15] 即便是自由民主國家典範的美國，其總統選舉也設置了一道過濾機制。

---

13. 參見〔美〕薩托利：《民主新論》，馮克利、閆克文譯，世紀出版社，2009 年版，第 158–159 頁。
14. 參見〔法〕勒龐：《烏合之眾 —— 大眾心理研究》，馮克利譯，中央編譯出版社，2005 年版，第 122 頁以下。
15. 參見〔美〕凱斯‧桑斯坦：《網路共和國》，黃維明譯，世紀出版社，2003 年版，第 46 頁。

第二，誤解了香港的政治地位。香港不是一個獨立的政治體，而是一個單一制主權國家的地方。地方選舉與全國性選舉的區別在於：(1)全國性選舉具有無可替代的合法性產生機制，而地方選舉更多的是地方政府主要組成人員的產生機制，地方政府的合法性可以通過中央政府自上而下傳遞；(2)地方政府體制的主導權在中央政府手裏，而不能把香港想像為一個獨立的政治體來設計其政治體制。[16]一個獨立的政治體之需要考慮其疆域內的民意，但作為一個獨立政治體的一部分，它鑲嵌在一個特定的主權國家之中，必須考慮全國意志和利益與地方意志和利益的協調問題；(3)在單一制國家之中，地方沒有脫離中央的權力。香港特區的選舉必須考慮中央的「可接受性」，更不能徑直採用某種所謂的「國際標準」。中央政府既是地方的保護者，同時也是地方的監督者。

第三，違反《基本法》所確立的「憲制程序」。根據《基本法》第45條第2款的規定，無論是在實施普選之前還是之後，行政長官的選舉必須先經過提名委員會按照民主程序的提名，然後才能交由香港特區普選產生。提名委員會是《基本法》直接創制的，而《基本法》是全國人民代表大會制定的，代表的是整個中國人民這個主權者的意志，香港本地的立法程序不能改變這一機構的地位和功能。香港特區的普選應當遵循《基本法》的「憲制程序」逐步推進，沒有必要也不能脫離《基本法》已經確立的法律框架。

值得特別指出的是，香港特區選民對於行政長官的選舉權源自於《基本法》第26條關於選舉權與被選舉權的規定，並經過《基本法》第45條將其建制化。選舉委員會的提名權和選舉權從根本上源自於香港特區居民的選舉權。因此，選舉委員會的功能在於保障真實的民意，絕不是「阻擋」或者「代替」民意。選舉委員會必須不斷擴大和落實它

---

16. 參見陳端洪：〈論香港特別行政區行政長官提名委員會的合理性與民主正當性〉，《港澳研究》2014年第2期，第13頁。

的代表性，吸納主流民意。否則，主流民意被排除在外，就會湧上街頭轉化為街頭政治。

2. 中央人民政府：任命權

中央人民政府的任命權是香港本地選舉的第二道「過濾機制」。《基本法》中直接規定中央人民政府對行政長官任免權的條文有兩處。第一處是《基本法》第二章「中央和香港特別行政區的關係」中第 15 條規定的「中央人民政府依照本法第四章的規定任命香港特別行政區行政長官和行政機關的主要官員。」第二處是《基本法》第 45 條第 1 款關於行政長官產生程序的規定。

結合這兩個條款的位置和內容，可以發現這兩處規定的性質和功能並不一樣。《基本法》在央港關係這一章規定任命權，並且第 15 條前兩個條文分別是中央人民政府在香港特區的外交權和國防，可見，第 15 條的任命權規定是關於任命權性質的條款。這一條款的規範性內涵包括：（1）包括香港特區行政長官在內的主要官員的任命權屬於中央人民政府；（2）中央人民政府的這一項權力屬於主權性權力。《基本法》第 45 條第 1 款關於行政長官產生程序的規定中也規定了中央的任命權，但是這一條款顯然是一個程序性條款。如同《基本法》第 48 條第（5）項規定的中央人民政府對行政長官之外的主要官員的任免權一樣，屬於對第 15 條的具體展開。

結合《基本法》第 15 條、第 45 條第 1 款、第 48 條第（5）項這三處有關中央任免權的規定，中央人民政府對於行政長官以及特區政府其他主要官員的任命權必然是實質性權力。有人將中央政府對行政長官的任命類比於英國女王對英國首相的任命，這種意義上的任命完全是程序性的，甚至都談不上權力，可以被理解為一種必須如此的法定義務。[17] 如果僅僅只看《基本法》第 45 條第 1 款的規定，中央任命這個環節到底是程序性的還是實體性的，的確還有爭議的空間。但是如果結合《基本法》

---

17. 參見甄鵬：〈香港行政長官的真普選與真任命〉，《聯合早報》，2014 年 7 月 16 日。

第 15 條的規定，中央對行政長官的任命不僅是權力，而且是實質性權力。這一點從《中英聯合聲明》以及《基本法》起草的相關討論中均可得到證實。[18] 這一實質性權力集中體現為拒絕任命的權力。

3. 地方選舉與中央任命的關係

圖3.1 中央與香港特別行政區的權力分配

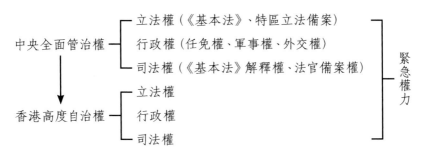

選舉與任命之間的關係，包括其他方面的制度性矛盾都必須回到中央與香港的縱向權力關係之中來理解和推演。在「一國兩制」原則之下，《基本法》中央政府和香港特區政府之間進行了多維度的權力劃分。首先，《基本法》在央港之間進行縱向權力劃分，中央的全面管治權[19]和香港的高度自治權分別代表了「一國」和「兩制」，是本與末、源與流的關係。其次，《基本法》將中央權力和香港特區政府的權力都進行了橫行劃分。對於香港特別政府而言，其權力包括特區立法權、特區行政權和特區司法權；對於中央政府而言，其權力包括國家立法權、國家行政權和有限的司法權。在這一層面而言，中央的權力與特區的權力存在一

---

18. See Joseph Y. S. Cheng. "The Democracy Movement in Hong Kong". *65 International Affairs*, 1989, pp. 443–444. 另可參見李浩然：《香港基本法起草過程概覽》（中冊），香港三聯書店，2012 年版，第 441 頁。

19. 「全面管治權」的概念在《憲法》和《基本法》中都沒有，最先見於 2014 年國務院新聞辦公室發佈的《「一國兩制」在香港特別行政區的實踐》（俗稱「『一國兩制』白皮書」）。該文件明確指出：「中華人民共和國是單一制國家，中央政府對包括香港特別行政區在內的所有地方行政區擁有全面管治權。」「全面管治權」並沒有創設新的權力，只不過是對《憲法》和《基本法》中規定的中央權力的一個統稱。參見喬曉陽：〈中央全面管治權和澳門特別行政區高度自治權 —— 在紀念澳門基本法頒佈 25 周年學術研討會上的講話〉，《港澳研究》2018 年第 2 期，第 4 頁。

種由《基本法》所保障的分權結構。中央的立法權與特區的立法權、中央的行政權和特區的行政權、中央的司法權與特區的司法權之間有相對明晰的範圍和界限。最後，《基本法》區分了常規狀態和緊急狀態，在緊急狀態之下，立法、行政與司法的橫向分權，以及中央與香港的縱向分權，都會被打破，中央的全面管治權將會覆蓋高度自治權。

在中央與香港的具體權力配比來看，在立法權方面，香港擁有充分的立法權，但中央擁有《基本法》的修改權和對特區立法的備案權，兩方大致平衡；在司法權方面，香港實行司法獨立，並且擁有終審權，雖然中央擁有《基本法》的解釋權和高等法院與終審法院首席法官的備案權，但兩相比較，顯然特區佔優；在行政權方面，中央的軍事權和外交權並不干涉香港的日常政務，而且這兩項權力無論是在功能上還是在屬性上都不屬於行政權的核心領域。[20] 由於中央在特區境內沒有直接的執法權，中央的法律和行政指令只能根據《基本法》第 48 條第(2) 項和第 (8) 項的規定由行政長官執行。[21] 因此，在沒有宣佈緊急狀態的情況下，不僅中央在香港的行政權依靠其對香港特區政府的人事任免權來實現，整個中央意志和利益在香港的執行與維護極其倚重這項人事權。可以說，中央對於行政長官的任命權是中央任人民政府管治香港最重要的一個關口。

「一國兩制」的內在緊張關係，使得中央人民政府和香港特區都分享了一定的行政長官任免權，那麼這種地方選舉與中央任命之間的關係如何？從性質上而言，中央的任命權非常明確的是一種權力（power）。地方選舉產生行政長官是香港特區居民選舉權的體現，因而

---

20. 「行政」的核心含義在於對法律的執行，因此行政權一般而言就是執法權。關於行政和行政權的理論梳理，參見林孟楠：〈憲法上「行政」之概念 —— 以日本學說為中心〉，《中原財經法學》2017年 12 月第 39 期，第 187–247 頁。

21. 《基本法》第 48 條規定：「香港特別行政區行政長官行使下列職權：⋯⋯（2）負責執行本法和一招本法適用於香港特別行政區的其他法律；⋯⋯（8）執行中央人民政府就本法規定的有關事務發出的指令；⋯⋯」

地方選舉本質上是一種權利（right）。權利不存在非實質性的的權利，尤其是該項權利屬於最為重要的政治權利。因此，在行政長官的產生機制之中，存在着實質性的「權利」與實質性的「權力」的協調問題，二者的背後實際上是地方意志與中央意志的關係問題。可見，行政長官產生機制中地方選舉與中央任命的憲制矛盾本質上屬於地方意志與中央意志的關係。

每個人都有自由意志，自由意志的存在意味着人與人之間不可能想的完全一樣，個體意志與個體意志之間的衝突、個體意志與集體意志的衝突，以及地方意志與中央意志的衝突，都它根源於人與人之間自由意志的衝突，因此它在根源上是不可化解的。在香港特區行政長官的產生機制這個問題上，行政長官的產生方式集中體現了香港這個特殊地方與中央的緊張關係。這是一個矛盾，但並不一定構成一個問題。當地方意志與中央意志能夠做到相互理解、相互信任、相互妥協的時候，行政長官的選舉和任命不會出現問題，但當二者嚴重背離的時候就會出現憲制危機。

「一國兩制」的內在緊張及由此產生的行政長官選任制度的內在緊張並不是通過《基本法》的制定、修改或解釋可以化解的，而是需要持續的國家整合。把這一程序改編為單純的選舉或任命看似解決了行政長官產生程序上的矛盾，但是地方意志與中央意志的衝突會從其他制度上呈現出來。從國家整合理論上說，每一次行政長官的選舉、每一屆立法會的產生乃至每一批公務員隊伍的就職，都是一次國家整合的契機。[22] 行政長官選任這一制度上的矛盾需要在民主過程中通過雙方的友好協商和合理博弈來化解，任何一方都不能濫用自己手中的權力，以至於撕裂中央與香港之間的憲制結構。

---

22. 參見〔德〕魯道夫・斯門德：《憲法與實在憲法》，曾韜譯，商務印書館，2019 年版，第五章〈人的整合〉。

在理論上，香港行政長官的產生可能出現兩種非正常情況：

一是香港特區選舉出了行政長官候選人，但是中央政府拒絕任命。一旦出現中央拒絕任命的情況，意味着香港的地方意志與中央意志已經背道而馳。從程序上講，選舉委員會應當在諮詢基本法委員會的意見之後，重新選舉產生候選人，再申請中央任命。

二是在特定情況下，中央政府進行單方面任命。在《基本法》的憲制框架內，只有當中央啓動《基本法》第 18 條，由全國人大常委會宣佈香港進入緊急狀態時，中央政府可以不用遵守常規狀態下的行政長官任免程序，直接任命。

三、中央對行政長官的免職權

（一）免職權的歸屬

《基本法》第 15 條、第 45 條都規定的是中央對行政長官的「任命權」（appoint），而沒有規定為「任免權」（appoint or remove），此種情況下，免職權歸於何處是需要解釋的一個問題。一種觀點認為，既然《基本法》沒有明確規定，那麼中央就沒有這個權力。《基本法》第 48 條規定的行政長官的人事權中明確規定了「任免」，《澳門基本法》第 15 條也規定的是「任免」。這兩處的表述差異為這種觀點提供了證據支撐。這種觀點不僅否認免職權屬於中央，而且直接否定了免職權的存在。

一個國家可以不存在對國家元首的任命權和免職權，因為國家元首是國家最高政治領袖，在他 / 她之上沒有一個更高機構可以對其進行任免。國家元首往往通過一個政治儀式（在現代國家往往是憲法宣誓）完成加冕。但是，一個單一制國家中的地方官員，需要更高的權威對其進行任命和免職，更何況《基本法》已經明確肯定了任命權的存在。本文認為，對行政長官的免職權必然是存在的，而且這項權力只能屬於中央政府。

　　首先，一般情況下，任免權同時也是免職權主體。[23] 有的法律是明確規定某機關擁有對某官員的任免權，有的只是規定任命權而沒有規定任免權。當法律僅規定了任命權而沒有規定免職權時，該項任命權是否包含免職權取決於該職位的性質及其任期限制。[24] 除非有特殊的規定，一般應當推定任命權同時包括了免職權。例如，美國憲法規定了總統對於聯邦政府官員的任命權但沒有規定免職權，但除非法規對免職權有特殊限制或任期限制，否則總統享有對其任命官員的免職權。假如任命權主權與免職權主體分離，那麼這種對人事權的分割往往存在於同級國家機關之間。《基本法》已經規定了中央政府對行政長官的任命權（第 15 條任命權條款），這就意味着不存在一個與中央政府對等的權威機構能夠承擔免職職能，任命權與免職權相分離的推論難以成立。除此之外，《憲法》第 89 條第（17）項規定：「審核行政機構的編制，依照法律規定任免、培訓、考核和獎懲行政人員」。因此，即便《基本法》不能為中央任免權提供法律依據，《憲法》第 89 條的規定也能夠提供支撐。[25]

　　其次，行政長官的身份決定了對其免職權只能是中央政府。《基本法》第 43 條規定：「香港特別行政區行政長官是香港特別行政區的首長，代表香港特別行政區。香港特別行政區行政長官依照本法的規定對中央人民政府和香港特別行政區負責。」這一條規定的是「一重代表」和「雙重負責」，但是結合行政長官在整個央港關係上的地位，行政長官實際上是「雙重代表」和「雙重負責」，他／她代表了中央政府並要對中央負責，行政長官的免職權即便不從任命權條款推導出來，也可以從這個負責條款引申出來。

---

23. 參見馬嶺：〈憲法中的任免權之「免」〉，《中國延安幹部學院學報》2011 年第 6 期，第 22 頁。

24. See Erwin Chemerinsky. *Constitutional Law: Principles and Politics*. New York: Wolters Kluwer Law & Business, 2011, p. 356.

25. 評論編輯室：〈任免機制有何需要「完善」？〉，《香港 01》，網址：https://www.hk01.com//01 觀點 /395190/ 解讀四中 - 任免機制有何需要 - 完善，2019 年 11 月 7 日訪問。

最後，中央的免職權可以從辭職條款和彈劾條款中推斷出來。《基本法》第 52 條已經規定了行政長官的辭職情形，雖然沒有規定是否要經中央批准，但是從常理上理解，不可能行政長官自行宣佈辭職就立即生效，而應當向任命機關批准。[26]《基本法》第 73 條第 (9) 項規定了當行政長官有嚴重違法或瀆職行為而不辭職時，立法會對行政長官有彈劾權，但最後的彈劾案要報中央人民政府決定。從這兩個條款尤其是彈劾程序條款可以看到，立法會對行政長官的彈劾要報中央批准才能生效的。因此，中央的免職權可以從這兩個條款中解釋出來。[27]

（二）免職權的性質和程序

根據《基本法》的規定，需要中央行使免職權的情形總共有三種，並且在這三種情形中免職權的性質略有不同：

第一，行政長官到期卸任。《基本法》第 46 條規定：「香港特別行政區行政長官任期五年，可連任一次。」這一條意味着正常情況下，行政長官五年一換，哪怕是上屆行政長官獲得連任，也不是自動續期，而是要由中央人民政府重新簽發國務院令。但是，這種情形下中央的免職是一項程序性的權力，而不是實質性的權力。中央只能簽發免職令，而沒有其他的選擇餘地。

第二，行政長官中途辭職。《基本法》第 52 條規定了行政長官必須辭職的三種情形：(1) 因嚴重疾病或其他原因無力履行職務；(2) 因兩次拒絕簽署立法會通過的法案而解散立法會，重選的立法會仍以全體議員三分之二多數通過所爭議的原案，而行政長官仍拒絕簽署；(3) 因立法會拒絕通過財政預算案或其他重要法案而解散立法會，重選的立法會繼續拒絕通過所爭議的原案。2005 年，時任香港行政長官的董建

---

26. 2005 年時任香港特區行政長官的董建華即是在向中央人民政府提出辭職之後，由國務院總理批准（國務院第 433 號令）才離任的。

27. 在《基本法》起草過程中，基本法起草委員會也認為《基本法》中的彈劾條款中已經明確規定了立法會的彈劾案要經中央批准，因此，中央人民政府有免職權。參見李浩然主編：《香港基本法起草過程概覽》(中)，三聯書店（香港）有限公司，2012 年版，第 427–428 頁。

華提出辭職，中央人民政府（即國務院）發佈了第 433 號國務院令批准其辭職。不過，《基本法》第 52 條列舉的「必須辭職」的三種情形，結合《基本法》第 73 條的規定，行政長官在遭遇彈劾之前也可以提出辭職。辭職是行政長官免職程序中最具張力、最為複雜的一種情形。在不同情形中免職權的強度也有所差異。在《基本法》第 52 條規定的必須辭職的（2）、（3）情形中，行政長官因與立法會代表的選民意志的衝突必須辭職，此時中央政府的免職權也相當於是一種程序性的權力。但在《基本法》第 52 條規定的情形（1）中，「嚴重疾病或其他原因」需要實質性判斷，並且「其他原因」這一概括性表述為這一情形的適用留下了廣闊的空間。故而，在這一類情形中應當承認中央的實質性免職權。換言之，當行政長官以「嚴重疾病或其他原因」提出辭職時，中央政府對於其理由能否成立擁有實質性判斷權。至於當行政長官涉嫌「有嚴重違法或瀆職行為」時，行政長官在收到立法會彈劾之前或之中向中央提出辭職，此時中央的免職權也應當是實質性的，即中央可以接受或者否決其辭職申請。

第三，行政長官遭受立法會彈劾。《基本法》第 73 條第（9）項規定了立法會對行政長官的彈劾：如立法會全體議員的四分之一聯合動議，指控行政長官有嚴重違法或瀆職行為而不辭職，經立法會通過進行調查，立法會可委托終審法院首席法官負責組成獨立的調查委員會，並擔任主席。調查委員會負責進行調查，並向立法會提出報告。如該調查委員會認為有足夠證據構成上述指控，立法會以全體議員三分之二多數通過，可提出彈劾案，報請中央人民政府決定。在這一彈劾情形中，中央對彈劾案擁有實質性決定權。至於當特區立法會通過彈劾案之後，中央以什麼程序、審查標準來做出決定，這屬於免職制度中需要進一步完善對內容。

（三）是否存在中央的直接免職權與立法會的罷免權

上述三種情形是《基本法》明確規定的需要中央政府對行政長官行使免職權的情形和程序。但是，除了這三種法定情形之外，結合香港

的實踐來看，還應當回答兩個問題：一是中央有無直接免去行政長官而不需要任何理由（removal in no cause）的權力；二是香港特區立法會有無通過不信任案進行罷免（即「倒閣」）的權力。這兩種主張都是在《基本法》明文列舉的情形之外提出的主張。按照「一國兩制」原則和《基本法》的規定，這兩類主張既無理論根據，也無法律依據。

1. 中央沒有直接免去行政長官而不需要任何理由的權力

首先，從行政長官的「選舉＋任命」的產生程序看，行政長官是中央與香港特區的「合意」，選舉和任命都是實質性的，任何一方都沒有單方決定權。[28] 與「選舉＋任命」的選任程序相對應，行政長官的免職程序應當是「辭職／彈劾＋免職」。中央政府沒有任何理由地直接免職行政長官，既不符合「一國兩制」的基本原則，也不符合《基本法》設計的免職程序。

首先，從《基本法》的起草記錄來看，基本法草委也沒有表達出中央擁有單方面免職權的意思。

其次，任期制的規定使得行政長官免於毫無理由的免職。政務官員的任期制既是一種對權力的制約機制，同時也是對任期內官員及其所施行政策的一種保護，使得其免於被毫無緣由的免職。

最後，單方免職權沒有必要。從行政長官對中央負責並應當接受中央監督的層面來看，中央如果認為行政長官不合格（例如執政能力欠缺、政治忠誠問題等），應當通過《基本法》第 52 條第（1）項中的「其他原因」，來要求行政長官辭職。

2. 香港特區立法會沒有權力通過不信任案進行「倒閣」的權力

「倒閣」是議會內閣制中議會的權力，但香港的政治體制不屬於議會主導的內閣制。在議會內閣制中，政府首腦和主要官員由議會產生

---

28. 關慶寧：〈香港特首的選舉和任命都是實質性的〉，《香港 01》，網址：https://www.hk01.com/特首選舉 2017/77489/ 特首選戰—博評—香港特首的選舉和任命都是實質性的，2019 年 11 月 9 日訪問。

並對議會負責，議會有權通過不信任案進行「倒閣」。但是，「香港特別行政區基本法所規定的香港特別行政區的政治體制，不是『三權分立』，也不是『立法主導』或『司法主導』，而是以行政長官為核心的行政主導。」[29] 從選舉的邏輯上講，行政長官並不是由立法會產生，立法會對其並無「倒閣」權。

雖然《基本法》第 43 條規定了行政長官同時對中央和特區負責，第 64 條規定特區政府對立法會負責，但《基本法》和相關法律並沒有規定立法會有權通過不信任案。在行政主導體制下，「倒閣」權也難以從《基本法》的相關規定中解釋出來。立法會對行政長官的硬性控制手段在於《基本法》第 73 條第（1）項中「瀆職行為」，立法會可以基於這一點提起彈劾。除此之外，《基本法》第 64 條和第 73 條規定的立法權、財稅權、質詢權等權力，也是立法會向行政長官施加影響和壓力的常規手段。

四、行政長官任免制度的完善

中共中央在十九屆四中全會的《決定》中提出「完善中央對特別行政區行政長官和主要官員的任免制度和機制」，但究竟行政長官的任免制度哪些地方需要完善，《決定》並沒有明確指出來。本文認為，儘管《基本法》中直接涉及任免制度的條文僅有第 15 條、第 45 條、第 52 條和第 73 條，但對於這樣一部憲制性法律而言，它所規定的行政長官任免制度是相當完備的。這種憲制框架的完備性體現在三個方面：第一，第 15 條明確了任免權的歸屬，即中央人民政府擁有對行政長官及其他主要官員的任免權。第二，第 45 條規定了行政長官產生的基本模式，即「本地選舉＋中央任命」的二元結構，並且在這個程序中，特區擁有提出候選人的權力，而中央擁有決定是否任命的權力。這一基本結構可以作為行政長官人事權問題上的一個基本分權原理，遵循此分

---

29. 張德江：《在紀念中華人民共和國香港特別行政區基本法實施二十周年座談會上的講話》，網址：http://www.china.com.cn/zhibo/2017-05/27/content_40900406.htm，2019 年 12 月 15 日訪問。

權框架可以解決很多衍生性的問題。第三，第 52 條和第 73 條規定了行政長官中途離任的兩種方式——辭職和被彈劾，並且這兩種方式都具有一定的彈性，能夠與行政長官的「雙負責制」進行銜接，中央政府和香港立法會分別可以從第 52 條和第 73 條中找到硬性手段，監督行政長官是否依法履職盡責。

由此可見，行政長官的任免制度在《基本法》已經十分完善，如果說這項任免制度存在根本性矛盾的話，那也是「一國兩制」自身內在衝突的體現。目前而言，任免制度真正需要完善的是各項具體制度，也就是如何在《基本法》所確立的基本框架下完善行政長官任免程序中的具體制度。

第一，完善行政長官選舉制度。選舉是產生行政長官的第一個環節，也是中央篩選候選人的第一道「閘口」。2007 年以後的歷次行政長官選舉競爭愈發激烈，通過怎樣的制度設計篩選出政治可靠、能力出眾和廉潔奉公的候選人成為最為關鍵的問題。經歷 2019 年的「修例風波」之後，2022 年行政長官的大選形勢已經十分嚴峻。中央政府的任命否決權不到萬不得已不能使用，因此必須在選舉環節進行精心設計。在香港已經陷入「民意政治」（public-opinion politics）[30] 的情況下，首先應當充分吸納民意，進行充分的政治動員；其次又不能因為選舉制度的設計問題使得民意過熱，可以在候選人提名階段設置資格審查程序，防止有問題的提名候選人進入選舉階段；最後還要避免極端分子利用選舉漏洞競選上任。除此之外，行政長官的選舉不僅有換屆選舉，還有因行政長官的辭職或彈劾而進行的任期內補選，以及選舉出的候選人沒有獲得中央任命之後的補選。因此，選委員的組成、提名制度、選委員選舉制度這三項制度都需要全方位的推演和完善。

第二，完善任命制度。由於選舉主要是香港特區政府負責，因此香港特區立法會制定了《行政長官選舉條例》。與此相比，中央政府對

---

30. Simon N. M. Young and Richard Cullen. *Electing Hong Kong's Chief Executive*. Hong Kong University Press, 2010, p. 88.

於其任命權的行使並沒有進行相應的立法。這使得中央任命權的實質性沒法得到體現，也沒法得到法律保障。具體而言，任命程序立法應當解決的問題包括：（1）中央任命權的歸屬、性質、權能；（2）任命的具體程序，包括何時、何地、以何種方式獲得任命，以及任命儀式有哪些人出場、任命狀的形式和內容，等等；【31】（3）行政長官宣誓就職儀式的相關問題，包括時間、地點、誓詞、監誓人、宣誓的效力等等；【32】（4）哪些情況下，中央可以拒絕任命，拒絕任命決定的形式、效力（有無上訴機制、是否受香港法院的司法審查），等等；【33】（5）中央拒絕任命之後，行政長官的產生程序是按照《行政長官產生辦法》重新選舉，還是可以或應當按照《基本法》第 45 條的規定「協商產生」；【34】（6）緊急狀態下，中央人民政府的單方面任命權。

第三，完善免職制度。免職權與任命權同屬於中央人民政府的權力，並且二者都是實質性的權力，因此如果中央應對任免制度進行立法，應當將免職權也考慮在內。免職制度的問題包括：（1）免職權的歸屬、性質與權能；（2）任期屆滿免職的程序；（3）行政長官辭職的批准程序和否決程序，尤其是《基本法》第 52 條第（1）項中的「其他原因」能否具體化；（4）行政長官遭到彈劾之後中央的審查程序；（5）緊急狀態下中央免職權的行使程序；（6）如果要對中央任免程序進行立法，可以考慮全國人大常委會以決定的形式，或者中央人民政府（國務院）以行政法規的形式進行立法。【35】

---

31. 目前是以國務院令的形式簽發，令狀內容並不統一，這些都需要相應的立法加以確認。

32. 例如，曾蔭權曾於 2005 年 6 月 24 日在北京人民大會堂宣誓就職的，當時的監誓人是國務院總理，但第五任行政長官林鄭月娥是於 2017 年 7 月 1 日在香港會展中心宣誓就職的，監誓人是國家主席習近平。

33. 參見韓大元、黃明濤：〈論中央人民政府對香港特別行政長官的任命權〉，《港澳研究》2014 年第 1 期，第 15 頁。

34. 參見宋小莊：〈中央不任命怎麼辦？〉，《明報新聞網》，網址：https://news.mingpao.com/ins/ 文摘 /article/20170308/s00022/1488937827782/【特首選舉】中央不任命怎麼辦？（文：宋小莊），2019 年 11 月 9 日訪問。

35. 按照任命權的歸屬來看，應當由中央人民政府即國務院來進行立法，但涉及香港政治體制和法律解釋、備案等重大問題，一般都是由全國人大常委會出面解決的。

第四章

行政長官述職的制度化
以《香港基本法》第43條為中心

❧❧❧❧❧❧❧❧❧❧❧❧❧

黃明濤

武漢大學法學院副教授

一、「述職」的緣起與現狀

「一國兩制」政策決定了香港特區與國家的關係：香港是國家的一部分。根據《香港基本法》，特區享有了各項法定權利與權力，從而擁有高度自治。但特區的憲制地位不僅僅表現在高度自治，也在於維持一種與國家的聯繫。《基本法》第43條要求特區行政長官「代表」特區，「對中央人民政府⋯⋯負責」，包含了將國家與特區之關係定義為主權者與獲授權者之關係的意義，也在法律層面概括地鞏固了上述聯繫。如何具體地「負責」？近年來，行政長官的進京「述職」逐漸引人注目。毫無疑問，這種頗具政治象徵意味的舉動，描繪了一種凸顯中央崇高地位的畫面。那麼，在憲制的與法律的意義上，「述職」究竟意味着什麼？當前的述職方式是《基本法》條文的直接落實、還是僅僅作為一種「政治姿態」？述職行為有無進一步制度化的必要？

以最近一次的特首述職為例：根據媒體報導，林鄭月娥於2019年12月「進京述職」，16日上午接受國務院總理李克強會見，下午獲國家主席習近平會見。2位國家領導人分別會見香港特首，是否已經成為定式？國務院總理明顯充當了「中央人民政府」的代表，那麼國家主席是

否代表了居於中央政府之上的更為抽象的「國家」？在會見當中，特首彙報了「特區形勢」與「特區政府工作情況」，這是否暗示了特首主要基於其「特區政府首長」之角色而述職？

應該說，行政長官述職仍然是一個在發展中的現象，其「制度化程度」還不易判定。本文將立足於《基本法》第 43 條的規定，從實現特區對中央負責的角度，對行政長官述職的制度化作一定討論，以促進其進一步的定型、成熟，充分發揮其在維繫中央與特區間恰當憲制關係方面的正面作用。

二、對誰負責？── 對《基本法》第 43 條的初步解讀

《基本法》第 43 條第 1 款規定，行政長官是特區的「首長」，代表「特區」；第 2 款則規定，「行政長官依照本法的規定對中央人民政府和香港特別行政區負責」。

特區作為國家的一個組成部分，是後者運用其主權權力而創設的公法人。特區作為一個法人，必須有形成意志的方式與執行意志的機關，這些機關就是行政長官、政府、立法會、司法機關等通常所稱的「政權機關」。行政長官並非唯一的政權機關，其他機關不是從行政長官的權力之中派生出來的。在《基本法》所奠定的憲制秩序中，行政長官享有其法定權力，但不能代替其他機關。實際上，特區的不同機關各自與中央層面的國家機關保持了相應聯繫，例如，特區立法會的立法需要根據《基本法》第 17 條向全國人大常委會「備案」。但為了「便於」在與國家的相互關係中體現特區的「一體性」，行政長官被確定為特區的「首長」，從而「代表」特區。為什麼需要「代表」？就此而言，《基本法》第 43 條的 2 款內容必須結合起來理解：正是因為需要具體地實現特區向中央「負責」，所以要設定一個特區的「代表」。相對而言，由行政長官來充任「代表」，比「立法會」或「各級法院」更為簡單、明瞭、易於理解。

　　但更令人困惑的是，為什麼是對「中央人民政府」負責？根據中國憲法，中央人民政府在機構上是指國務院，其性質屬於「最高國家行政機關」。如果與特區的政制架構對應，則作為特區行政機關的特區政府（《基本法》第 59 條）才是與中央人民政府在性質上一致的。但是，《基本法》第 43 條第 1 款將行政長官規定為「特區」的首長，而非僅僅是「特區政府」的首長（第 60 條專門作此規定），這意味着，不止是特區政府需要負責，而更囊括了整個特區。這樣一來，對於那些超出了國務院的法定職權範圍的事項，如何由國務院向 —— 通過特首 —— 特區問責呢？

　　不妨假想一下兩種替代方案：

　　（1）把「中央人民政府」理解為「中央」。「中央」是一個寬泛、籠統的詞彙，並不是指某一個具體的中央機關，而往往泛指依法行使涉及全國事務的職權的機關，從而與特區範圍內、尤其是物理空間上位於特區的機關區別開。例如，全國人大常委會可以是「中央」，其在香港特區政改五步曲中的職權就被認為體現了「中央」的政改決定權。但是，如果《基本法》規定行政長官向「中央」負責，雖然可以避免國務院職權範圍受限這一麻煩，但也造成了不易確定具體機關的問題 ——就以述職而言，究竟該向誰述職，才算是對「中央」述職了呢？相關聯的問題還有，若干中央機關之中，誰來決定由誰來接受述職（會見行政長官）呢？

　　（2）把「中央人民政府」理解為「國家」。這實際上是更為準確的表達。如同特區政府與中央人民政府是一對相呼應的概念，特區與國家才是同一類別的規範概念。特區是國家的一部分，而非中央人民政府的一部分。因此，特首應當代表特區向「國家」負責，以便正確體現特區的憲制地位。我們可以看到，近年來的歷任特首在進京述職時，都與國家主席有會見。根據中國憲法，主席是國家元首，但不是中央人民政府的組成人員。因此，特首向國家主席所作的述職彙報，象徵着向「國家」進行彙報。但是，《基本法》確實明文規定了向「中央人民政府」負責；不僅如此，《基本法》的全部條文中都沒有出現「中華人民共

和國主席」的字樣，即，並沒有為國家主席安排任何具體角色去處理與特區相關的事務。令人疑惑的是，《基本法》是否有意將「中央人民政府」設定為「國家的代表」—— 至少在與特區的相互關係的意義上，扮演一種「法人機關」的角色？

本文認為，作為接受特區負責的主體，「中央人民政府」扮演了兩種角色，其一，是作為嚴格意義的中央政府 —— 即國務院 —— 就其根據《基本法》所享有的權力，接受特區的負責；其二，是作為國家的代表，主要在確保特區作為國家不可分割的一部分的意義上，接受特區的負責。主要理由是：第一，中國現行憲法採行人民代表大會制，國家主席主要是國家元首，實質性權力有限，也不是中央人民政府組成部分。在《基本法》起草與通過的年代，憲法實踐中的國家主席一職體現了典型的「虛位元首」特徵，因此，沒有將其作為接受特區負責的具體國家機關而寫進《基本法》，是一項合理的決定，但國家仍需要在《基本法》上有所代表；第二，《基本法》將國家層面的若干權力分別賦予了若干機關，中央人民政府只是其中之一，考慮到《基本法》的根本目的之一是維繫特區作為國家組成部分的「憲制地位」，因此，國家必須有其代表。基於上述理由，當行政長官進京述職以便踐行其《基本法》第 43 條上的責任時，其彙報內容應當不限於中央人民政府職權範圍內事項，還應當包括反映特區整體情勢的內容、與其他國家機關的相應職權有關的內容等。

三、「述職」的制度載體 —— 憲制慣例還是成文規則

憲制慣例，也就是通稱的「憲法慣例」，是普遍存在的現象。在英國，憲制慣例是其憲制秩序中極為重要的組成部分。在存在作為根本法的成文憲法的地方，憲制慣例也可以在一定範圍內存在，對於實定憲法起到某種補充作用。眾所周知，慣例是一種相對靈活、柔性的規則載體，促使某些具備特定意義的行為發展為穩定的、規範的慣常模式，以實現一定的政治價值或憲政價值。

「述職」是實現向國家負責的一種方式，但《基本法》上的「負責」的含義並不清晰。實際上，對於何為「述職」，除了以公開資料可見的若干次具體述職行程作為觀察對象之外，也缺乏實踐上或理論上的共識。「述職」是否已經成為一種制度，在缺乏成文規則的明確建構的情況下，不妨以憲制慣例的標準去作一定的觀察。

根據 W. Ivor. 詹寧斯的觀點，慣例的特點是：1）長期穩定的實踐；2）基於共識理解的約束力；3）不被法院實施。結合行政長官的述職，我們可以發現：第一，述職的頻次、行程安排、現場形式、彙報內容等，似乎在遵循某些確定的範式，但這些遵循是否已經達到足夠「長期」，則暫時難以下定論。以特首向國家領導人彙報時的座位安排為例，從過去的「對稱落座」改為如今的「偏正落座」──即國家領導人坐在會議桌一端，而行政長官則相鄰、而非相對地坐在桌子側邊──似乎有開創新的範式的意味，那麼，這就有賴於在更長時間段內作進一步的驗證了；第二，慣例的約束力的本質是，一種回應共同體之期待的道義壓力。對慣例予以打破、或偶爾地有所偏離，是對共識理解的公然挑戰，而理性的政治人物將計算其中的可能損益，以決定自己的行為。一種行為模式，越是凝聚了共識理解，就越接近於構成「慣例」，並且，這種共識理解必須是可感知、可驗證的，因此慣例必須是公開可見的。就行政長官述職而言，公開與透明是極為必要的，唯有如此，才能提供一個凝聚共識理解的對象，即社會公眾會認可、期待這一行為去實現一些特定的憲制價值。對香港地區而言，述職可以傳遞出香港與國家緊密關聯等信號，是對一些如「港獨」之類的極端思想的否定；對內地而言，述職可以增強內地人民對於國家的多元複雜結構的認識與認同，可算是一種廣義上的公民教育；第三點目前來看是沒有爭議的。戴雪最早系統地論述慣例對於英國憲制的意義開始，他特別強調慣例並非法院所執行的規則，主要源於其嚴格定義「英國憲制法」的理論目標。香港特區是建基於中國憲法與《香港基本法》之上的「成文憲制」，因此，以當前「述職」行為的形式與內容來看，是不受法院管轄的。

本文認為，從促進行政長官述職的「制度化」的角度看，以憲制慣例作為「制度載體」，是適宜的。理由在於：首先，述職制度被期待實現的功能，尚不清晰，不妨先容許進一步的探索。以內閣責任制的母國——英國——的經驗來看，典型的政治責任形式是兩種，其一，內閣（大臣）向議會披露資訊，其二，內閣（大臣）引咎辭職。對香港特區而言，述職顯然可以實現一定的向國家報告重要資訊的功能。此外，在當前，國家越來越希望香港特區承擔起維護國家主權的責任，因此，述職制度將會展現更多的象徵國家統一的功能。只有其憲制功能趨於清晰，才能穩定，也才能塑造「長期、穩定的實踐」。其次，述職制度的資訊公開還需進一步提升。憲制慣例形成的外在條件是，公開、透明的政治生態。述職行為需要變得更具可見度，才可以凝聚共識理解，也才能進一步形成「約束力」。就此而言，述職是否已經成為一項「制度」，尚且言之過早，有待觀察。

四、「述職」的制度內核 —— 政府施政還是特區情勢

行政長官在述職時，應當「述」什麼？從前文已提及的「述職」對象的多重身份來看，彙報的事項應不限於中央人民政府的職權所涉事項，還應涵蓋其他的中央國家機關所關心的事項。從行政長官在特區層面的地位來看，其既是特區首長，也是特區政府首長，那麼，述職的內容是否只限於特區政府的總體施政情況？還是可以擴展至整個特區的重要情勢、包括立法會或司法機關的有關事項？

可以與行政長官向特區立法會所作的年度「施政報告」作對比。施政報告制度體現了特區層面憲制機關之間的橫向關係，立法會聽取行政長官的報告，實質上體現了民主問責的價值 —— 具體來講，是通過代議機關監督行政分支而實現的民主問責，因此行政長官主要從特區政府的立場出發進行報告，所闡述的重點往往在於政府施政願景，與政府法定職權密切相關。述職制度反映的是國家與特區之間的縱向關係，並且《基本法》僅僅以行政長官作為特區代表來塑造這種縱向負責

關係，因此，述職的內容應當不限於特區政府的施政，還應擴展至特區在各方面的重要情勢。

　　但必須強調的是，「述職」作為一種負責形式，主要功能在於令聽取彙報者知悉相關資訊。當特首述職中彙報特區其他機關所作決定時，僅僅是一種資訊告知，而不能理解為其贊同或反對相關決定的態度。例如，立法會否決政府重要法案的資訊，可以成為述職的內容，但是，向中央彙報這一「資訊」，與行政長官是否會動用《基本法》第49條賦予的權力，是沒有關係的。又例如，終審法院的判決如涉及政府重大政策的合法性，也可以成為述職的內容，令中央獲得「正式告知」，但是，「彙報」不同於特區政府專門表達的對判決的看法，也不能用於實現提請中央人民政府向全國人大常委會提請釋法的功能 —— 假如判決涉及《基本法》解釋的話。從這一點來講，述職本身並不包含行政長官的任何決定，因此，也無需就述職的具體內容再行接受立法會或司法覆核程序的問責或審查。

第二部分

行政長官權力、職責及其運作

第五章

香港的行政長官權力
從行政主導到分權制衡

❧❧❧❧❧❧❧❧❧❧❧❧❧❧

程　潔
英屬哥倫比亞大學副教授

　　2019–2020 年香港的政治風波，以 2019 年年初《引渡條例草案》開始，又以全國人大常委會通過《香港國安法》結束。雖然只是兩部立法之差，2020 年後，香港已經不再是同一個香港。這場政治風波中，香港政府、行政長官和警察的公信力備受質疑，行政長官尤其首當其衝。《香港國安法》通過後，特區內的政治爭議繼續上升為國際關係問題。各國反應不一，但美國最為強烈。美國通過國會立法和總統令，對包括香港特區行政長官林鄭月娥在內的 11 位香港和內地官員進行制裁。[1] 香港政府和行政長官的權力面臨回歸以來從未曾有過的危機和變局。[2] 雖然早期有評論認為這是林鄭個人執政風格問題或指責反建制派刻意激化矛盾，但持續的大規模抗議顯然指向了更加深層次的矛盾和衝突。可以說，香港的管治危機反映的是制度性問題和既有憲制框架下行政主導體制的失落。如何認識及紓解這一系列管治危機？如何認識香港行政長官的權力及其可能發揮的作用？

---

1. "Treasury Sanctions Individuals for Undermining Hong Kong's Autonomy". U.S. Department of the Treasury (7 August 2020), online: https://home.treasury.gov/news/press-releases/sm1088.

2. Natalie Lung. "Hong Kong Leader's Approval Rating Plunges to New Low Amid Virus". *Bloomberg* (25 February 2020), online: https://www.bloomberg.com/news/articles/2020-02-25/hong-kong-leader-s-approval-rating-plunges-to-new-low-amid-virus.

　　香港的管治危機潛伏已久，對行政長官權力的批評與反思也一直在持續。從時間上來看，香港回歸之初，對行政長官施政的批評主要是基於具體政策和特首施政風格。2005 年董建華特首提前離職，引發有關特首選舉和新任特首任期的討論。[3] 2012 年行政長官和立法會選舉方法改革後，有關行政長官和立法會普選的討論越來越多，對特首權力運行的的批評，也越來越多涉及特首的產生方法及其在行使權力時與立法會和中央政府之間的關係。[4] 這一方面顯示行政長官的施政問題是制度性的問題而非個人問題，另一方面也表明根本性的分歧在於究竟應當以何種憲制理論和憲政框架理解行政長官的權力。

　　各種意見雖然莫衷一是，但比較典型的觀點是行政主導和三權分立。前者認為行政主導是《香港基本法》的立法原意，並強調香港的政制發展應當堅持行政主導。[5] 三權分立的持論者強調分權是現代憲法精神，甚至對行政主導是否立法原意有所懷疑。[6] 三權分立和行政主導是對《基本法》的不同解讀，兩者也不是互斥的，在分權的前提下行政權、立法權和司法權的強弱仍然有可能形成不同模式。[7] 換言之，行政主導可以建立在分權的基礎上。但在香港的政治語境下，行政主導論強調行政長官對立法和司法機構的主導作用，而分權論則更強調行政

3. Benny Y. T. Tai. "A Tale of the Unexpected: Tung's Resignation and the Ensuing Constitutional Controversy". *35 Hong Kong LJ* 7, 2005; Robert J. Morris. "The Replacement Chief Executive's Two-Year Term: A Pure and Unambiguous Common Law Analysis". *35 Hong Kong LJ* 17, 2005.

4. Brian C.H. Fong. "Executive-legislative Disconnection in Post-colonial Hong Kong: The dysfunction of the HKSAR's executive-dominant system, 1997–2012". *97 China Perspectives* 5, 2014.

5. 蕭蔚雲、傅思明：〈港澳行政主導政制模式的確立與實踐〉，《法學雜志》2000 年第 3 期。本文作者也曾經就有關行政主導體制的不同觀點進行過總結及分析，尤其是總結了學者認為行政主導體制在《香港基本法》中的表現及發展。具體參見程潔：〈香港憲制發展與行政主導體制〉，《法學》2009 年第 1 期，第 45–57 頁。另見朱世海：《香港行政主導制研究》，法律出版社 2016 年版。

6. 余若薇：〈行政主導無名無〉，《明報》，2007 年 6 月 12 日。

7. Danny Gittings. "Separation of Powers in Hong Kong: Inching towards a more flexible judicial interpretation". *49 Hong Kong LJ* 187, 2019. See also Guobin Zhu & Antonios Kouroutakis. "The Hong Kong Subconstitutional Model of Separation of Powers: The Case of Weak Judicial Review". *47 Hong Kong LJ* 221, 2017.

長官和政府受制於立法機構和司法審查。此外，針對行政長官的一個批評是行政長官過於聽命於北京，從而引發行政長官是否應當對北京負責的問題。此後，北京開始明確反對「三權分立」，甚至稱行政長官的權力凌駕於其他政府部門之上。[8] 至此，有關香港行政主導或三權分立的討論成為一個僵局並不斷引發爭議。[9]

　　本文認為，主流觀點在很大程度上反映了目前有關《基本法》和香港憲制秩序的不同認識。普選和三權分立主要反映了對《基本法》的政治自由主義理解，而行政主導則主要反映了有關《基本法》的原旨主義理解。兩者都有法理依據[10]並有現實政治基礎，但兩者在某種程度上與香港的政治現實都有脫節之處。分權說過於強調香港作為一個特別行政區的獨立性，忽略了中國的主權利益。行政主導說過於強調香港港英時期的高度集權體制，忽略了香港社會對法治和個人自由的高度認同。香港的政治分化與管治危機源於以上脫節，未來修復社會分裂及疏解管治危機，仍然要結合《基本法》的立法初衷、政治理想和香港

---

8. Alex Lo. "'Separation of powers' does not apply in Hong Kong". *South China Morning Post* (2 September 2020), online: https://www.scmp.com/comment/opinion/article/3099924/separation-powers-does-not-apply-hong-kong.

9. For example, Raymond Cheng & Eddie Lee. "Hong Kong in the grip of a power struggle; Does the city enjoy separation of powers in the Western sense or is the Basic Law supreme?" *South China Morning Post* (18 November 2016), online: https://advance-lexis-com.ezproxy.library.ubc.ca/api/permalink/454e44b2-0a81-4962-966a-f6ab6a87e797/?context=1516831.
　　Stuart Lau. "Hong Kong justice chief doesn't take sides in separation of powers debate". *South China Morning Post* (18 September 2015), online: https://www.scmp.com/news/hong-kong/politics/article/1859243/hong-kong-justice-chief-doesnt-take-sides-separation-powers. "On separation of powers in Hong Kong, debate can help narrow differences". *South China Morning Post* (16 September 2015), online: https://www.scmp.com/comment/insight-opinion/article/1858539/separation-powers-hong-kong-debate-can-help-narrow.
　　Stuart Lau. "Leung Chun-ying questions Hong Kong's 'separation of powers' model after controversial remarks by Beijing officials". *South China Morning Post* (15 September 2015), online: https://www.scmp.com/news/hong-kong/politics/article/1858250/top-beijing-officials-remarks-hong-kong-separation-powers.

10. 程潔：〈香港新憲制秩序的法理基礎：分權還是授權〉，《中國法學》2017 年第 4 期，第 88–103 頁。（文章對兩種解讀基本法的主要思路進行了分析）

現實考量。本文分三部分分析香港行政長官的權力及其與立法和司法之間的關係如何影響了行政長官權力的範圍和正當性。第一部分從《基本法》文本出發，說明《基本法》中有關「行政主導」的預設及其批評和挑戰。第二部分提出認識問題的法律現實主義思路，以及在此思路下如何認識香港的政治發展和行政長官權力的變化，並通過比較研究，說明香港與澳門在行政主導體制方面產生差距的制度性因素。第三部分進行總結並在此基礎上提出香港行政長官權力未來發展的三種可能性與建議。

一、香港政府的管治危機與行政主導批評

香港的管治危機潛伏已久，但爆發得很突然也很激烈。在 2019 年之前，香港在各種政府治理和經濟發展指數中，一直名列前茅。[11] 2019 年初《引渡條例草案》引發大規模政治抗議之前，林鄭作為首任女性特首，曾一度深受各方期待。2019 年之後，不但林鄭個人受到質疑，香港的政治制度和香港政府的管治能力也引發爭議，甚至直接導致美國政府取消對香港的獨立關稅區待遇並作出對包括行政長官在內主要官員的制裁。這一戲劇性變化的背後，是長期以來未能紓解的香港管治問題的沉澱和鬱積。

「行政主導」一詞在《香港基本法》中並未出現，中國官方也沒有專門解釋過這一概念，但全國人大常委會和各種官方解讀常常視之為

---

11. Hong Kong ranked no.4 in UNDP Human Development Index, http://hdr.undp.org/en/content/table-1-human-development-index-and-its-components-1, no. 3 of World Bank Ease of Doing Business Rank, https://www.doingbusiness.org/en/rankings, no. 16 in Rule of Law Index https://worldjusticeproject.org/rule-of-law-index/global/2017-18/. Hong Kong's ranking in Democracy Index drops from no. 17 in 2004 to no. 25 in 2015. These are the only two years available so we cannot make comparison, http://democracyranking.org/wordpress/rank/. For a general assessment of Hong Kong's governance, see Kaufmann, Daniel and Kraay, Aart and Mastruzzi, Massimo. "Governance Matters VIII: Aggregate and Individual Governance Indicators, 1996–2008". *World Bank Policy Research Working Paper*, No. 4978, June 29, 2009, Available at SSRN: https://ssrn.com/abstract=1424591.

香港政治體制的基本特徵。如在 2007 年 12 月全國人大常委會通過對香港普選的決議之後，全國人大常委會副秘書長喬曉陽主任在説明中指出，決定先普選特首的原因，是認為這樣的安排「有利維護行政主導體制，處理好行政與立法關係」。[12] 通常認為，「行政主導」的概念最初用於總結港英政府下港督所領導的強勢政府的特徵。主張香港政府以行政主導為基礎的觀點將之視為香港政府治理的歷史延續。[13] 英國在香港推行殖民統治期間，港督不但是英女王的代表，同時還有權委任立法局和行政局，形成了獨裁式的總督集權體制。特別是，香港總督兼任立法部門（立法局）主席，對所有議案有最終否決權。[14] 這種體制雖然完全背離民主原則，但是對保障政府的有效管治起到了積極的作用。參與制定基本法並負責香港政治體制部分內容的蕭蔚雲教授就曾表示，《基本法》創製過程中，吸納了港英政府的管治經驗，同時結合「一國兩制」「港人治港」、高度自治的原則和精神，在政治體制設計中提出了「立法和行政分開，互相制約，行政主導」的原則。[15]

即使拋開《基本法》的立法原意，從《基本法》的規定中，也可以看到行政長官在香港的憲制構架中地位超然。首先，香港的行政長官具有雙重身份，他既是特別行政區的首長，代表特別行政區；又是特別行政區政府的首長，領導特別行政區政府。[16] 這表明行政長官的權力是實際的而非名義上的，不同於雙首長制下，其中一位往往成為虛職或政府權力象徵。第二，在行政與立法的關係中，行政處於主動地位。特別行政區政府擬訂並提出法案、議案，由行政長官向立法會提出，

---

12. 《關於〈全國人民代表大會常務委員會關於香港特別行政區 2012 年行政長官和立法會產生辦法及有關普選問題的決定（草案）〉的説明》，2007 年 12 月 26 日在第十屆全國人民代表大會常務委員會第三十一次會議。

13. 陳弘毅：〈行政主導概念的由來〉，《明報》，2004 年 4 月 23 日至 26 日。

14. 參見《英皇制誥》(英文版)，網址：https://www.legco.gov.hk/general/english/library/infopacks/yr11-12/1112infopacks-lc-04-e.pdf。

15. 蕭蔚雲：〈關於香港特別行政區基本法的幾個問題〉，《法學雜誌》2005 年第 2 期。

16. 《基本法》第 43 條等。

政府擁有的立法創議權是行政主導的一大體現；政府提出的法案、議案應當優先列入立法會議程，體現了行政優先；立法會議員不能提出涉及公共開支、政治體制及政府運作的法案、議案，這方面的法案、議案只能由政府提出，顯示了行政主導；立法會議員提出涉及政府政策的法案、議案，在提出前必須得到行政長官的書面同意，對議員提案權所作的這一限制體現了行政主導；立法會通過的法案須經行政長官簽署、公佈，方能生效。行政長官有權拒絕簽署法案，發回立法會重議，甚至在一定條件下解散立法會。行政長官擁有的立法相對否決權也是行政主導的重要體現；行政長官決定政府官員或其他負責公務的人員是否向立法會作證和提供證據，表明行政在與立法的關係中處於主動地位。[17]《基本法》附件二還規定了一個獨特的立法會投票機制。根據附件二第二部分第 2 款規定，政府提出的法案要求獲得出席會議的全體議員的簡單多數票通過，而由立法會成員個人提出的法案包括對政府法案的修改則需要功能團體選舉產生的議員和分區直接選舉、選舉委員會選舉產生的議員兩部分出席會議議員分別以簡單多數票通過。顯然，單獨表決制更有助於保證政府法案的通過。實際上，香港回歸後僅有極少數個人提出的法案能在立法會中獲得足夠的支持。學者注意到，這一安排也很容易阻止反政府的法案通過。因為在正常情況下，在立法會獲得三分之二的多數支持幾乎是不可能的。[18]

《基本法》中行政會議的設計也有助於加強行政長官對立法會的影響。行政會議的唯一任務就是協助行政長官決策，向行政長官提供意見。特別行政區的重大決策實際上都由行政長官會同行政會議作出。[19]又由於它的組成人員來自行政機關、立法機關和社會人士三個方面，如果行政機關與立法機關對某一問題存在不同的意見，就會在行政會

17.《基本法》第 49 條、50 條、51 條、74 條、76 條等。

18. 梁美芬：〈基本法之下立法、司法和行政的制衡〉，《時代法學》2007 年第 12 期。

19.《基本法》第 55 條、56 條等。

議中反映出來，因此，行政長官決策時就已經清楚立法會的態度。理論上，這一安排顯然是有利於行政長官決策和施政的。

第三，行政長官對司法權有政治上和法律上的影響力。《基本法》規定，香港行政長官根據當地法官和法律界及其他方面知名人士組成的獨立委員會推薦，任命香港特別行政區法院的法官。法官在無力履行職責或行為不檢的情況下，行政長官可依照法定程序予以免職。特別行政區行政長官有赦免或減輕刑事罪犯刑罰的權力。[20]《基本法》授予行政長官的這兩項職權的可以制約司法權，體現出行政權力在特區的權力構架中的主導地位。

但行政主導體制一說在回歸後也受到批評。持論者認為，歷史延續說並不成立，香港回歸後政治體制與港英時期不同，《基本法》沒有明確規定行政主導體制。[21] 持論者也認為，《基本法》雖然延續了港英政府的一些機構，例如立法會、行政會議等，但《基本法》所體現的原則已經不再是行政主導，而是「立法和行政互相制約，司法獨立」。由於行政長官和行政機構受到他權力部門的制約，《香港基本法》更體現分權制衡原則。具體表現在以下三個方面：

首先，行政長官實行雙負責制，既要對中央政府負責，也要對香港人民負責，具體體現在：行政長官由香港選舉產生而由中央政府任命，香港政府還要向香港立法會負責。《基本法》第 64 條規定：「香港特別行政區政府必須遵守法律，對香港特別行政區立法會負責：執行立法會通過並已生效的法律；定期向立法會作施政報告；答復立法會議員的質詢；徵稅和公共開支須經立法會批准」。作為香港政府的首長，行政長官當然要對香港政府的決定承擔責任。

第二，根據《基本法》第 50 條和第 52 條，立法會可以以政治壓力迫使行政長官辭職。雖然法律所要求的三分之二多數是一個很高的要求，但是如果立法會成員反對行政長官並不斷否決政府法案，行政

---

20. 《基本法》第 48 條第（6）、（12）項。

21. 余若薇：〈行政主導無名無實〉，《明報》，2007 年 6 月 12 日。

長官將被迫辭職。論者認為，這一規定顯示回歸後行政長官受制於立法會。

第三，司法機構可以對行政長官的決定和行政機關的決定進行司法審查，對行政權進行外部制約。香港在 1991 年制定《香港人權法案條例》，授權香港法院可以對於該條例不一致的立法和政府決定進行司法審查，從而開啓了香港法院的憲法性管轄權。司法覆核權顯示行政長官的權力受制於司法機構。

行政主導說和分權制衡說都基於對《基本法》的解讀。前者更依賴《基本法》起草者和官方機構的解讀。後者的解讀更多是基於自由主義政治理想對《基本法》條文的解讀。按照行政主導論的解讀，香港的管治危機是由於行政主導權未能實現，政府施政受阻。按照分權制衡論，香港的管治危機源於行政長官偏聽專斷，理應受到政治抵制。這兩種解讀都試圖通過解釋《香港基本法》理解香港的政治困境，但兩者又都在很大程度上與香港政治現實產生了脫節。行政主導論強調行政主導體制的延續性而忽略了香港的現實語境和新的政治需求。分權論強調香港 1985 年代議制改革後的政治傳統但試圖脫離《基本法》的中國語境而構想香港政治進程。本文認為，理解香港行政長官的權力必須結合《香港基本法》的立法初衷、政治理想和香港的政治現實做動態的理解。只有將歷史的延續性、回歸後的政治實踐和香港未來的民主化發展結合起來，才有可能理解香港回歸後的管治危機，也才有可能理解和確定行政長官權力的作用及其邊界。

二、從行政主導到分權制衡：一個法律現實主義分析

雖然行政主導論和分權制衡論都強調制度的延續性，但也都試圖對傳統進行固化的或形式主義理解。按照這種理解，如果《基本法》作出了相關規定，法律實施的過程就是法律適用和法律解釋的過程，不需要考慮立法過程蘊含的政治傾向以及制度運行過程不同參與者因政治偏好和權力不對等帶來的影響。即使是一些自稱以政治法學為基礎

進行的分析，實際上也只是強調立法者的立法初衷或政治意識形態，忽略或否認法律在發展過程中自我演變的正當性，其結果是將法律過程理解為對立性的政治鬥爭過程。[22] 與法律形式主義和政治法學相對的思路是法律現實主義思路。如果説傳統的法律形式主義更加強調規則和程序的遵從，法律現實主義則更加關注參與者的選擇和促成選擇的程序設計。換言之，同樣的規則和程序，在法律形式主義理解中，必然會產生同樣的結果，但在法律現實主義理解中，法律的實施不止要研究規則和程序，法律的實施根本上要研究決策過程中的的參與者以及其他外部影響因素，尤其是外部政治環境。

法律現實主義可以解釋為什麼在很多國家，幾乎同樣的法律規則會導向完全不同的現實。所謂「柑生淮南為桔，生淮北則為枳」。在法律形式主義的框架內，這是難以理解的結果或者不應當出現的結果。但在法律現實主義框架中則是一個可以預期的結果。一般法律規則如此，憲法規則更是如此。儘管國際交往使得法律借鑒和法律移植的經驗越來越豐富，甚至對包括自由、平等和法治等基本原則也建立了共識，但各國的執法水準和法律體系卻並沒有趨同。因為法律實施不僅要考慮原則、規則和程序，也必須考慮政治環境，法官和執法者的認識和選擇。

對《基本法》的理解迫切需要從法律形式主義轉向法律現實主義，從而理解其發展變化的條件和過程。具體來説，香港特區行政長官的權力雖然由《基本法》規定，但通過香港的政治實踐以及在外部政治環境影響下，行政長官的權力由行政主導逐漸走向分權制衡，同時又未能穩定在分權制衡的框架下。以下具體説明 1997 年之後行政長官權力變化的過程。

---

22. 持論者的主要理論依據是卡而施密特的政治憲法學理論。但即使施密特有關政治的根本屬性是非此即彼的敵我關係論沒有過時，也不應理解為法律過程的本質。

（一）立法會實踐對行政長官權力的影響

在《基本法》創製過程中，「行政主導」是和「立法主導」相對而言的一種政治體制，參與制定《基本法》的蕭蔚雲教授曾指出起草《基本法》時，要規定「行政主導」這一點是比較明確的。[23] 不過，特區成立之後，由於政治生態和政府管治的實際狀況，出現了立法會擴權的情況，對行政權和行政長官的權力都產生了一定影響，其中比較重要的實踐包括立法會發動對特區政府主要官員的不信任動議和立法會拉布實踐。

立法會對政府的不信任案最早源自 1999 年。當時香港立法會議員吳靄儀因不滿律政司司長梁愛詩對胡仙案及港人在大陸子女在港定居案的處理方式，於 2 月間對梁愛詩提出不信任動議。立法會於 3 月 11 日經過 4 個多小時的辯論後，由於多數議員的反對，否決了由吳靄儀議員提出的對律政司司長不信任案。1999 年至 2000 年間，「居屋角短椿事件」在立法會中引起激烈討論。有立法會議員動議對房委會主席王葛鳴及房屋署長苗學禮提出不信任議案。當時董建華特首對房委會高層表示支持，認為其案件之所以被揭發，是房委會努力調查及檢討各項工程的結果。不過，立法會還是通過了不信任案。王葛鳴在立法會通過議案之前，先自行辭職，房屋署長苗學禮則堅拒辭職 —— 立法會雖可以通過不信任案，但卻不能要不受信任的人辭職，因為依據《香港基本法》，立法會無權過問主要官員和政府公職人員的任免。

2002 年，董建華於其第二屆任期開始不久，宣佈廢除「公務員治港」方式，推行仿照美國部長制度的「高官問責制」。這一制度被視為特首應對不信任案和香港公務員治港傳統的舉措。在問責制下，各問責政策局長直接向行政長官董建華負責，[24] 總體上強化了行政長官的權

23. 蕭蔚雲：〈關於香港特別行政區基本法的幾個問題〉，《法學雜誌》2005 年第 2 期。

24. 《新聞公報：行政長官介紹問責制方案》，網址：http://www.info.gov.hk/gia/general/200204/17/0417136.htm。

力。但問責制推行之初，社會各界也曾經有不同的評價，[25]並為立法會「倒閣」提供了制度上的依據。問責制實施以來，基於各種原因，在輿論的壓力下局長紛紛因「私人原因」下台，包括前財政司司長梁錦松，前保安局局長葉劉淑儀和前衛生福利及食物局局長楊永強等，局長向特首負責有演化為向立法會負責的趨勢。例如，2003 年 3 月，民主派以香港財政司司長梁錦松「購車事件」，提出對梁不信任案，在立法會辯論後未能通過。但是 7 月 1 日，由於香港經濟出現問題，民生遇到較大困難，再加上《基本法》第 23 條立法和 SARS 事件，市民對政府的不滿達到頂峰，約 50 萬市民參加七一遊行。2003 年 7 月 15 日，廉政公署完成對梁錦松的調查，把報告交給律政司決定是否起訴，並知會行政長官董建華。7 月 16 日，在保安局局長葉劉淑儀請辭之後，梁錦松隨後亦提出請辭。由於梁錦松隨時可能被起訴，為免出現在位主要官員被起訴的尷尬情況，這次董建華無奈地接納了，並報請中華人民共和國國務院批准。梁的職位其後由工商及科技局局長唐英年接任。[26]立法會的不信任案雖然不具有法律上的效果，但是其所形成的政治壓力導致被問責的主要官員辭職，逐漸形成了一種「內閣制」式的問責體制。

立法會的拉布實踐也對特首權力和政府的施政產生重要影響，並強化了立法會自身的權力。拉布（filibuster）是立法會議員採取的策略性行為，意在通過冗長發言拖延立法會議程，從而阻止立法會通過某項議案。回歸之前，香港並無拉布實踐。在香港立法會中，議員利用議事規則進行「拉布」抗爭的始作俑者，據說是上世紀九十年代時的建制派議員，當時為了通過解散民選的市政局同區域市政局草案，由民建聯立法會議員發起。在 1999 年至 2014 年間，立法會發生 7 次「拉布戰」並多由反建制派議員發動。[27]其中最為知名的是 2012 年 5 月拉布

25. 楊禮民：〈香港對高官問責制反應不一〉，《BBC 中文網》，網址：http://news.bbc.co.uk/chinese/simp/hi/newsid_1930000/newsid_1936700/1936737.stm。

26. 此後，反建制派仍然責怪特首董建華處置不果斷，推動「倒董」，曾經在「立法會」提出要求董辭職的動議。

27. 王博聞：〈拉布戰與剪布權〉，《「一國兩制」研究》2015 年第 4 期（總第 26 期），第 149–159 頁。

行動。當時公民黨和社民連主張「五區補選、變相公投」失利後，特區政府於 2011 年中提出替補機制並制定了《立法會議員出缺安排條例（草案）》（以下簡稱「《議員出缺條例》」），其核心內容是限制辭職後的議員半年內不得再參選。原訂 2012 年 5 月 2 日立法會大多數議員支持順利通過二讀及三讀審議，但在議案審議的關鍵時刻，立法會反對派中的激進勢力「人民力量」議員黃毓民和陳偉業，對議員出缺條例草案提出了逾 1,300 項修訂。經過逾 100 小時拖延，最終令會議因法定人數不足而「流會」。[28] 2016 年香港立法會發生三次拉布事件。到 2017 年林鄭就任行政長官時，立法會拉布已經常態化了。

2017 年香港立法會對《議事規則》進行了修改，賦予立法會主席中斷拉布或不許可拉布式議題進入議程的權力。立法會議事規則修改有助於解決拉布造成的立法資源浪費的問題。但議事規則的修改也受到批評，認為以後議員更難阻止爭議性議案通過。[29] 在這一背景下，已經可以預見到，當不受歡迎的政府議案無法通過拉布拖延立法時，反對派或民眾能夠進行抵制的選擇只能是通過立法會之外的街頭行動或暴力抗爭了。

（二）香港司法覆核的發展對行政長官權力的影響

香港的行政主導體制除了受制於立法會，也受制於香港司法權的發展。香港回歸之後，司法機構採取司法能動主義，積極開啓對特區立法、行政機構和行政長官決定的司法覆核。司法覆核有助於提升司法權威，但也不可避免地對行政長官權力的行使範圍和方式產生了影響和制約。這些案件中比較重要的包括：海外公務員協會訴公務員事

---

28. 莊金豐：〈香港立法會「拉布」戰評析——兼談相關的幾個法律問題〉，《「一國兩制」研究》2013年第 1 期（總第 15 期），第 162–168 頁。

29. 《香港立法會議事規則修改的後果是什麼》，2017 年 12 月 15 日，網址：https://www.bbc.com/zhongwen/trad/chinese-news-42369414。

102

務局局長案、[30]海外公務員協會訴行政長官案、[31]陳樹英訴香港特別行政區行政長官案、[32]公務員減薪案、[33]梁國雄及其他人訴香港特別行政區案、[34]港珠澳大橋環評案,[35]游惠禎、梁頌恒訴香港特別行政區行政長官和律政司司長案。[36]這些案件涉及到香港的公務員管理體制、香港政府的市政管理、香港的區域組織和基層組織選舉,立法會的議事規則、香港政府秘密執法的權力。終審法院還在其他案件中加重了政府的證明責任,要求對涉及基本權利的限制應當作狹義的解釋,而證明有關限制合理性的責任在政府。[37]有一些案件不是直接針對特首,但由於行政長官既是特區首腦又是行政首腦,涉及香港政府的決定也會影響行政長官的施政範圍。

香港回歸後,對立法、司法、行政關係具有界碑性意義的案件非 1999 年吳嘉玲訴入境事務處主任案莫屬。此後,香港立法和行政機構,包括行政長官在內,都成為司法審查的對象。在吳嘉玲案中,港人在內地所生子女違反《入境條例》滯留香港,入境事務處決定這些人

---

30. HCAL 9/1998. 案件涉及公務員事務局第 16/97 號通告規定本地合約制公務員申請轉為長俸制公務員時規定申請者必須達到一定的中文水準的規定是否對海外公務員構成歧視,並違反《基本法》第 100 條的問題。

31. [1998] 1 HKLRD 615. 案件涉及 1997 年 7 月 9 日行政長官公佈了《公務人員(管理)命令》和《公務人員(紀律)規例》是否違反《基本法》第 103 條和第 48 (7) 條有關「依法定程序任免公務人員」的問題。

32. HKSAR [2001] 2 HKC 342. 涉及 2000 年《提供市政服務(重組)條例》(以下簡稱重組條例)和《區議會條例》撤銷市政局並設立區議會是否違反《基本法》第 97、98 條的規定。

33. 律政司訴劉國輝及其他人, [2005] 3 HKLRD 88. 涉及《公職人員薪酬調整條例》和《公職人員薪酬調整(2004 年 -2005 年)條例》相關規定是否抵觸《基本法》第 100 條和第 103 條的問題。

34. [2005] 3 HKLRD 164. 涉及《公安條例》相關條款限制遊行示威的規定是否違反《基本法》第 39 條和第 27 條的問題。

35. CACV84/2011. 2010 年 66 歲的東涌老太朱綺華對港珠澳大橋香港段兩份環評報告提起司法復核港珠澳大橋環評案,該案政府最終勝訴,但因環評與工期延誤需要追加資金 88 億港幣。

36. [2017] HKCFA 57. (又稱梁游宣誓案)。涉及當選立法會議員因拒絕準確而莊嚴宣誓而被剝奪立法會議員資格是否違反《基本法》第 106 條的問題。

37. 如 Bahadur 案, *Bahadur v Director of Immigration* [2002] 5 HKCFAR 480. Shun Kwok Sher 案, *Shum Kwok-sher v HKSAR* [2002] 3 HKC 117 等。

士屬於非法入境。但是《入境條例》本身受到質疑，被認為與《基本法》不一致。通過該案，終審法院申明，法院有權審查行政部門的行為是否符合《基本法》，假如裁定有關行為不符合《基本法》，法院可判有關行為無效。法院行使這項權力的時候是在履行它在《基本法》下的憲制角色，根據憲法監察政府的行政部門，確保他們依《基本法》行事。基於這樣的權能，終審法院裁定《入境條例》違反《基本法》的相關內容無效並予以刪除，[38]並裁定撤銷入境事務處處長的相關決定。值得注意的是，當終審法院充任憲法監督者這一身份的時候，司法的權威就已經超越於立法和行政權之外了。

另一起影響深遠的案件是 2006 年梁國雄及古思堯訴香港特別行政區行政長官案。[39]該案原告要求裁定《電訊條例》第 33 條及《執法（秘密監察程序）命令》無效。《電訊條例》第 33 條授予行政長官權力，規定每當行政長官認為為公共利益而有此需要，可以截取通訊。而《執法（秘密監察程序）命令》則授權執法進行秘密監察。原訟法庭於 2006 年 2 月 9 日作出判決，認定上述條例違憲。法官還認為，行政命令雖然合法，但是不能成為《基本法》第 30 條所指的「法律程序」。不過，法庭考慮到，執法機關如果被撤銷有關調查權力，可能會對維持法律和治安造成嚴重影響，因此裁定原訟法庭作出判決起計的六個月內繼續有效及具有法律效力（「暫時有效命令」）。案件上訴到終審法院以後，終審法院判決上訴得直，並推翻暫時有效命令。為了讓當局可制定補救法例，終審法院延遲實施行政命令和《電訊條例》第 33 條違憲的聲明，即由原訟法庭於 2006 年 2 月 9 日作出判決的日期起計，延遲 6 個月實施，至 2006 年 8 月 8 日為止。終審法院的判決書述明，「政府在上述有關宣告延遲實施的期間內，可依據已被宣告違憲的規條行事，

---

38. 值得注意的是，終審法院提供的中文版判決書與英文略有區別。英文判決書僅有宣告相關條款 "null and void"（「無效」）的表述，而中文則譯為「字句乃屬無效並從該段中刪除」，增加了「刪除」的內容。

39. [2006] 3 HKLRD 455.

而不違反任何實施中的宣告。然而，儘管有此延遲實施安排，政府並不能就其依據已被宣告違憲的規條行事而獲得可免承擔任何法律責任的保障。」古思堯案對香港政府的影響深遠。該案的初衷是保護個人自由，但從效果來看，該案限制了港英時期香港政府開始擁有的秘密監察權，從而極大地影響了政府尤其是包括員警和廉政公署在內的紀律部隊的執法能力。

　　特區司法權的擴張對行政主導既有直接影響也有間接影響。首先，特區司法機構、特別是終審法院作為特區的「違憲審查」機關，行使監督和制約立法會和行政機構的權力，提高了司法機構的地位。特區司法機關行使「違憲審查權」突出了「三權分立」，對「行政主導」具有消解作用。第二，由於特區政府對立法的主導性作用，法院對特區立法的任何違憲宣告都間接否定了政府通過立法所要表達的意願和政策。第三，特區法院在行使違憲審查權時，除了宣告相關法條或條例違憲，還採取了修正法條用語、增刪法條內容等形式，因而實際上起到了修改法律和直接立法的作用。就古思堯案件而言，法院不但宣告相關條例和行政命令違憲，還為當局創制補救條例設定了時間。這一實踐實際上導致司法機關指導行政立法的結果。雖然所有的違憲審查都或多或少地對新的立法具有指導作用，但是就時間和內容進行此類非常具體的指導，即使在其他實行司法審查的地區也非常罕見。此後，2006 年 8 月，《截取通訊及監察條例》生效，法官取代了行政長官被授權決定是否採取截取通訊秘密。【40】

　　香港司法機構在裁決案件時通常不考慮判決的政策效果，這是英國法院法律形式主義傳統的一部分。但英國傳統下法院沒有違憲審查權，因此其判決大多不涉及政治權力的再分配。但香港不同。回歸後香港法院從 1997 年馬維騉案開始，就已經開始行使違憲審查權。這種情況下法院不考慮政治後果的結果就是由其他政治機構承擔政治後

---

40. 根據《截取通訊及監察條例》，所有截取通訊行為和侵擾程度較高的秘密監察行動必須得到其中一位小組法官（panel judge）的授權。

果。也就是說，許多判決留給政府和社會一系列棘手的社會問題。例如，在莊豐源案中，法院裁定凡在香港所生的中國籍子女都擁有永久居留權。[41] 這一裁決結果「鼓勵」了內地孕婦赴香港生育，甚至擠佔本地孕婦生產資源，引發香港孕婦抗議。[42] 此後，司法機關也開始反思其處理政治問題的正當性及限度，提高了司法審查的受理標準。[43] 畢竟，行政機構的主導性與其需要承擔的政治責任是聯繫在一起的，而司法機構的任期使之實際上不承擔政治責任。這一認識對行政主導的實現是有利的。不過，司法和行政的關係中能否體現行政主導的特點，還需要進一步的實踐。

香港司法覆核發展是香港回歸後最重要的憲制發展。香港的司法獨立傳統在很大程度上成為香港司法覆核能夠獲得普遍尊重的重要背景。但司法覆核權對行政長官權力的影響和制約也是不可回避的問題。就像立法會的權力隨着高官問責和拉布而得到發展一樣。在憲法實踐中，不同的權力未必能夠按照既定的路綫發展，而是此消彼長，在動態發展中形成了其特有的格局。

(三) 中央政府對行政長官權力的影響

從以上分析中已經可以清晰地看到，行政長官的權力不會因《基本法》的規定而當然地實現其主導權，也不會因為港英政府時期港督大權獨攬而當然地延續其權威。行政長官的權力在與其他權力部門之間的互動中不斷發展和演變。同時，影響行政長官權力的因素並不限於香港立法會和司法機構。除了立法和司法機構外，中央政府、香港的

---

41. *The Director of Immigration v. Master Chong Fung Yuen* (FACV No. 26 of 2000).

42. 相關討論參見維基百科「香港居港權爭議」詞條，網址：http://zh.wikipedia.org/wiki/%E5%B1%85%E6%B8%AF%E6%AC%8A%E5%95%8F%E9%A1%8C#.E8.8E.8A.E8.B1.90.E6.BA.90.E6.A1.88.E8.88.87.E8.AB.87.E9.9B.85.E7.84.B6.E6.A1.88。

43. 將司法審查的標準由存在潛在的爭議性 (potential arguability) 提高到存在爭議性 (arguability)。參見 *Peter Po Fun Chan v. Winnie C.W. Cheung Chief Executive & Registrar of Hong Kong Institute of Certified Public Accountants (the "Society" or "Institute") and Mark Fong Chairman of the Registration and Practising Committee of the Society*, FACV No. 10 of 2007.

公務員體系，以及香港的政黨政治對行政長官的權力都產生了重要影響。其中，中央政府對行政長官的權力影響至深。

中央政府對行政長官權力的影響既有政治上的支持（包括政策支持），也有通過法律的賦權。就政治支持而言，香港回歸以來，每當行政長官面臨管治危機時，中央政府最終都表態支持行政長官和香港政府施政。這種支持從 1998 年朱鎔基公開表態中央政府支持香港阻擊亞洲金融風暴，[44] 到對歷任特首爭議事件的支持，再到 2019 年–2020 年政治風波中的支持，[45] 是一以貫之的。在香港立法會和香港司法機構與行政長官和香港政府之間的互動中，中央政府的支持是行政長官權力未能從行政主導到分權制衡，再到類似「代議政治」下受制於立法會的內閣首相的很重要的因素。尤其是 1999 年吳嘉玲案後，全國人大常委會首次對《基本法》作出解釋。這次解釋最重要的功能應該是全國人大常委會「宣示主權」，強調全國人大常委會對《基本法》的最終解釋權。與此同時，由於司法解釋權受到壓制的原因是香港特首通過國務院請求全國人大常委會對《基本法》進行解釋，無疑提升了行政長官的影響力。

就立法賦權而言，全國人大常委會的立法解釋和具有法律效力的決定和立法，都傾向於維護或提升行政長官的權力。最近的《香港國安法》就是一個例證。該法不但強調全國人大常委會的解釋權（第 65條），同時還強化了行政長官的權力，並弱化司法審查權。規定香港國家安全委員會的決定不屬於司法審查的範圍（第 14 條），並規定行政長官有權從現任法官中指定法官審理涉及國家安全法的案件。

---

44. 陳德霖：〈亞洲金融危機——入市難，退市更難〉，香港金融管理局《匯思》，2019 年 9 月 18 日刊，網址：https://www.hkma.gov.hk/gb_chi/news-and-media/insight/2019/09/20190918/（文章中提到香港政府為阻擊國際金融投機，港府動用外匯基金 1,180 億港元購入 33 只恒生指數成份股，佔當時外匯基金資產大約 18%。這一行動得益於中央政府公開表態全力支持香港。）

45. "Hong Kong: Xi expresses 'high degree of confidence' in Lam". *BBC News* (4 November 2019), online: https://www.bbc.com/news/world-asia-china-50297024.

　　有必要指出的是，中央政府對行政長官的支持雖然有利於維護行政長官的權力，但未必有利於中央政府在香港的權威性。尤其在香港的政治發展日趨呈現兩極分化的情況下，中央政府對特區行政首長的支持導致行政首長的反對者將中央政府與特區行政長官劃入同一陣營。這種觀察固然是符合目前政治現實的。但從長遠來看，如果中國希望維持香港不同界別和政治利益團體對中國的認同，中央政府至少應當在形式上抽離地區內的政治鬥爭，已確立中央政府中立於地區政治爭議之外的形象。不過中央特區關係不是本文討論的重點，這裏不再一一贅述。

　　這一思路也並不意味着《基本法》本身的規定不重要。《基本法》的規定仍然是行政長官行使權力的基礎，並且會直接影響行政長官權力的範圍。例如，以香港和澳門的行政長官權力而言，認為澳門政治體現行政主導體制就更具有說服力。兩個特別行政區的為何有此差距？比較《香港基本法》和《澳門基本法》的文本就可以發現，《澳門基本法》中包含三項《香港基本法》所沒有的內容：第一，《香港基本法》沒有賦予行政長官對立法會議員的委任權，所有立法會議員均由選舉產生，且其中直選議員佔一半。《澳門基本法》則授權特首委任 27 位議員中的 7 位，更有助於實現立法會與特首之間的協調一致。第二，雖然兩個基本法都規定特區政府對立法會負責，但是香港特區政府較之澳門特區政府對立法會負責的內容多一項：徵稅和公共開支必須經立法會批准。《澳門基本法》中沒有這一條。這意味着澳門特區政府的運作空間更大。第三，在與司法機構的關係方面，港澳對一般法官的任免程序基本相同，但對終審法院法官的免職程序有所區別。香港終審法院法官和高等法院首席法官的任命須由行政長官徵得立法會同意；而澳門的做法是終審法院法官的免職由行政長官根據立法會議員組成的審議委員會的建議決定，更加突出行政長官的決定權。正因為如此，才有觀察者認為，香港行政主導出現弱化的情況，既有體制上的原因，也有政治文化和施政環境方面的因素。[46]

---

46. 楊建平：〈香港、澳門、新加坡行政主導比較〉，《中國行政管理》2008 年第 2 期。

　　由此可見，憲制性法律、對憲制性法律的解讀，以及政治實踐三方面共同構成了特別行政區憲制的約束性條件。正因為如此，即使《香港基本法》對行政長官權力的規定遠遠超出了一般國家和地區行政長官所擁有的決策權和立法權，受制於不同的解讀，受制於現實的政治力量約束，香港的行政長官權力逐漸從主導性權力部門演化為受分權制衡的權力部門。

三、總結與展望

　　本文的基本觀點是，香港的管治危機在很大程度上來自與行政長官權力有關的憲制問題，而理解香港的行政長官制度，不僅需要考慮《基本法》的立法原意、《基本法》文本的解讀，也需要考慮香港的政治現實。具體言之，儘管《香港基本法》的立法初衷和文本中蘊含了行政主導原則，但香港回歸之後，對《基本法》所規定的憲制結構和行政長官的權力產生了不同的解讀，並逐漸由行政主導體制走向了分權與制衡。香港行政長官權力的變化是通過行政長官與其他權力部門的互動形成的。這些權力部門主要包括但不限於香港立法會、香港司法機構，也包括中央人民政府。除了以上權力部門，其他重要的參與者當然還有香港的政治團體和公民社會等。[47] 問題在於，香港行政長官權力的邊界並未因為政治和司法實踐的影響而穩定在分權制衡體系之下，而是由於兩種不同解讀的存在而不斷產生緊張關係。如果兩種主流認

---

47. 2014 年後，香港的公民社會成為獨立於香港政黨政治之外的獨立的社會力量。受制於《基本法》所設定的行政主導體制，香港的代議機構難以制衡行政長官和行政機構。這種情況下，除了立法會中的不信任案和拉布之外，動員大規模公民抗議成為阻止行政長官決策的重要機制。甚至有取代傳統議會政黨政治的趨勢。例如，2003 年《國家安全法條例草案》（即 23 條立法）和 2014 年憲法改革方案流產之前雖然都發生了大規模公民遊行抗議，但仍然完成了立法程序。但 2019 年大規模抗議直接迫使政府放棄了引渡條例草案。這一變化意味著香港政治進一步去中心化和反建制，也意味著對行政長官權力的制約有了新的來源。由於香港公民抗議的去中心化屬性和「游擊戰術」，這也意味著，如果香港不能提供更加制度化的議事平台，未來香港達成政治共識將更加困難。

識不能和解，而是希望回歸行政主導或堅持分權制衡，那麼有關行政長官的政治僵局就會持續存在。即使香港實行普選，也難以紓解。因為兩種認識分別依托於不同的話語體系（主權與治權話語對自治與法治話語），通過不同的有權機構表達（全國人大常委會、香港立法會、香港法院），並持續地分化香港本土政治表達。

　　這一僵局以及隨之而來的政治分化後果十分嚴峻。法律現實主義視角有助於我們認識這一僵局，但打破這一僵局需要北京和香港共同做出政治選擇。第一種選擇是強化行政主導。2020 年之後，中央政府主動通過國家安全立法，通過國家安全委員會和國家安全顧問等機構，強化中央政府與特別行政區行政長官和政府之間的聯繫。全國人大常委會和國務院港澳辦等機構也通過不同管道再次強調北京對「行政主導體制」的支持。這些決策的主要傾向是抑制立法權、司法權和社會運動以維護行政主導，是一種零和博弈。不過，希望香港恢復到港英時期的行政主導或《基本法》預設的行政主導體制基本上是不現實的。如上所述，對行政權的制約是二十年來通過政治實踐和司法實踐逐漸形成的，改變這一現狀缺乏共識。中央政府可以支持行政部門行使權力，但不太可能撤銷已經成為憲法性慣例的政治和司法實踐。不但如此，香港的行政主導體制受制於《基本法》的規定，無論如何不可能「恢復原廠設定」，重新回到港英時期的總督集權體制。

　　第二種選擇是強化分權事實，促成香港政府和北京接受弱化的行政長官權力。香港政黨政治轉向街頭政治之後，政治動員的主要基礎是自由民主等普世價值，運動領袖似乎也希望通過不斷發起政治運動倒逼北京支持香港普選。這一思路頗有「道德綁架」的意味。但除非北京接納普世價值設定，否則無法促成倒逼。此外，即使香港實行普選並且特首由普選產生，如果不解決香港的政治分裂問題，伴隨行政長官的管治危機也將持續存在。因為決定特首執政能力的，除了其權力來源之外，還需要考慮其與立法會和司法機構之間的關係，以及香港特區與北京中央政府之間的關係。尤其是，現行《基本法》中的特首是沒有黨派，也不參與立法會黨爭的。實踐中，這在一定程度上削弱了

政黨對特首的支持，但其初衷是避免特首政治身份產生的政治對立。如果特首由普選產生，候選人就必須強化其政黨身份以獲得更加強有力的支持，這意味着特首必須參與黨爭。如果香港政治未來仍然是撕裂的，中央政府仍然堅定地支持建制派而堅定地排斥反建制派，普選將進一步激化矛盾。

第三種思路以法律現實主義為基礎。這一思路不對行政主導或三權分立論進行價值判斷，而是認為香港行政長官權力的行使，不僅需要歷史，也需要理想；不僅需要考慮香港本土的政治現實，也需要考慮香港和中國之間的政治現實。以此觀之，分權論與行政主導論對行政長官權力的認識分別強調了部分合法性依據和現實基礎：行政主導論強調立法原意和香港政治發展與中國之間的現實聯繫；而分權論強調香港本土的自由主義訴求和基於政治實踐形成的分權格局。

相應地，第三種思路下解決香港管治危機的關鍵是認真對待兩方面的政治主張和利益訴求：一方面是香港本地的不同政黨和不同訴求，另一方面是中國的主權利益和一體化訴求，並在此前提下重新開始有關特首和立法會普選的政治對話。其中，普選中最重要的設計就是要做好不同政黨當選特首及立法會多數派的準備。有執政、參政要求，立法會議席的開放滿足了政黨參政的訴求，但如果他們仍然是「功能缺失性政黨」，因政黨身份或意識形態而不能問鼎行政長官，那相當於為行政長官人為地製造了對立面和永久的反對派，同時也會鼓勵平庸依附或街頭政治。

這一思路對北京是有挑戰性的，需要北京放棄對功能選區協調各方面利益功能的依賴。有人似乎無法理解，為什麼港英時期普遍受到肯定的功能選區制度在香港廣受批評。甚至有論者視之為香港的殖民地心理作祟。但這種不理解就像阿Q不理解「和尚摸得，我摸不得？」一樣。功能界別在港英時期也是港人的次優選擇，只不過功能界別與港督大權獨攬相比是極大的進步。但香港已經不再是殖民地，功能界別制度與普通分區選舉相比，對某些功能團體的利益傾斜和賦權過重，不但起不到協調各方面利益的作用，反而可能導致各方面利益不

平衡。因此,不能簡單地因為功能界別制度是延續港英時期選舉制度而認為反對者是雙重標準。

實際上,北京採取更加持中的立場是可能的。在香港政治轉向政治對立、廣場化和街頭化之前,北京對行政主導和分權制衡兩種持論都採取了模糊處理。彼時香港司法機構在進行司法覆核時,幾乎無一例外會強調分權制衡作為其憲法性管轄權的基礎。甚至香港政府自身,也不乏肯定香港分權政治的發言。在 2019 年之前,北京即使強調基本法立法原意是行政主導,也沒有直接聲明反對法院判決支持分權論。而時普遍採取了「睜一隻眼閉一隻眼」、「各自表述」式折衷處理。相應地,香港社會的抵抗,也多數是通過建制內的訴訟或政黨政治。相較於游擊式的街頭政治,這是更加和平、理性和建設性的選擇。

中國是單一制國家,香港特區是一個直轄於中央人民政府的地方行政區域(《基本法》第 12 條)。特區「高度自治」並沒有改變中國對香港的實際控制權。中央政府對特區行政長官和主要官員有實質任命權,行政長官在法律上和政治上對香港負責,也要對中央政府負責。香港的政治團體對此政治環境需要有認識,而中央政府也需要逐漸中立化,對國民開放更大的參政議政空間,從而真正實現香港管治的去殖民化和本地化。

第六章

「民主悖論」與強權特首
以《香港基本法》第48條第2項為中心的分析

❀❀❀❀❀❀❀❀❀❀❀❀❀❀❀❀

夏引業

重慶大學法學院副教授

一、引言

這是一個充滿悖論的世界。

縱觀世界歷史，人類社會是一個由蒙昧走向文明、由專制走向民主、由必然王國走向自由王國的過程。但是，人類在不斷超越自我的同時，又不斷作繭自縛：在創造文明的同時卻又不斷地為文明所困；追求民主卻又不時引致獨裁，甚或民主亦需要通過集權政治的方式維持。西方歷史學者曾慨歎，文明之於人類到底是詛咒還是福音？[1] 同樣，民主之於某個國家或地區，到底是福祉還是噩夢？[2]

香港不幸地陷入此種民主悖論，並集中體現為特首制度困境，特首的選舉、產生及其權力行使不斷引發新的政治、社會問題。自回歸

---

* 根據《香港基本法》第43條，行政長官是特別行政區首長，即特首。然而需要指出的是，「行政長官」與「特首」的語義重心有所不同，為行文方便，本文混同使用這兩個概念。

1. 參見〔美〕斯塔夫里阿諾斯：《全球通史：從史前史到21世紀》，董書慧等譯，北京大學出版社，2005年版，第195頁。

2. 關於對以美國為代表的西式民主的反思與批評，參見本書編寫組：《西式民主怎麼了 —— 西方人士評西方民主》，學習出版社，2014年版。

以來，香港居民的自由與民主權利發生了根本變化，但香港社會似乎總被這樣一種情結所困擾，──不滿意於基本法設定的民主發展軌道，而要求法外的、「國際標準」的「雙普選」，尤其是對特首普選耿耿於懷。以 2014 年非法「佔中」要求「雙普選」為轉捩點，香港社會掀起了一波又一波「民主浪潮」，政治爭拗一茬接一茬，日益陷入「泛政治化」的泥潭，2019 年 6 月爆發的「修例風波」至今餘波未平。香港政治本就風高浪急、風雲變幻，中美大國政治博弈、新冠疫情防控等時代背景使得香港經濟社會發展雪上加霜，社會秩序持續惡化，特首施政步履維艱，民生愈益雕敝。香港終將走向何方，去向何處？在世界百年大變局中將如何自處？在中華民族偉大復興的徵途中將扮演何種角色？

香港要走出困局、擺脫困境的關鍵仍在於特首。中共十九大報告提出，「要支持特別行政區政府和行政長官依法施政」；[3] 中共十九屆四中全會則進一步提出，要「完善行政長官和主要官員的任免制度和機制」「健全特別行政區行政長官對中央負責的制度，支持行政長官和特別行政區政府依法施政」。[4] 前述論述至少包含如下三層意思：一是，充分意識到香港近年來的政治風波均與特首有關；二是，「支援」「完善」「健全」等關鍵字則表明，香港特首依法施政困難重重，香港特首制度存在重大問題；三是，由「支持特別行政行區政府和行政長官依法施政」到「支持行政長官和特別行政區政府依法施政」表述的變化，進一步突出了「行政主導」制的意涵，以及特首在香港政治體制中的核心地位。

本文以《香港基本法》第 48 條第 2 項有關特首職權的規定為例，通過對該條款的規範含義與實踐困境的分析，試圖從一個側面說明：近

---

3. 習近平：《決勝全面建成小康社會 奪取新時代中國特色社會主義偉大勝利──在中國共產黨第十九次全國代表大會上的報告》，人民出版社，2017 年版，第 55 頁。

4. 〈中共中央關於堅持和完善中國特色社會主義制度 推進國家治理體系和治理能力現代化若干重大問題的決定〉，《人民日報》2019 年 11 月 6 日，第 6 版。

年來圍繞特首而引發的爭端、風波，最終引致今日的困局，特首「權」「能」不匹配是重要的癥結所在。《香港基本法》設計的特首制度，對回歸前的港督體制有所因襲，又有所損益，屬於強權特首。[5] 中央反覆強調香港的政治體制為「行政主導」制，也蘊含着對強權特首的肯定與期待。[6] 但是，香港回歸後，原「港督制」運作的環境與條件已經發生了根本變化，《基本法》設計的強權特首至今無法實現。毫無疑問，特首制度運作如何，直接關係到香港的未來。回歸《香港基本法》，回歸強權特首，是香港恢復秩序、重回正軌雖非充分卻為必要條件。隨着《香港國安法》的頒佈實施，以及局勢的進一步發展，一些積極因素正在醞釀變化之中。

二、《香港基本法》第 48 條第 2 項的意義空間

《香港基本法》第 48 條第 2 項的內容為：「香港特別行政區行政長官行使下列職權：……（2）負責執行本法和依照本法適用於香港特別行政區的其他法律」。該條款包含有三組關鍵字，分別是：「負責」「執行」「本法和依照本法適用與香港特別行政區的其他法律」，下面逐一分析以探明該條款的含義。

（一）「負責」

《香港基本法》涉及「負責」一詞的有多處，如第 13 條的「中央人民政府負責管理香港特別行政區有關的外交事務」；第 14 條「中央人民政府負責管理香港特別行政區的防務」「香港特別行政區負責維持香港特別行政區的社會治安」等。此外，涉及行政長官「負責」的其他條款的

---

5. 參見蕭蔚雲：〈香港特別行政區行政長官與行政機關〉，《論香港基本法》，北京大學出版社，2003 年版，第 123 頁。

6. 參見〈國務院港澳辦發言人：關於香港特別行政區實行「三權分立」的說法必須糾正〉，《新華網》2020 年 9 月 7 日，網址：http://www.xinhuanet.com/2020-09/07/c_1126463856.htm。

還有第 43 條，「香港特別行政區行政長官依照本法的規定對中央人民政府和香港特別行政區負責」。對於《香港基本法》中的「負責」，有學者認為既有橫向的負責，亦有縱向的負責；[7] 既可以是一種政治責任，又可以是一種行政責任。[8]

筆者認為，「負責」，即承擔責任，從語義上講包含兩層含義，一是職權，二是職責，前者說明享有某種權力，後者說明此種權力不可放棄，必須行使且必須恰當行使。如果採取「享有某種權力」的措辭，則少了「該種權力不可放棄」的意思。此外，還可以參考基本法的官方英文譯本來明晰該詞的含義。《香港基本法》英文版對「負責」一詞的譯法有二，一是 "shall (to) be responsible for"，另一是 "shall be accountable to". 前者同時包含了職權與職責兩重含義，後者的語義重心則更加強調「職責」。《香港基本法》第 48 條第 2 項「負責」的對應英文譯文為 "to be responsible for"，同時強調了「職權」與「職責」的雙重含義，也就是說，第 48 條第 2 項所列明的權力為行政長官之重要職權，不可放棄，而且必須履行好，——此點非常重要。

(二)「執行」

該條款中的「執行」最富爭議。根據《現代漢語小詞典》(辭海版)，「執行」的意義為「實施、實行」。[9]《同義詞大辭典辭海版》則將「執行」解釋為「把政策、法令、決議、計畫、判決等付諸實施」，「執行」的同義詞有「履行」「施行」「實行」。綜合來看，「執行」一詞本身並不複雜，含義淺顯明白，其基本的意思就是貫徹實施，將法律、法令、政策的有關規定付諸實踐。

---

7. 參見馬嶺：〈提請解釋香港基本法主體的合理範圍〉，《法學》2016 年第 4 期。

8. 參見蔡定劍：《憲法解釋》，法律出版社，2004 年版，第 422 頁。

9. 唐文辭書編委會編：《辭海版現代漢語小詞典：雙色本》，上海辭書出版社，2020 年版，第 1255 頁。

然而，將該詞置於第 48 條第 2 項立馬就變得含混了，爭議就產生了。如果「執行」可以理解為「實施」，那麼「執行基本法」也就等同於「實施基本法」。有學者對此提出質疑，認為不能將「執行基本法」與「實施基本法」混同，後者既包括政府執行基本法，又包括法院適用基本法。如果行政長官負責「實施基本法」，那麼就意味着其具有監督法院適用基本法的權力，而這已經超出了行政長官依據第 48 條第 2 項所擁有的許可權範圍。【10】

筆者認為，前述爭議的實質不在於「執行」本身，而在於「執行」與其賓語組合後產生的歧義性。「執行」帶上賓語「本法」（即「《香港基本法》」）和「依照本法適用於香港特別行政區的其他法律」（簡稱「其他法律」）後也就生成了具體語境，而此語境又可以從不同角度予以解讀。以「執行基本法」為例，我們可以從最寬泛與最狹窄兩個層面來理解其意義。

在其最寬泛的意義上，「執行」的意義即實施，「執行基本法」也就是「實施基本法」，如此，行政長官僅依據該條款就獲得了十分寬泛的職權，這些職權並不限於基本法所明確列舉的具體可實施的權力。例如，《香港基本法》第 43 條規定，行政長官代表香港特別行政區。據此，完全可以推導出行政長官享有某種統合性權力以及實施基本法的便宜之權，否則如何代表？行政長官「執行基本法」的權力當然也同時涵攝了某種統合性權力和便宜性權力。在與立法、司法的關係上，行政長官則處於某種凌駕性的優越地位。當然，「凌駕」並非直接下命指導，而是立法機關、司法機關對行政長官的某些決策、決定，應該保持一定的尊重、尊讓。在某些情形下，行政長官還擁有監督立法會、香港法院的權力。譬如，遇有立法會「拉布」致使一些動議無限期擱置的情形，這就意味着基本法實施出現了問題，行政長官完全可以採取適當的方式（如發送問詢函、表達質疑、闡明立場以及合理要求）等方式予以監督。而對於行政長官的某些決定，特別是那些政治性很強的決定，香港法院

---

10. 參見馬嶺：〈提請解釋香港基本法主體的合理範圍〉，《法學》2016 年第 4 期。

應當避讓，而不應將行政長官的所有行為納入審查。[11] 此外，根據《香港基本法》第 88 條、第 89 條，行政長官具有在特定情形下任免法官的權力，但是到目前為止，行政長官的此兩項權力僅具形式意義，而從理論上講，行政長官完全可以行使實質性的法官任免權。

就其最狹窄的意義而言，「執行」僅限於基本法所明確列舉可實施的權力。為此，行政長官代表香港特別行政區僅具有象徵意義，第 48 條第 1 項所列示的領導特區政府的權力由於過於寬泛模糊而難以行使，行政長官的職權主要限於作為行政分支的首長所享有的權力。在與立法機關、司法機關的關係上，行政長官則不具「凌駕」的地位。立法會及其運作完全排斥行政長官的介入的可能性，行政長官所有行為法院均可審查，行政長官對法官的任免權僅僅是形式性的、程序性的等等。

「執行基本法」的最寬泛意義符合「行政主導」的精神，最狹窄的意義則符合「三權分立」的立場。從《香港基本法》英文譯本來看，第 48 條第 2 項「執行」的對應英文單詞為 "implementation" 而非 "execute"，此處將「執行」理解為「實施」的意圖很明顯。由於某項不明晰、十分寬鬆的權力規定，其具體內容為何很大程度上取決於實際的運作情況，需要在實踐中不斷予以充實、豐富和發展，因此在最寬泛與最狹窄之間，還有許多中間地帶。

(三)「本法和依照本法適用於香港特別行政區的其他法律」

此處之「本法」指「《香港基本法》」。「依照本法適用於香港特別行政區的其他法律」，即「其他法律」則包括三種情況：一是列於《香港基本法》附件三的全國性法律。二是予以保留的回歸前的原有法律。《香港基本法》第 8 條規定，香港回歸前的原有法律除與《基本法》牴觸或經香港特別行政區立法機關予以修改外，仍舊保留為香港特別行政區的法律，第 160 條則進一步授權全國人大常委會對香港原有法律進行審

---

11. 令人十分遺憾的是，這些本可合理推導出來的權力，至今未有聲音提出過。行政長官不能、不該行使這些權力似乎已經成了基本的常識和價值取向。

查判斷。為此，全國人大常委會於 1997 年 2 月出台了一個關於處理香港原有法律的決定，除了指明哪些法律予以保留，還對保留的原有法律需要處理的技術性問題作了具體規定。[12] 三是香港特別行政區立法機關制定的法律。[13] 總括起來，「本法和依照本法適用於香港特別行政區的其他法律」就是香港特別行政區現行有效的法律。

綜上，行政長官依照《香港基本法》第 48 條第 2 項所獲之權力具有很大的伸縮性，但無論作何種理解，行政長官恰當地行使該項權力既是職權又是職責，其必須認真行使，不得消極懈怠。

三、《香港基本法》第 48 條第 2 項的實踐困境

香港回歸 20 多年來，涉及《基本法》第 48 條第 2 項的實例並不多見，其中引發社會廣泛關注、爭議較大的有兩次。一次是第一任行政長官董建華先生明確依據該條款主動向中央人民政府請求解釋基本法，第二次則是現任特首林鄭月娥援引《緊急情況規例條例》訂立《禁止蒙面法》。下面就以行政長官這兩次的權力行使及其相關問題來說明《香港基本法》第 48 條第 2 項的實踐情況。

（一）董建華提請解釋報告

第一任行政長官董建華曾明確援引《基本法》第 48 條第 2 項。在 1999 年的「吳嘉玲案」中，香港終審法院判決所有香港人在內地所生子女，無論是否婚生，均可行使居港權，且無須內地相關機構批准即可進入香港定居。[14] 照此判決，未來 10 年內將有 167 萬人從內地移居香

---

12. 參見〈全國人民代表大會常務委員會關於根據《中華人民共和國香港特別行政區基本法》第一百六十條處理香港原有法律的決定〉，《中國人大網》，網址：
    http://www.npc.gov.cn/wxzl/gongbao/1997-02/23/content_1480143.htm。

13. 參見許崇德：〈簡析香港特別行政區實行的法律〉，《中國法學》1997 年第 3 期；楊靜輝、楊詳琴：《港澳基本法比較研究》（第二版），北京大學出版社，2017 年版，第 114-115 頁。

14. See *Na Ka Ling and Others v. The Director of Immigration*, FACV14/1998.

港。香港特區政府表示無法承受該項判決所產生的人口壓力，於是主動提請全國人大常委會解釋《香港基本法》有關條文。1999 年 5 月 20 日，時任行政長官董建華向國務院提交了《關於提請中央人民政府協助解決實施〈中華人民共和國香港特別行政區基本法〉有關條款所遇問題的報告》，明確表示「根據《基本法》第 43 條和第 48 條第（2）項的有關規定，就執行《基本法》有關條款所遇問題，向中央政府報告，並提請協助⋯⋯」。這是香港回歸後，行政長官在對外公開的正式公文中首次援引第 48 條第 2 項，首次明確行使該項權力。

　　無論是香港還是內地，該報告都引發一定的學術爭議。具體到行政長官依據基本法第 48 條第 2 項享有的職權，有學者注意到，報告標題的措辭是「實施基本法」，而報告末尾則使用了「執行基本法」，這顯然混淆了「實施」與「執行」、「實施基本法」與「執行基本法」，並以此出發質疑行政長官作為解釋基本法的提請主體的合法性。[15] 筆者認為，這實際上是在較為狹窄的層面理解「執行基本法」，若從較為寬泛的意義上理解「執行基本法」，從《基本法》第 48 條第 2 項推導出提請解釋基本法的權力，無論從文義的角度還是基本法體系性的角度，並不存在任何牽強之處。之所以有爭議，還在於看問題的角度和立場不同。

　　儘管董特首援引《香港基本法》第 48 條第 2 項推導出了一項《基本法》所未明確列舉的權力，引發頗大的爭議，但是次權力運用總體被認為效果良好，學術爭論並不影響行政長官獲得提請解釋基本法的權力。

（二）林鄭訂立《禁止蒙面規例》

　　另一與該項規定有關的場合是 20 年後。2019 年 6 月，香港爆發「修例風波」，激進分子黑衣蒙面，上街「攬炒」打砸，甚至上演「火燒活人」的慘劇，香港社會秩序受到嚴峻挑戰。為應對此種危殆情勢，同年 10 月，行政長官林鄭月娥會同行政會議引用《緊急情況規例條例》訂立《禁止蒙面規例》。然而，林鄭此舉的合法性立即迎來質疑和挑戰，

---

15. 參見馬嶺：〈提請解釋香港基本法主體的合理範圍〉，《法學》2016 年第 4 期。

反對派先是向香港高等法院原訟法庭申請司法覆核，而後香港高等法院原訟法庭裁定《緊急情況規例條例》部分違反基本法無效，《禁止蒙面規例》「違憲」。對此，全國人大法工委、國務院港澳辦、香港中聯辦罕見地密集發聲，紛紛表達「嚴重關切」和「強烈不滿」。[16] 11 月 25 日，香港律政司向高等法院提出上訴。2020 年 4 月 9 日，香港高等法院上訴庭改判《禁蒙面規例》「合憲」。

香港高等法院一審、二審的判決均提到《香港基本法》第 48 條，判決的結果卻截然相反。一審判決認為根據基本法，香港立法會是立法機關，享有立法權，行政長官與行政分支是行政機關，享有附屬立法的權力，立法會不得讓渡或授予行政機關一般性的立法權力，行政長官會同行政會議徑直訂立《禁止蒙面規例》違憲。[17] 二審判決則認為行政長官是特別行政區的首長，根據基本法享有廣泛的權力，但是行政長官不具有一般立法權，而享有附屬立法權，《禁止蒙面規例》是行政長官在緊急情況下的必要的附屬性立法，因而合憲。[18] 頗為遺憾的是，一、二審判決都沒有直接、具體地提及第 48 條第 2 項，更沒有像內地學者那樣對該條款展開縝密的「規範分析」。這充分顯露了司法判決的政治性，香港高等法院的判決結果與其說受制於法律條款的內容，不如說更受制於對待該條款的政治立場和政治態度，特別是面對意義空間如此巨大的法律條文，法官完全可以根據立場和態度伸縮自如地作出「有說服力」的解釋。

---

16. 參見〈全國人大常委會法工委發言人就香港法院有關司法覆核案判決發表談話〉，《中國人大網》2019 年 11 月 19 日，網址：http://www.npc.gov.cn/npc/c30834/201911/a9d53f09459f4a5aa9 9ecf986290bf96.shtml；〈國務院港澳辦發言人對香港法院有關司法覆核案判決表示強烈關注〉，《國務院港澳事務辦公室官網》，2019 年 11 月 19 日，網址：https://www.hmo.gov.cn/xwzx/ xwfb/xwfb_child/201911/t20191119_21439.html；〈中央政府駐港聯絡辦負責人就香港高等法院原訟法庭有關司法覆核案判決接受新華社訪問〉，《中央政府駐港聯絡辦官網》，2019 年 11 月 19 日，網址：http://www.locpg.gov.cn/jsdt/2019-11/19/c_1210360751.htm。

17. See *Kwok Wing Hang and others v. Chief Executive in Council and another*, HCAL2945A/2019, para.35.

18. See *Kwok Wing Hang and others v. Chief Executive in Council and another*, CACV542A/2019, para.92, 109, 110.

內地學者則明確援引《香港基本法》第 48 條第 2 項來為行政長官緊急立法行為辯護。中國（深圳）綜合開發研究院港澳及區域發展研究所執行所長王萬裏認為，《香港基本法》第 48 條第 2 項的規定是特別行政區行政主導政治體制的關鍵所在，該條款賦予了行政長官重大憲制職權。緊急法是香港現行有效法律，根據該法，在出現緊急情況或危害公共安全的情況時，行政長官得會同行政會議訂立任何其認為合乎公眾利益的規例。[19] 此外，澳門大學汪超博士對《禁止蒙面規例條例》的「合憲」性開展了精細化的論證研究工作，頗受學界認可。[20]

在筆者看來，《禁止蒙面規例條例》的合憲（基本法）性本就不該受到質疑和挑戰。《基本法》第 48 條第 2 項授權行政長官除了負責執行基本法外，還負責執行「其他法律」，根據全國人大常委會 1997 年《關於根據〈中華人民共和國香港特別行政區基本法〉第一百六十條處理香港原有法律的決定》（簡稱「關於處理原有法律的決定」），《緊急情況條例》屬於回歸後香港保留的「原有法律」，即香港現行有效的法律。1997 年 7 月 1 日，在香港回歸後的第一天，臨時立法會即緊急制定通過《香港回歸條例》，對全國人大常委會關於處理原有法律的決定進行了細化規定，嗣後又根據情況變化有所損益修訂。根據 2017 年 2 月 15 日最後更新的《香港回歸條例》第 7 條第 1 款規定，「已採用為特區法律的香港原有法律，即普通法、衡平法、條例、附屬法例（亦指附屬立法）及習慣法，繼續適用」，[21]《緊急情況條例》屬於「保留原有法律」無疑。行政長官依《緊急情況條例》的授權訂立《禁止蒙面規例條例》，其法理基礎的邏輯鏈條十分清楚，即使對《基本法》第 48 條第 2 項採取最為狹窄

19. 參見王堯、程龍：〈內地專家學者談香港《禁止蒙面規例》──合法合理 毋庸置疑〉，《人民日報》2019 年 10 月 30 日，第 7 版。

20. 參見汪超：〈反蒙面法與表達自由的憲法邊界：蒙面的法律性質，比例原則與基本法〉，《澳門法學》2020 年第 2 期。

21. 《香港回歸條例》第 7 條第 1 款，載電子版香港法例官方網站 A601 號，網址：https://www.elegislation.gov.hk/index/chapternumber/others?START_ENTRIES=Y&p0=3&TYPE=1&TYPE=2&TYPE=3&LANGUAGE=C。

的解釋，該行為也不存在任何逾越法律的嫌疑。而從該法訂立的社會背景來看，該法的出台具有明顯的緊迫性，行政長官必須儘快作出政治決斷，根據前文對「負責」的解釋，如果行政長官此時不採取任何措施，反而失職。此種情況下，香港法院保持必要的尊重，採取中立避讓的態度將該案排除於司法審查範圍之外或許才是最為明智的。司法獨立並不意味着司法統治，即便是司法審查濫觴與發達的美國，也在司法實踐中確立了「政治問題不受審查」的原則以保持司法自律。【22】香港高等法院的積極介入使得相關司法過程更像是一場政治鬧劇，本身就帶有「司法政治化」的嫌疑。

（三）癥結：特首「權」「能」不匹配

前述兩個實例均與《香港基本法》第 48 條第 2 項有關，第一個實例「執行」的對象是《香港基本法》，第二個實例則為「其他法律」。第一個實例中，《香港基本法》其他條款並沒有明確授予行政長官提請解釋基本法的權力，但董建華根據第 48 條第 2 項行使了該項權力。在第二個實例中，林鄭是在最為狹窄意義上行使了該項權力。現行有效的《緊急情況條例》明確授予行政長官訂立緊急法的職權，林鄭十分謹慎地行使了該項權力。兩個實例無一例外都引發社會爭議，所不同的是，對董建華報告的爭議更多地停留於學術討論的層面，積極的社會評價居主流地位；而林鄭十分謹慎規矩的行為，則不僅遭遇反對派的抵制，而且引發司法機關的審查、對抗。

兩個實例均反映了香港特首制度的實施困境，即特首「權」「能」不匹配。這或許可以說是《香港基本法》在實施中最大的制度破綻，也是完善香港實施憲法和基本法的有關制度的最應着力解決的問題。一方面，特首是香港特別行政區的首腦，地位崇隆，待遇優渥，「有權」。

---

22. 回歸後的香港法院十分積極而迫切地攫得了司法審查權（包括違反基本法的審查權），但卻沒有像美國法院那樣充分意識到司法自律的重要性。關於美國法院的「政治問題不審查」原則，可參見張千帆：《西方憲政體系（上·美國憲法）》（第二版），中國政法大學出版社，2004 年版，第 76–81 頁。

《香港基本法》專節（第四章第一節）對行政長官作了規定，他／她既是香港特別行政區的首長，又是香港特別行政區政府的首長；享有極為廣泛的權力，包括一些十分抽象的、概括性的權力，如代表特別行政區、領導特區政府、執行基本法和其他法律的權力等等。此外，據媒體披露，香港特別行政區行政長官年薪 400 萬港幣以上，享受專門的官邸禮賓府，其英文頭銜前按慣例要加上"The Honourable"，其座駕車牌為香港特別行政區區徽；等等。另一方面，特首的實際權能卻受到了極大的壓制與限制，「無能」。

香港特首駕馭權力的實際權能受到了諸多因素限制：

其一，缺乏強有力的政黨力量的支持。有學者將回歸後的香港的政黨政治概括為「半政黨政治」，其重要特徵之一就是行政長官去政黨化。首先是參選資格的去政黨化。根據《行政長官選舉條例》，行政長官候選人必須以個人身份參選，具有政黨身份的須先行退出該身份才可表明參選意願。其次是特首施政的去政黨化。候選人一旦當選為行政長官，必須在 7 個工作日公開發出一項法定聲明，表明其非政黨成員身份，以及在任期內不會加入任何政黨，其施政不受任何黨紀的約束。[23] 實踐中，行政長官的歷次選舉，選舉委員會正式提名的候選人亦均無任何政黨背景。行政長官去政黨化的本意是為了保持香港回歸前後的政治穩定，避免黨爭，保持行政長官的中立超然地位。[24] 然而，政治紛爭不會因為不希望發生就不發生，由於行政長官缺乏強有力的政黨力量支持，這使得其在香港的政治紛爭中人單勢孤，無所憑依，往往處於被「群毆」的地位。

其二，缺乏公務員系統的有力支援。中國以「一國兩制」的方式收回香港，從香港的角度而言，則是以簡單的「改旗易幟」的方式實現回

---

23. 《行政長官選舉條例》第 16 條第 7 款，第 31 條，載電子版香港法例官方網站 569 號，網址：https://www.elegislation.gov.hk/index/chapternumber/others?START_ENTRIES=Y&p0=1&TYPE=1&TYPE=2&TYPE=3&LANGUAGE=C&TITLE=%E8%A1%8C%E6%94%BF%E9%95%BF%E5%AE%98%E9%80%89%E4%B8%BE%E6%9D%A1%E4%BE%8B。

24. 參見曹旭東：〈香港政黨政治的制度空間〉，《法學》2013 年第 2 期。

歸，雖然香港「變天」了，憲制基礎發生了根本變化，但「馬照跑、舞照跳」，香港原有的社會結構和官僚體系依舊保留下來。根據《香港回歸條例》，不但回歸前的原有法律基本上得以保留延用，而且原有的的公務人員體系、公職人員的權力與責任也延續到回歸後，這種延續包括職位的延續、權力的延續以及公職人員的先前作為在回歸後依然有效等。[25] 那麼，原先效忠於港英政府的精英團體，特別是公務員隊伍，如何保證他們回歸後對祖國以及「改旗易幟」後的特區政府的忠誠？[26] 或有觀點認為，「政治中立」可以確保公務員秉公辦事，確保他們不至於成為體制內的破壞力量。但事實是，由於缺乏對香港精英團體，包括公務員隊伍的忠誠意識的規訓、塑造與培育，導致了香港精英團體在一些關鍵時候與特首「同床異夢」，公務員加入反對派陣營，甚至參與「黑暴」遊行的事件已非個案。[27]

其三，立法會與香港法院的雙向夾擊。《香港基本法》所確立的政治體制，在行政與立法的關係上，是行政與立法相互制約、相互配合，重在配合。行政長官有權解散立法會，立法會可以要求行政長官辭職，但兩種情況都規定了嚴格的條件，實際上很難發生，在行政與

---

25. 參見《香港回歸條例》第 VII 部，載電子版香港法例官方網站 A601 號，網址：https://www.elegislation.gov.hk/index/chapternumber/others?START_ENTRIES=Y&p0=3&TYPE=1&TYPE=2&TYPE=3&LANGUAGE=C。

26. 有學者曾敏銳地指出，回歸後香港的「新政權建設是在舊政權的強大殘餘影響下進行的，舊政權以某種形式存在於新政權母體之內，但卻與新政權格格不入」。參見魏磊傑：〈香港管治困境的癥結與出路〉，《國際政治研究》2017 年第 1 期。

27. 2019 年 8 月 2 日晚，香港「修例風波」後出現了宣稱以公務員為主體、以「公僕全人（意同「同仁」），與民同行」為主題的集會，警方估計約有 1.3 萬人參與。另有多名自稱公務員者匿名連署呼籲其他公務員參與反對派發起的 8 月 5 日全港大罷工，以癱瘓特區政府。為此，有學者呼籲香港公務員要注意「政治中立」原則。參見王若愚：〈有必要重申下香港公務員政治中立原則〉，《觀察者網》，2019 年 8 月 6 日，網址：
https://www.sohu.com/a/331742595_115479。有香港學者在考察香港公務員「政治中立」制度及其實踐的基礎上提出，香港應該重視並參考德國公務員宣誓效忠憲法、積極維護憲法秩序和基本制度、不得加入敵視憲法的政黨等制度規定。參見何建宗：〈香港特區公務員「政治中立」芻議〉，《行政法論叢》2017 年第 2 期。

立法的關係上，主要體現為行政主導。【28】然而在實踐中，特別行政區政府的動議或提案經常因為立法會的「拉布」（英語為"filibuster"）而遲滯，而難產；另一方面，香港法院在 1999 年的「吳嘉玲案」中獲得「違憲」（基本法）審查權，特別行政區政府從此置於香港法院的司法審查監督之下。在立法鉗制掣肘、司法審查監督雙向夾擊之下，行政權大為萎縮，行政長官的實際權能大為受限。

其四，強大的體制外力量的存在。2014 年的非法「佔中」運動、2019 年的「修例風波」，對抗與破壞活動的高度計劃性、嚴密組織性，及其背後的資金支援，均顯示香港社會潛藏着與特區政府對抗的體制外力量，這恐怕不能簡單地歸為西方反華勢力以及顯在的香港反對派，而說明在香港存在着強大的與特區政府相抗衡的體制外力量或其聯盟。【29】

總而言之，行政長官在《香港基本法》上確實地位崇高、權力廣泛，但其權力運行既同時受到體制外與體制內的力量的雙向夾擊，又同時受到立法與司法的雙重壓制，實際權能大幅壓縮。此外，歷任行政長官自身對基本法授予的權力運用得也不充分，並逐漸形成了某種慣例，從而進一步限制了自身的權力，「有權無能」的形象逐漸形成並被認為是理所當然。【30】

權力之順暢運行要求相應的權能與之匹配，在「權」「能」不匹配的情況下，就更加凸顯了行政長官自身因素的重要性。毫無疑問，權

---

28. 參見蕭蔚雲：〈論以行政為主導的香港特別行政區政治體制〉，《論香港基本法》，北京大學出版社，2003 年版，第 832–833 頁。

29. 有學者指出，歐美發達國家在香港都有重大利益，都有不同的勢力範圍和代理人，那麼對於香港事務，誰都想插上一手。參見楊靜輝、李祥琴：《港澳基本法比較研究》（第二版），北京大學出版社，2017 年版，第 4 頁。

30. 香港回歸後的政治體制設計，一定程度上參酌了回歸前的政治體制。《香港基本法》的立法者認為回歸前香港的強行政主導制和高效的公務員體制有其可取之處，為此《香港基本法》也建立了類似的強行政主導體制以及政治中立的公務員體系。但是，回歸前的香港「強行政主導制」運行的環境和條件在回歸後已經發生了很大的變化，回歸後香港的「行政主導制」逐步陷入了某種困境。參見馬嶽：《香港政治發展歷程與核心課題》，香港中文大學出版社，2010 年版，第 64 頁。

力的實際運用與掌權者自身的素質、家庭背景、聲望地位密切相關。同樣一個職位，同樣的權力，不同的領導者對權力的駕馭情況不盡相同，有的能將權力的效用發揮至極致，有的則被迫限縮於極狹小的範圍之內。特首是香港政治體制的核心、媒體追逐的焦點，對於這樣一個令人「眼紅」的職位，各方勢力必然要激烈爭奪，這也決定了無論誰榮獲此職，即立於風口浪尖。相比於董建華多方考慮，有備而來，林鄭月娥原本無意於特首權位，歷史機緣使其榮膺此職，必然驚險異常，挑剔、指摘與對抗紛至遝來也就毫不奇怪。

四、代結語：強權特首與香港未來

本文初稿行將結束之時，香港關於其政治體制究竟是「行政主導」還是「三權分立」的討論剛剛退潮。令人頗為意外的是，此次討論卻是由林鄭特首的媒體講話引起，「從今天開始、從我這屆政府開始，我們很重視正本清源、撥亂反正，正確的說話要有膽量說出來，否則不斷把不正確的說話或混淆的說話傳播開去，便失去了原本的意義」。[31] 充滿底氣與剛氣的言辭，是否表明林鄭特首已經意識到需要向強權特首回歸？[32]

本文通過對《香港基本法》第 48 條第 2 項這麼一個彈性條款的解讀，試圖說明兩方面的問題：一是《香港基本法》為強權特首提供了法律通道。該條款的抽象性與概括性使得其猶如一個工具箱，從該條款中可以推導出行政長官的諸多權力，如前面提到的提請解釋基本法的權力，行政長官本可以依據該條款迅速而又靈活地處理各種棘手問

---

31. 參見〈特首：港無三權分立 正論大膽說〉，《香港文匯報》2020 年 9 月 2 日，第 A5 版。
32. 如下兩個事實就足以說明《香港基本法》確立的政治體制是「行政主導」，而非「三權分立」，一是特首與行政長官的身份合一，行政長官既是特別行政區政府的首長，也是香港特別行政區的首長；二是《香港基本法》設專節規定行政長官。

題。[33] 二是香港特首制度在實踐中存在重大問題。特首「權」大而「能」小，甚至有「權」而無「能」，使其很容易遭受各方面無端攻擊，以至於無論其如何謹慎地在最狹窄的意義上行使《香港基本法》第 48 條第 2 項的權力，仍要面臨各種指摘；使其在應對各種風險挑戰時往往「有心無力」，其施政步履維艱，而無力應對或應對不力又進一步加劇和固化特首的屠弱的形象，如此形成特首權力行使及其施政的惡性循環。[34]

然而，時勢已然沒有選擇，香港要脫危解困，必然需要一個強權特首及其領導的強勢政府。如果說這世界上確實存在某種客觀歷史大勢，那麼回歸強權特首將是香港社會發展的歷史必然。回到本文開篇的議題，一般認為，民主政治天生地排除強人政治，因為民主假設某種同質性的個體，——自然狀態下的個體差異被抽象化，無知之幕下的個體差異被忽略，被抽象與被忽略個性差異的個體在理論上是等值的，又何來政治強人？然而，就是在被認為是民主典範的西方國家，強人政治亦被吸納為民主制度的一部分。以美國為例，民主制度的實施與維持與強權總統密切相關，強權總統甚至被認為是美式民主制度的特色。與此形成鮮明對比的是，近代法國試圖排斥強人政治，建立一個弱總統的政治體制，實踐證明行不通。[35] 當下香港的特殊情況在於，基本法已經確立了一個強權特首，但卻沒有完全轉變為政治

---

33. 但這不是說，行政長官的權力就不受制約。根據《香港基本法》，立法會對行政長官享有彈劾權，在一定條件可迫使行政長官辭職；行政長官作出重要決策前，須徵詢行政會議的意見，行政會議的成員由行政機關、立法會議員和社會人士組成；香港法院還可以對行政長官的行為依法進行審查（當然，也應該有必要的司法自制）；等等。

34. 筆者同意，強勢政府與市民自由之間存在一定的緊張關係。市民自由以穩定的社會秩序為前提，通常情況下，一個軟弱渙散的政府是無法維持社會秩序的，一個強勢政府就成為必須。但是，政府過於強勢，市民自由也就沒有了。在強勢政府與市民自由之間，存在一個「黃金分割點」。這裏同時涉及對《香港基本法》價值秩序的理解，它所確立的行政主導制其實蘊含著建立強勢政府保障市民自由的價值立場。此方面的議題，還可以參見林來梵：〈何以謀國？——從三島由紀夫之死說起〉，《浙江社會科學》2020 年第 3 期。

35. 從 1947 年到 1958 年，法國政府頻繁更迭，政局動蕩，平均每屆政府的「壽命」不到 6 個月，直到政治強人戴高樂復出重訂憲法方扭轉形勢。參見郭華榕：《法國政治制度史》，人民出版社，2005 年版，第 256 頁。

現實，反對派以及激進勢力圍繞特首不斷挑起事端，製造混亂，而社會形勢的惡化又急切需要強權特首，因為一個軟弱的特首及孱弱的政府，是不可能收拾殘局的，這不能不說是歷史的吊詭之處。

　　特首的權力運作同時取決於特首的自我認知，以及相應的環境與條件。當前，兩大因素正朝着積極方向發展：一是《香港國安法》一定程度上加固了特首的權力與地位。2020 年 6 月 30 日《香港國安法》的頒佈實施，香港行政長官被授予了更多更大的權力，如由行政長官擔任香港國安委主席，有權指任法官等等。二是現任特首林鄭月娥在暴風雨的洗禮中更加堅韌堅定，更加清晰而明確地履行職責。期待香港在特首的帶領下最終走出困局，在中華民族偉大復興的進程中發揮自身的應有的作用。

第七章

中央在特區發出行政指令權
對《香港基本法》第48條第8項的釋義學分析

❀❀❀❀❀❀❀❀❀❀❀❀❀❀

楊曉楠

大連海事大學法學院教授

一、問題的提出

　　《中華人民共和國香港特別行政區基本法》（以下簡稱「《基本法》」或「《香港基本法》」）規定的中央權力中，有些權力是日常性或經常性行使的，例如，中央在特區防務方面的權力、中央任命特區行政長官的權力等，這些權力的行使較少存在爭議，中央與地方之間的互動較為順暢，中央對特區管治的重點在於建立權力行使的慣例性機制。有些權力是一次性且已經行使過的，例如，根據《香港基本法》第 160 條對原有法律的採用，這些權力多與回歸時的特殊安排有關，在學者文獻中討論不多。還有些權力是偶發性行使的，在過往的實踐中雖然行使的頻率不高，但多數在特區出現明顯或重要的政治爭議時行使，例如《香港基本法》解釋權，體現出中央管治特區時的謙抑態度，成為學者關注的焦點。當然，還有部分中央權力在過去二十多年中鮮有公開使過，抑或以一種消極、未公開、謹慎的方式行使着，如全國人大常

---

　*　原文載於《社會科學》2018 年第 9 期，本文在原文基礎上進行了修改。

委會日常性地行使特區立法會立法的備案權，但期間並未行使過發回權。對此類權力的內涵、實質以及法理基礎，理論界與實務界關注較少。由於《香港基本法》研究長期受到實踐爭議導向的影響，出現了各項中央權力研究間的極大失衡，部分權力在回歸後的初步磨合期中被忽視甚至誤讀，這可能會加大這些權力在未來行使時的政治風險。中央發出行政指令權正屬於這一類型。

與全國人大常委會的《基本法》解釋權相比，中央發出行政指令權在內地法律制度中缺乏可參考的樣本，這給該權力研究帶來了一定的困難。與中央對特區立法的備案審查權相比，《香港基本法》條文對中央發出指令權的規定較為簡要，未能給這一機制的建構提供足夠清晰的指引。所以，在回歸後，中央行使管治權的過程中，可能會由於權力行使的路徑依賴以及行政指令權行使可能帶來的政治風險的不確定性，而未受到理論與實務部門的足夠關注。然而，中央全面管治權是一個整體，不應將各權力割裂來理解。[1] 而且，從中央權力行使已有的經驗可以看出，對權力機制建構的預期性研究有利於緩解權力行使時的矛盾，減少權力行使時受到的過度政治化的質疑。當然，預期性研究的目的並非建議或者預計以某種方式主動地行使所有的中央管治權。相反，為了實現特區的科學、良好管治，應將中央管治特區的權力類型化，並且差異化各項權力的行使機制，在各權力之間進行理性的選擇，這對於減少中央管治權行使的政治風險而言是極有益且必要的。從另一方面來看，這一權力的行使是賦予行政長官一種權力和執行義務，所以，也很有必要釐清其範圍及帶來的法律後果。

總而言之，如何彌補長期以來對中央發出行政指令權研究的空白，構成了本文的問題意識。本文冀以通過《基本法》的文本闡釋和歷史解讀，分析中央發出行政指令權的內涵、實質、範圍，及其與其他權力機制之間的關係，完善《基本法》實施、中央管治理論以及特區行政長官權力理論。

---

1. 參見王禹：〈「一國兩制」下中央對特別行政區的全面管治權〉，《港澳研究》2016 年第 2 期。

二、中央發出行政指令權的立法史梳理

《香港基本法》第四章「政治體制」第一節「行政長官」第 48 條規定：「香港特別行政區行政長官行使下列職權：……（8）執行中央人民政府就本法規定的有關事務發出的指令」，這是《基本法》中唯一規定中央發出行政指令的條款。

《香港基本法》起草委員會自 1985 年 7 月 1 日成立後，歷經 4 年 8 個月進行《基本法》的起草工作。1988 年 4 月，首次公佈了《基本法》草案的徵求意見稿，經過歷時 5 個月的諮詢後，對草案條文進行多處修改，隨後在 1989 年 2 月，公佈了第二份《香港基本法》草案，後經過 8 個月的徵詢並做出修改，起草委員會在 1990 年 2 月通過了提交全國人大審議的《基本法》草案。[2] 最終，全國人大於 1990 年 4 月 4 日通過了《香港基本法》。在整個制定過程中，除了這四份正式公佈的立法文本外，有學者將各專題小組在基本法起草委員會上提交的報告進行了梳理，整理出九稿的《基本法》歷史文本。[3] 在這些歷史文本中，除了第 48 條規定了中央發出行政指令權外，第 18 條的歷史文本中也曾出現過中央發出行政指令的權力，不過在後來的正式草案中被刪除。因此，本文將一併梳理《基本法》第 48 條和第 18 條的立法歷史發展脈絡。

第一，從《基本法》第 48 條的立法過程來看，行政長官的職權屬於《基本法》第四章「政治體制」的內容，由政治體制專題小組負責。[4] 在

---

2. 《基本法》立法過程參見姬鵬飛：《關於〈中華人民共和國香港特別行政區基本法（草案）〉及其有關文件的說明》，1990 年 3 月 28 日第七屆全國人大第三次會議；參見李根：〈香港特別行政區基本法的孕育與誕生〉，《黨史文匯》1997 年第 7 期。

3. 參見李浩然主編：《香港基本法起草過程概覽》，三聯書店（香港）有限公司 2012 年版。其中，1988 年的徵求意見稿為第六稿，1989 年的草案為第七稿，1990 年的草案為第八稿，1990 年最終通過的《基本法》文本為第九稿，第八稿與第九稿的文本是相同的。

4. 基本法起草委員會設立了五個專題小組，分別為中央與香港特別行政區的關係專題小組，居民的基本權利和義務專題小組，政治體制專題小組，經濟專題小組，教育、科學、技術、文化、體育和宗教專題小組。

行政長官職權條款討論的初步階段，各界較重視行政長官與立法會之間的關係問題，對行政長官與中央之間的關係討論較少，當然這也是因為中央與特區關係條款主要由第二章專題小組負責。此外，對比可以發現，行政長官職權內容的各項條款在早期文本中變化較大，但在1988年4月起草委員會秘書處發出的草案草稿（第五稿）之後，職權內容已基本無變化，正式公佈的四個文本中行政長官職權條款更是未有修改。而且，「執行中央人民政府就本法規定的有關事務發出的指令」這一規定自1987年8月政治體制專題小組提出的第一稿起就未有任何變化，可以說，在《基本法》第48條的整個立法過程中，相對於其他職權條款而言，起草委員們對於這一權力條款的爭議與修改建議都是比較少的。[5]

　　第二，究其原因，從《基本法》第48條的歷史淵源來看，港英統治下英國政府與香港之間的憲制關係對《香港基本法》的制定產生了重要的影響。儘管現有的立法歷史資料未明確表明「指令」條款是如何產生的，但是，在立法過程中，行政長官職權討論的藍本是以當時港督職權為基礎的，並考慮了《中英聯合聲明》的基本原則加以調整。在1987年5月25日的《行政機關的組成與職權討論文件》（一稿）中，第一次提到「行政指令」的內容，當時的憲制背景主要是《英皇制誥》（Letters Patent 1917）及《王室訓令》（Royal Instructions 1917）對港督的授權。作為香港回歸前的憲法性文件，前者規定了英國政府對其海外殖民地的授權，是總督權力的合法性來源；後者則對香港行政局和立法局的運作做出了具體的規定。[6]《英皇制誥》第II條規定「英皇特此委任、授權並指派上述港督兼總司令（下稱港督）按照下列各點處理及執行其一切有關職務：……英皇、樞密院令或其中一位主要國務大臣不時向總督發出的指令（instructions）；以及現行或以後實施的法律」。第XII條規

---

5. 參見李浩然主編：《香港基本法起草過程概覽》，三聯書店（香港）有限公司，2012年版，第482–503頁。

6. 參見陳弘毅等編：《香港法概論》（第三版），三聯書店（香港）有限公司，2015年版，第36頁。

定「總督及立法局在制定任何法律時，都必須符合及遵守英皇指定中的有關規則（rules）、規例（regulations）及指示（directions）。」這些條款中的指令（instructions）、訓令（instructions）、[7]指示（directions）等術語在一定程度上構成了《基本法》中「行政指令」的歷史基礎。這種訓令是港英管治下英皇與總督之間法律關係的描述，港督的一切權力來自於英皇的授權，英皇與總督之間是一種委任與被委任關係，這構成了港英統治期間英國與香港之間關係的基礎。相比較而言，《英皇制誥》是一種概況性授權的話，而《王室訓令》則是一種具體授權，針對具體事項做出的進一步授權或確認。[8]與《基本法》中行政指令所用的 directives 一詞相比，這種訓令（instructions）是一種較寬泛意義上的命令、通知或授權。儘管港英時期的英皇與港督關係成為《基本法》制定時行政長官職權的主要借鑒，但起草委員們似乎無意將港英時期的訓令制度全盤引至《基本法》條款中，因為在他們看來，回歸後的中央與地方關係已經有了很大的改變，《香港基本法》已將大部分本地行政權授予了特區行政機關，無需再經過中央政府在具體事務上的訓令授權。不過，「行政指令」意圖將港英時期的訓令制度進行何種改進，這點在立法歷史資料中是並不明確的，有起草委員指出，「為符合《中英聯合聲明》所列明的『除外交和國防事務屬中央人民政府管理外，香港特別行政區享有高度的自治權』，由中央人民政府發出的指令應只限於國防和外交等事宜」。[9]在 1989 年草案的徵求建議中，還有起草委員建議將該條款修改為，「表達中央人民政府就本法規定的有關重點公共利益事務發出的指令，表達後並執行這些指令」。還有委員建議在「本法」後加上「第二條所」的字眼，即「執行中央人民政府就本法第二條所規定的有關事務發出的指令」。也有委員指出，「此項內『有關事務』一詞未有界定。這對

---

7. 英文 instructions 在不同法律文件的中文版本中翻譯有所不同。

8. 參見王鳳超：《香港政制發展歷程（1843–2015）》，中華書局，2017 年版，第 3 頁。

9. 參見《1988 年 10 月基本法諮詢委員會〈中華人民共和國香港特別行政區基本法（草案）〉徵求意見稿諮詢報告第五冊 —— 條文總報告》，李浩然主編：《香港基本法起草過程概覽》，三聯書店（香港）有限公司，2012 年版，第 496–498 頁。

行政長官必須執行中央人民政府指令，抑或是可不理會這些指令未有足夠指引」。[10] 然而，這些建議最終均未被採納，《基本法》的立法說明中也未對此有特別的關注，《基本法》條文保留了一種概況性的授權條款，同時未將該權力限制於某一或某些特定的條款，說明瞭這一條款對於中央政府而言是一種寬泛的授權。

第三，《基本法》第 18 條規定了全國性法律在特區的適用，這一條款在立法過程中與行政指令權有較大的關聯性。1988 年 4 月公佈的第一份徵求意見稿中，第 18 條規定：「……凡須在香港特別行政區實施的，由國務院指令香港特別行政區政府在當地公佈或立法實施。除緊急情況外，國務院在發佈上述指令前，均事先徵詢香港特別行政區基本法委員會和香港特別行政區政府的意見。香港特別行政區政府如未能遵照國務院的指令行事，國務院可發佈命令將上述法律在香港特別行政區實施」。該條文延續了 1987 年 4 月提出的第一稿中方案二的內容，[11] 在第一稿至第六稿的討論期間儘管條文內容有所變化，但國務院發出行政指令實施全國性法律的權力未有改變。從這一規定可以看出：首先，國務院發佈行政指令的目的是為了讓特區政府實施全國性法律；其次，這一條款規定了行政指令的發佈程序，即非緊急情況需徵詢基本法委員會和特區政府，緊急狀況則不需要徵求兩者意見；再者，違反行政指令的法律救濟是由國務院發佈命令。可以看出，「命令」與「指令」並不相同，「命令」是一種比「指令」更為嚴格的行政措施。最後，值得注意的是，該條文中指令發出的主體是國務院。不過，《基本法》第 18 條在立法過程中有較大的爭議，起草委員們曾對行政指令的性質、法源地位、與中國憲法的適應性、行政權與立法權

---

10. 參見《1989 年 11 月基本法諮詢委員會〈中華人民共和國香港特別行政區基本法（草案）〉諮詢報告第三冊 —— 條文總報告》，李浩然主編：《香港基本法起草過程概覽》，三聯書店（香港）有限公司 2012 年版，第 501–502 頁。

11. 1987 年 4 月中央與香港特別行政區的關係專責小組工作報告提出的第一稿中建議了兩種方案實施《基本法》，行政指令是第二種方案，之後的第二稿至第六稿都沿用了第二種方案。

的關係、中央與地方的關係等問題進行過深入的討論。起草委員們認為，全國性法律實施的決定權應屬於立法權，不宜由國務院行使，而應由全國人大常委會行使。正因此，1989 年公佈的草案中刪除了國務院發出行政指令的規定，改為「全國人民代表大會常務委員會在徵詢其所屬的香港特別行政區基本法委員會和香港特別行政區政府的意見後，可對列於本法附件三的法律作出增減…… 全國人民代表大會常務委員會決定宣佈戰爭狀態或因香港特別行政區內發生香港特別行政區不能控制的動亂而決定香港特別行政區進入緊急狀態，中央人民政府可發佈命令將有關全國性法律在香港特別行政區實施」。最終，《基本法》第 18 條只保留了緊急狀態下國務院發出命令的權力，刪除了國務院的其他角色。即使如此，《基本法》的立法歷史資料未顯示有第 18 條與第 48 條的關聯性討論，在第 18 條行政指令刪除後，起草委員們也未專門討論這一修改對第 48 條的影響，所以，我們只能暫且將第 18 條的立法討論作為解釋第 48 條的一種參考，未能對《基本法》第 48 條解釋提供直接的依據。

綜上所述，從《基本法》的歷史討論中可以看出，中央行政指令權條款旨在規範一種中央與地方的關係，這一關係的主體主要是行政機關之間，而且，立法者無意將這一權力限定在指定條款方面，雖然起草者在立法過程中已經認識到這一條款的模糊性，卻並未做過進一步的修改或澄清。

三、「執行中央人民政府就本法規定的有關事務發出的指令」條款的解釋學分析

《香港基本法》作為特區的憲法性法律，其解釋方法在諸多文獻已經有所討論，無論是以大陸法系抑或普通法系的解釋方法，文義解釋、目的解釋均應是條文解釋的基礎。香港法院在回歸後的判例中指出，作為一部憲法性文件，「解釋《基本法》這樣的憲法時，法院均會

採用考慮立法目的這種取向」。[12]對於全國人大常委會的解釋方法而言，借助於立法資料探求條文的立法原意是顯而易見的。[13]不過，從上文分析可以看出，第 48 條的立法討論對這一條款並未提供足夠的解釋指引，現從語義學視角做進一步分析：

第一，從文義解釋方法來看，「指令」是指上級給下級的指示或命令，[14]其英文 directive 作為名詞指官方或權威的指示（an official or authoritative instruction）。[15]在內地法律及行政規範性文件中，「指令」通常不用於規範性法律文件的名稱，《行政法規制定程序條例》第 4 條規定，「行政法規的名稱一般稱『條例』，也可以稱『規定』、『辦法』等。」《規章制定程序條例》第 7 條規定，「規章的名稱一般稱『規定』、『辦法』，但不得稱『條例』」。現有的中央行政機關發出的文件中，「指令」主要用於一些具體通知，例如，財政部辦公廳發出「關於中央國庫現金管理商業銀行定期存款招投標操作指令的通知」、煤炭工業部發佈的「安全生產指令」、工業和資訊化部發佈的「關於下達 2011 年稀有金屬指令性生產計畫的通知」等。國務院在 20 世紀 80 年代初期曾發佈過指令，如「國務院關於壓縮各種鍋爐和工業窯爐燒油的指令」，內地在這一時期對「指令」的使用習慣或許可以為《基本法》的解釋提供一定的借鑒。早期的國務院指令主要是計劃經濟的產物，可以理解為「調控」、「分配」的命令。不過，現可查詢到的 4 個國務院指令均已失效，[16]近年來國務院沒有再直接發出過指令，而且國務院從未直接向某特定地方發出專門的指令。現今，行政指令的發出主體主要是國務

---

12. *Ng Ka Ling and another v the Director of Immigration* [1999] 1 HKLRD 315, (1999) 2 HKCFAR 4；參見楊曉楠：〈傳統與新秩序：「一國兩制」下的香港普通法〉，《國家行政學院學報》2017 年第 4 期，第 52–54 頁；黃明濤：〈論全國人大常委會在與香港普通法傳統互動中的釋法模式 —— 以香港特區「莊豐源案規則」為對象〉，《政治與法律》2014 年第 12 期。

13. 參見姚國建、王勇：〈論陸港兩地基本法解釋方法的衝突與調適〉，《法學評論》2013 年第 5 期。

14. 中國社科院語言研究所詞典編輯室編：《現代漢語詞典》，商務印書館 2016 年版，第 1686 頁。

15. 牛津英語詞典，網址：https://en.oxforddictionaries.com/definition/directive，2018 年 3 月 5 日訪問。

16. 北大法寶資料庫，網址：http://www.pkulaw.cn，2018 年 3 月 1 日訪問。

院各部委或下屬機構，這些職能部門在其管轄範圍內發出具體指令。「指令」在這些行政規範性文件的使用方式也有所不同，包括「指令性計劃」、「⋯的指令」、「XX指令」、「歐盟指令」等。其中，「⋯的指令」是一項行政規範性文件，如煤炭部關於下井人員裝備自救器的指令，與本文研究的行政指令最為相似。這種指令通常是用於較具體的工作指導意見，並非一種寬泛性授權，主要針對行政機關上下級之間的管理關係或是行政機關對行業的監管關係，指令發出者與被發者之間通常存在一種隸屬或行政管理關係。「指令性計劃」類似於之前計劃經濟下的配額命令，如《國家海洋局指令性計劃材料管理的暫行規定》指出「國家指令性計劃材料，是指國家物資部及各部委管理的統配原材料。」在「XX指令」（如「適航指令」）的使用中，「指令」通常屬於某一專業術語的組成部分，沒有獨立的含義。而「歐盟指令」則是指歐盟的法律文件，與中文語境關聯不大。總而言之，在內地的行政規範性文件中，「指令」並不是一個內涵明確、程序固定的專業術語。如果說「指令」在計劃經濟時期的含義相對明確，那麼，現今其使用的語境則已經逐漸差異化，其中部分功能被其他的行政規範性文件取代，如「通知」、「意見」、「辦法」等，尤其在國務院層面，正式以指令為名稱發出的規範性文件已經鮮見。

　　第二，《基本法》中規定行政指令發出的主體是「中央人民政府」。《香港基本法》中有30個條款規定了「中央人民政府」的權力，從《白皮書》對中央權力的闡述來看，「中央人民政府」在《基本法》條文中的含義並不相同，單純的文義解釋也不能提供一個明確的含義。首先，「中央人民政府」在大多數情況下是指國務院，即一個特定的中央機構，如《基本法》第15條和第45條規定的任命特區官員的權力。這與憲法的規定一致。中國憲法第85條規定，「中華人民共和國國務院，即中央人民政府，是最高國家權力機關的執行機關，是最高國家行政機關」。其次，在《基本法》的部分條款中，「中央人民政府」並不指國務院，而指其他的國家機構，如依據《基本法》第14條負責防務的中央軍委、依據《基本法》第104條負責監誓的國家主席，這些機構是憲法規定的國

家機構，但《基本法》中並未有規定。可以認為，是憲法授權使其成為中央人民政府的代表，如中國憲法第 93 條規定中央軍委領導全國武裝力量。[17] 再者，還有一些《基本法》條款規定的「中央人民政府」並非指國務院或者某個具體機關，如《基本法》第 23 條規定的「顛覆中央人民政府」，應理解為顛覆國家或者中央政權。當然，「中央人民政府」還可能指相對於地方的中央，如《基本法》第 158 條規定中央人民政府管理的事務包括了所有中央事務，並不局限於國務院管理的事務。若將文義解釋與體系解釋相結合，而且對上述立法資料進行歷史解釋的話，可以認為，《基本法》第 48 條第 8 款的「中央人民政府」屬於第一種情況。因為在第 18 條的歷史討論中，「指令」一直是由國務院發出的，起草委員們認為應屬於行政指令，這與語境解釋中當時內地行政規範性文件的名稱使用是基本一致的。而且，在《基本法》條文中，以「中央人民政府」作為中央權力行使的主體，未出現直接過「國務院」的字眼，所以，由國務院發出行政指令也是符合邏輯解釋的。

第三，《基本法》中第 48 條指明「就本法規定的有關事務」發出指令，但未規定什麼是「有關事務」。首先，這一指令是由國務院發出的，那麼，理應在國務院的職權範圍內，憲法與國務院組織法的相關規定可以構成該條文解釋的廣義語境。中國憲法第 89 條列明瞭國務院享有的 18 項職權，其中有部分權力可能與《基本法》第 48 條的關聯性較大，例如，第 9 款「管理對外事務，同外國締結條約和協定」，第 10 款「領導和管理國防建設事業」；而部分權力則明顯與特區事務無關，第 1 款規定的「制定行政法規，發佈決定和命令」，從語義解釋來看與《基本法》中的指令不同，《基本法》本身也有規定「命令」、「決定」，特別是第 18 條的立法歷史也說明，「命令」比「指令」強制性更高。至於指令是否會以「決定」的方式發出，如果結合內地規範性法律文件的名稱使用來看，兩者使用的語境也並不相同。《憲法》第 89 條第 18 款

---

17. 參見王振民：《「一國兩制」與基本法：歷史、現實與未來》，三聯書店（香港）有限公司，2017 年版，第 84-100 頁。

也規定國務院享有全國人大及其常委會授予的其他職權，這一規定可能會在現實中增加國務院發出指令的職權範圍。其次，《基本法》第48條的立法歷史說明，《基本法》的制定者們拒絕了將指令與某些條款聯繫的修改建議，說明立法者無意通過文本規定限縮行政指令權適用的範圍，否則會使用「本法第 XX 條規定的有關事務」的字眼。不過，這也不是說中央人民政府可以就《基本法》所有條款的內容發出指令，否則基本法起草者會使用「執行中央人民政府發出的指令」，而不會加上「有關事務」的字眼。從邏輯解釋上講，「有關事務」意味着並非「所有事務」，因為並非所有事務都與中央人民政府權力有關。因此，按照文義解釋、語法解釋和邏輯解釋，「就本法規定的有關事務」可以轉化為「《基本法》中規定的、與中央人民政府有關的事務」，這一條文與《基本法》第 158 條的規定相似。按照歷史解釋的方法，起草者在討論中央指令時，討論的語境並非就自治事務發出指令，這也是符合目的解釋的結果，根據「一國兩制」原則、《基本法》序言和第 2 條，全國人大授權特區高度自治權，這就很難認為依據憲法需要向全國人大問責的國務院有權就特區已被授權的自治事務再發出具體指令，這會削減《憲法》第 31 條和《基本法》第 2 條保護的自治權。中央管治的事務可以分為中央與地方關係事務，以及應由中央管理的事務。根據《白皮書》以及《香港基本法讀本》的闡釋，中央權力中與國務院職權相關的、可以向行政長官發出指令的範圍主要是外交、防務和其他剩餘權力。[18]至於這些事務在實踐中指涉什麼，要針對具體情況而定。

　　綜上所述，結合文義解釋、邏輯解釋、語法解釋、歷史解釋和目的解釋的方法，行政指令是由國務院向行政長官發出的規範性指示、指引，國務院在涉及《基本法》規定的中央事務或中央與特區關係事務時可以向特區發出行政指令，其具體事項應在國務院的職權範圍內。

---

18. 參見國務院發展研究中心港澳研究所編：《香港基本法讀本》，商務印書館，2009 年版，第 48–53 頁。

四、中央發出行政指令權的法律屬性探究

基於上述對《基本法》條文的理解，可以看出，中央人民政府向特區行政長官發出行政指令權有如下特點：

第一，「執行中央人民政府就本法規定的有關事務發出的指令」的規定本質上是一種中央與地方關係條款，中央人民政府發出指令權是一項中央權力。可能會有觀點認為，中央與地方關係條款應規定在《基本法》第二章中，實際上，《基本法》整體上是對中央與特區關係的法律闡述，即使特區的自治條款本質上也是中央通過全國性法律（《基本法》）將部分管治權授予特區，[19] 所以，《基本法》各章節都會涉及中央權力的規定，只是表述的方式有所不同。《基本法》第 48 條第 8 款是一種行政長官的義務型規範：在這一法律關係中，中央人民政府有權力發出行政指令，特區行政長官有義務執行這一指令。換言之，執行中央指令意味着有一項指令先予存在，這變相規定了中央人民政府有權發出指令。而且，這一權力的行使具有主動性、強制性、單向性，並非一項建議、意見。這與《基本法》第 43 條規定的行政長官對中央人民政府負責也是一致性的。對於中央人民政府而言，《基本法》未規定這一權力的具體行使方式，中央人民政府有較大的裁量權，可以在符合《基本法》的前提下自行決定發出或不發出行政指令、發出什麼樣的行政指令，不以特區或其他任何機構提請為前提。這與《基本法》第 158 條規定的特區法院提請解釋《基本法》的情況並不相同，因為幾乎不能想像，如若特區法院就《基本法》規定的事項提請全國人大常委會解釋，全國人大常委會將選擇拒絕就該提請條款做出解釋。所以說，國務院在發出行政指令的問題上，比全國人大常委會解釋《基本法》享有更大的裁量權。甚至可以認為，在《基本法》實施二十多年裏，國務院沒有以明確、積極方式行使該權力，並不意味着中央人民政府不享有

---

19. 參見焦洪昌、楊敬之：〈中央與特別行政區關係中的授權〉，《國家行政學院學報》2017 年第 3 期；程潔：〈香港新憲制秩序的法理基礎：分權還是授權〉，《中國法學》2017 年第 4 期。

這項權力或者從未行使這項權力，或許說明中央人民政府採取了一種默示、消極的方式行使該權力，這也符合該權力行使的裁量空間。

第二，中央人民政府發出行政指令權是一項獨立的權力，也可能與國務院的其他權力交叉。《白皮書》對《香港基本法》規定的中央權力進行了梳理，明確指出各項中央管治權的行使主體以及範圍。從《白皮書》的闡述可以看出，雖然國務院行使着中央管治權的重要內容，但國務院發出行政指令機制與其他中央管治機制並無必然的機制聯繫，是一項可以獨立運行的制度。國務院與行政長官的互動較多，這些內容極可能與行政指令制度有所交叉，例如，涉及特區參與國際交往的部分權力等，[20]國務院發出行政指令的範圍是與中央權力有關的事務，外交權則是一項非常典型的中央權力，國務院完全可以就某一外交事項發出行政指令。再如，在行政長官向國務院總理述職的制度建設中，前港澳辦主任王光亞曾透露述職內容將逐漸規範化，彙報時要包括新一年的工作規劃，貫徹落實《基本法》的進展和問題等，[21]其中如果工作規劃涉及中央權力的事項，國務院也可以發出行政指令。

第三，這一條款的規定也賦予行政長官一種執行義務。對於行政長官而言，無權選擇執行或是不執行行政指令，而是必須要執行。儘管從法律規範的邏輯結構上看，這一條款並沒有直接規定行政長官不執行指令的法律後果，但違反強制性規範應該帶來消極的法律後果是無疑的。在立法討論中，起草委員們也普遍認為違反行政指令應該承擔消極後果。另一個視角來看，將行政長官職權條款按條文順序以及邏輯方式進行解釋，這一條款是一項重要的行政長官職權內容，賦予行政長官執行上的正當性。與行政長官在本地其他的憲制權力相比，《香港基本法》第48條的其他條款授權行政長官管理自治事務，而中央

---

20. 關於特區的對外交往權的具體行使方式，參見姚魏：《特別行政區對外交往權研究》，法律出版社，2016年版，第168–179頁。

21. 參見〈港媒：梁振英上京述職靠邊坐　三任特首述職形式各異〉，《中國新聞網》，網址：http://finance.chinanews.com /ga/2015/12-25/7687437.shtml，2018年3月5日訪問。

可以通過行政指令的方式處理一些中央權力事項，所以，也可以被認為是行政長官的新的權力來源。

第四，不過，筆者依然認為，還是應該將行政指令制度與特首述職、中央的日常業務指導行為，以及國務院各部門與特區現有的聯繫機制相區分。首先，述職的主要功能是對已有工作的報告，監督行政長官的工作情況，更多是對地方權力行使的監督而非中央權力的直接行使，對述職制度規範化有利於根據《基本法》第43條考核行政長官的工作情況。在這一制度中，將未來的工作指令與之前本地工作的彙報相混淆，可能不利於形成述職制度的慣例規範。其次，在內地法律制度中，行政機關內部的業務指導是比較常見的內部管理規程，但這種行為是一種不具有法律約束力的上下級指導關係，是一種非強制性的行為。但《基本法》第48條規定的行政指令明顯具有強制性，所以，不宜將行政指令作為一種國務院的建議或指導。再者，國務院下屬的港澳辦、中聯辦和外交部特派員公署在中央事務與對外交往工作中與特區政府建立了緊密的日常聯繫機制，以至於可能會產生這樣的誤解，或許《基本法》的立法原意就是將指令內化為一種內部工作機制。實際上，指令的發出者是國務院，接收執行者是行政長官，這點在《基本法》的立法討論中是清晰而明確的。此外，從《基本法》的條文規定來看，立法者沒有在對外交往權條款中直接使用「指令」的字眼，反而用「授權」、「協助」這樣的用語規定了這些日常性的工作安排，無意使用「指令」這種強制性的執行條款。換言之，沒有中央的授權或許可，特區並不能主動參與國際交往，所以說，這並非一種強制性的命令。行政指令則是中央對行政長官提出的一種強制性要求，如果把對特區的日常聯繫工作認為是強制性的，反而會使得行政長官對強制性的工作指令重視不足。最後，更為關鍵的是，從《基本法》第18條的立法討論中可以看出，「指令」是一種僅次於行政命令的強制性權力，不以公開、正式方式做出似乎不符合《基本法》的立法原意。中央涉港機構與特區政府之間的互動更多是日常性內部機制，既不具備公開的可能性，也不具備公開的必要性。綜上，將行政指令作為一項獨立

機制似乎更為合適，不宜與中聯辦、特派員公署在日常工作中與行政長官的溝通相混淆。在筆者看來，這樣有利於減少行政指令權行使時產生的政治風險，因為獨立而且完善的程序和機制在法治社會中是極為必要的，這有助於釐清各項機制的權力來源、各種規範性文件的形式和效力等，使得特區管治更為科學化、規範化，減少不必要的社會矛盾。

第五，這一權力的本質是一項行政權。在《基本法》立法討論中，起草委員們大多對行政指令是一項行政權達成了共識，這一指令由國務院發出，由行政長官執行。儘管國務院在內地的法律體系中被授予了制定行政法規的立法權，但「指令」明顯不屬於這一權力行使的結果。而且，與《基本法》的其他條款聯繫起來，《基本法》規定的中央立法權和法律解釋權由全國人大及其常委會行使。儘管在實踐中適用於特區的全國性法律亦包括決議、命令、聲明、條例，[22] 但這些規範性法律文件多是建國早期立法程序尚未規範化的產物，在立法法制定完善後，這種情況逐漸減少。行政指令毋寧是一種行政機關的內部指引，而非全國性法律，將其認定為行政權也不會與《基本法》第 18 條的規定產生衝突。而且，在依法治國的背景下，行政規範性文件也會依法公開頒佈，所以，這種對行政指令性質的認知並不會影響行政指令的規範化、制度化。

第六，中央人民政府發出行政指令權是中央管治權中不可或缺的部分。正如《白皮書》第四部分指出的那樣：「《香港基本法》的所有規定都是香港特別行政區制度的有機組成部分，條文之間不是孤立的，而是相互聯繫的，必須把《香港基本法》的每個條文放在整體規定中來理解，放在香港特別行政區制度體系中來把握。」在理論上來看，中央在何時行使何種管治權，這並非一個法律問題，而是一項政治決

---

22. 未以法律形式頒佈的全國性法律包括《關於中華人民共和國國都、紀年、國歌、國旗的決議》、《關於中華人民共和國國慶日的決議》、《中央人民政府公佈中華人民共和國國徽的命令》、《中華人民共和國政府關於領海的聲明》、《中華人民共和國外交特權與豁免條例》、《中華人民共和國領事特權與豁免條例》。

斷，正如甲擁有一項房屋的所有權，甲要將這一房屋出租、出售或贈與，完全屬於個人自治的範圍。不過，政治決斷並非像個人意思自治這般簡單，特別是涉及香港問題時，國際影響、示範效應、本地管治等因素都需要考慮。國務院作為中央的代表，其和其他國家機構共同行使一個完整而互相關聯的國家管治權，雖然理論上中央權力之間也可能會產生競爭，但回歸後二十年裏，這種競爭關係並非影響中央管治的主要矛盾。更多時候，中央是在作為一個整體進行一種管治權的選擇，而非由國務院作為一個獨立機構決定是否發出指令、發出何種指令，這點與內地法律體制內國務院權力行使有所不同。所以，《白皮書》中提到的「全面管治」是否意味着要將《基本法》中列舉的每一項權力都主動、積極地嘗試一下，才可以認為是「全面的」呢？筆者認為，「全面」行使的方式不盡相同，消極行使也是一種裁量權範圍內的理性選擇，全面行使的目的是為了良好管治，而良好管治是一種科學性的、風險規避型的、法治型的管治，那麼，行使這項權力的前提要看其他更有效的、風險更低的管治機制是否已經失效，或者其他的管治機制是否已經無法達到發出行政指令所能產生的效果。或許，這才是回歸多年來行政指令權受到關注度較低的重要原因。總而言之，作為中央管治權的一個組成部分，在行使指令權時應從中央管治特區的權力整體進行考量，而不應獨立、片面地看待這一權力。

五、中央發出行政指令機制的執行與建構思路

2019 年 2 月 26 日，中央人民政府向香港特區行政長官發出公函，指出「中央人民政府支持香港特別行政區政府依法禁止『香港民族黨』運作」，並要求行政長官「就依法禁止『香港民族黨』運作等有關情況向中央人民政府提交報告」。這一公函被很多學者認為是公開、正式的發出指令。從這一公函的內容上看，並沒有在標題或主體內容中出現「指令」的字樣，因為之前缺乏公開、明確行使指令權的先例，所以，很難對公函的性質進行明確無疑的判斷，只能説這一公函產生類似於

行政指令的效果。另一方面，公函提出的報告義務是針對行政長官做出的，不過在此公函之前，香港保安局局長已經命令禁止香港民族黨在香港運作，而且行政長官會同行政會議也做出決定，確認保安局長的命令有效，所以，這一公函在報告之外並沒有施加對特區內行政相對人的額外影響。而且，公函再次確認香港特區維護國家主權、統一和領土完整的義務，以及行政長官依法對中央人民政府和香港特區負責，重申或者強化了禁止香港民族黨在香港運作這一行政行為的正當性。不過，鑒於要求行政長官提交報告的直接義務來源是對中央和特區的雙重負責性，並不是直接依據《基本法》第 48 條的行政指令權條款，所以，還有必要在制度完善層面進一步探討行政指令權在特區行使的方式及制度構建的思路。

第一，內地行政制度中未有關於發出指令的具體程序，在其他國家制度中，「指令」使用的語境也並不多，受學界關注度較高的主要是歐盟指令和美國總統指令。不過，兩者的性質和功能與特區指令並不同。歐盟指令制度是歐盟為了協調各成員國之間的法律制度而制定的規範性法律文件，其主要目的是消除歐盟成員國之間的貿易技術壁壘，實現商品的自由流通。與行政指令相比，歐盟指令並非規範一個國家內中央與地方關係，而是規範國際組織與成員國之間的法律關係。而美國的行政指令是聯邦制國家下，總統指示下級機關服從和執行總統的政策。儘管如此，兩者的程序機制也可以為中央指令權建構提供一定的借鑒。首先，根據《建立歐盟共同體條約》第 249 條，歐盟指令與規章、決定、建議書、意見相同，是一種派生性立法。[23] 不過，與一般立法相比，歐盟指令有其特殊性，雖然指令對成員國具有約束力，但不強制規定成員國的執行方式與方法，歐盟在制定目標後留給成員國較大的裁量權來選擇本國的實施機制。這對於中央行政指令而言有一定的借鑒意義：儘管作為一項行政行為應該採取具體指令的形式，但對那些可能產生較高政治爭議的事項，行政指令可以設定一定

---

23. 參見鮑祿：〈歐洲聯盟法中的指令協調機制〉，《河北法學》2008 年第 12 期。

的指令目標，讓行政長官選取靈活的方式以減少施政的障礙和爭議。其次，有學者指出，美國建國早期對行政指令的理解較為寬泛，行使的方式亦較為多樣化，20 世紀中期之後制度程序與格式規範化，其中最重要的就是行政命令（executive order）和總統聲明（proclamation）、[24]國家安全指令（national security directives）、國土安全總統指令（homeland security presidential directives）等其他行政立法文件。[25]雖然總統發出立法文件採用不同的名稱，但在官方意見看來，這些行政權的直接行使方式具有相似的法律效力，不應因檔案名稱不同而有所區別。[26]為了將總統以各種形式作出的政治聲明（如總統的 twitter 發言）、表態與行政立法相區別，在美國學者看來，行政立法的程序規範性是不可避免的。[27]例如，為滿足總統指令公開性的要求，具有普遍適用性和法律效力的命令應在《聯邦公報》上公佈；[28]若出於國家安全和其他合理考慮、或該命令只具有內部效果，即使不在《聯邦公報》公佈，也需要以正式文件的形式，並在白宮網站以及《總統文件周彙編》中記錄。[29]而且，就一般性行政立法程序要求而言，應盡可能地在立法制定中加大公眾參與，除特殊情況外，立法決策公開化是必不可少的。[30]在內地的法律制度中，2018 年國務院辦公廳發佈的《關於加強行政規範性文件制定和監督管理工作的通知》明確規定了行政規範性文件制定的程序

---

24. Harold C. Relyea. *Presidential Directives: Background and Overview*. Congress Research Service, 2008.

25. 對於美國總統權的分析，參見 Elena Kagan. "Presidential Administration". *114 Harvard Law Review* 2245, 2001.

26. "Legal Effectiveness of a Presidential Directive, as Compared to an Executive Order". *24 Op.O.L.C.* 29, 29, 2000.

27. 參見 Executive Power, 131 *Harvard Law Review 934*, 2018，其中關於特朗普總統在 twitter 中發言與行政立法區別的討論。

28. 參見賈聖真：〈總統立法——美國總統的「行政命令」探析〉，《行政法學研究》2016 年第 6 期。

29. 參見 Harold C. Relyea. *Presidential Directives: Background and Overview*. Congress Research Service, 2008.

30. 關於行政立法的分析，參見高秦偉：〈美國行政法上的非立法性規則及其啟示〉，《法商研究》2011 年第 2 期。

原則，可以為行政指令制度建構提供指引。筆者認為，在「一國兩制」原則下，應特別重視中央與地方互動機制的程序建設，可以通過制定一套完整的程序指引將發出行政指令的原則、啟動機制、範圍等規範化，這有利於增加各界對行政指令的認知度和接受度。首先，根據《國務院組織法》第 5 條規定，「國務院發佈的決定、命令和行政法規，向全國人民代表大會或者全國人民代表大會常務委員會提出的議案，任免人員，由總理簽署。」既然行政指令較重要，可以參考總理簽署的程序；其次，除涉及外交、國防事務中的機密事項外，亦盡可能滿足公開化的要求，在特區政府公報中公開，可以讓特區市民瞭解行政長官的職責範圍是什麼，便於對其履職進行監督。即使不宜於公開的事項，也應制定正式文件以示重視，強化行政長官的執行義務；再者，如果該指令對特區行政權行使的影響較大，在發出行政指令前可以適當加入諮詢程序。當然，一種較極端的觀點認為，既然《基本法》沒有強制性的程序要求，那麼，諮詢程序是不必要的。但是，考慮到特區的政治發展狀況，如果在毫無或缺乏本地諮詢的情況下直接發出一項會對特區行政權影響較大的指令，可能造成的政治風險是非常大的，這也是《基本法》第 18 條和第 48 條立法討論時反覆強調的問題。為了增加特區管治的信心，提升國家的認同感，適當的本地諮詢是必要的。不過，以何種形式參與則可以根據指令的具體內容酌情決定。無論如何，一項事先經過本地參與的指令會減少其實施的政治風險，也會減少行政長官在執行這一指令中受到的政治壓力。所以，這一程序並非強制，卻是良好管治的關鍵。

　　第二，在行使中央指令權時，還應考慮這一權力行使與特區政治環境的相互作用。特區是一種行政主導型的制度，行政長官領導下的行政機關在公共問題上的權力相當廣泛：在公共政策和立法草案制定方面，行政機關享有內容決定權；立法會通過的法案只有在行政長官簽署後方能生效。在這一背景下，中央人民政府發出行政指令直接影響行政長官及其領導的特區政府。如果行政長官主動、積極地執行指令，實施就會較順利，因為只要行政指令的內容是關於行政權的，政

府有較大裁量權，受到的外部限制也比較小。但如果行政長官消極應對的話，其他本地機制對行政長官的制衡或者限制比較薄弱。《香港基本法》第 73 條規定，立法會可以通過一項動議彈劾行政長官。然而，彈劾動議需要在由終審法院首席大法官領導的委員會調查後，發現行政長官嚴重違法或者瀆職並且不提出辭職的情況下方能作出。違反行政指令能否滿足這一要求是有爭議的，因為行政指令並不是法律，消極履行而不是公然拒絕的話較難構成瀆職，所以，立法會缺乏對行政指令履行不力的監督權。當然，這也是可以理解的，行政指令是一項行政機關的內部機制，很難通過外部機制加以制約或者平衡。在內地的法律制度下，可以通過財政、人事任免等內部機制進行制約，但在國務院與香港特區政府之間如何實現有效的制約，需進一步討論。

第三，特區法院在《基本法》實施中的作用非常重要，行政指令權與司法審查的關係可以說既簡單亦複雜。簡單的是，中央人民政府的行政指令是直接發給行政長官的，中央人民政府不會在特區執行一項指令，就不會直接與特區法院產生法律上的關係，所以，中央人民政府與司法機關的關係是間接的，可以轉化為行政長官與司法機關的關係。就中央人民政府與行政長官之間的指令關係本身而言，這是行政機關內部關係，具有較大的政治性，不能受制於司法機關的審查。換言之，如果中央人民政府向特區行政長官發出一項指令，特區行政長官沒有遵守或是沒有按照預期的方式執行這一指令的話，司法機關似乎並不會在案件中審查行政機關的履職行為，因為這一行政行為不會直接產生外部權利義務關係的變化，除非明確存在一項關於《基本法》第 48 條的全國人大常委會解釋。不過，如果全國人大常委會在這種情況下解釋《基本法》第 48 條的話，對特區行政主導制的傷害也是顯而易見的，會嚴重影響特區政府施政的信心。另一方面，行政指令與司法機構的關係還存在着複雜的方面。在古思堯案中，原訟庭認為，雖然行政命令是合法的，但只是一套行政指示，只對公務員內部有約束

力，並沒有普遍約束力。[31]這種理解可否延伸至行政指令？如果按照
邏輯推理的話，恐怕是一樣的，行政指令僅具有內部約束力，不能直
接產生外部效力。不過，特區行政長官執行指令所做出的具體行為大
多屬於司法審查的範圍內。當行政指令的具體內容是由主權者做出的
話，地方司法機關難以對行政指令的內容進行審查。這樣就會出現另
一個問題，法院不能審查行政指令本身，但可以審查執行行政指令的
行為，那麼，行政長官會陷入一種兩難境地：一方面，執行中央的指
令會受到司法機構的審查甚至被推翻；另一方面，不執行中央的指令
又會違反其《基本法》職責。這時，問題可能在於指令設定的目標及其
本身的詳細程度是否能給予行政長官符合《基本法》的執行空間，如果
不能的話，就會出現難以解決的困境。這一困局與國旗案[32]中的情況
相似。終審法院所審查的國旗及國徽條例其實並不是完全由香港本地
自行制定的立法，而是根據《基本法》第18條制定的、以本地立法方式
實施附件三的產物，與此相關的《中華人民共和國國旗法》中侮辱國旗
的規定和香港本地立法的規定是基本一致的。那麼，如果終審法院宣
佈國旗及國徽條例違反人權標準的話，勢必意味着終審法院間接決定
一項由全國人大常委會制定並命令在香港實施的法律是否有效，這正
是中央極力反對的，終審法院並不具有審查中央立法的權力。在這個
案件中，終審法院受到全國人大常委會第一次釋法的影響，保持了較
謹慎的態度，最終認定國旗條例符合《基本法》，避免了政治爭議。比
較而言，行政指令並非一項全國性立法，那麼，法院對行政指令的謙

---

31. *Leung Kwok Hung & Another v Chief Executive of the HKSAR* [2006] HKEC 239, HCAL 107/2005; *Leung Kwok Hung & Another v Chief Executive of the HKSAR* [2006] HKEC 816, CACV 73/2006. 相關評論參見 Benedict Lai and Johannes Chan. "Remedies in Administrative Law", in Christopher Forsyth et al (eds). *Effective Judicial Review: A Cornerstone of Good Governance.* Oxford: Oxford University Press, 2010, pp. 359–381.

32. *HKSAR v Ng Kung Siu and another* [1999] 3 HKLRD 907,（1999）2 HKCFAR 442.

抑程度可能要較全國性法律低，因而是否會出現上文假設的困境是難
以預計的。

　　總而言之，由於行政指令制度存在較大的機制空白，就理論應對
而言，需要將行政指令的性質、範圍、法律後果、行政長官的職責等
問題加以充分的論證與闡述，從而在《基本法》相關問題的爭議中充分
說明中央人民政府發出行政指令的法理，減少行政長官執行指令時遇
到的現實阻力，更好地實現管治效果。

第八章

論香港特別行政區行政長官的緊急立法權

引言

《緊急情況規例條例》（簡稱《緊急法》）與《禁止蒙面規例》（簡稱《禁蒙面法》）是否「合憲」合法的司法覆核案以香港終審法院裁定特區政府勝訴而告終。儘管該案的全部司法程序已結束，但其所反映和引申出來的相關理論問題並未獲得充分、專門、系統地闡釋。比如，針對香港高等法院原訴庭作出《緊急法》與《香港特別行政區基本法》（簡稱《基本法》）所確立的憲法秩序不符的結論，[1] 上訴庭和終審法院主要採取技術化的處理方式裁定《緊急法》沒有將訂立主體法例的一般立法權力授予行政長官會同行政會議，[2] 故沒有抵觸《基本法》，但本案的基礎問題是行政長官依據《緊急法》制定附屬法例的權力（簡稱「行政長官緊急立法權」）由誰賦予？總督權力延續而來？香港立法會？很顯然都不是，因為在香港新舊憲制秩序中，《決定》[3] 起着轉換作用，

*　本文為 2019 年度全國人大常委會港澳基本法委員會基本法研究項目（JBF201920）、2019 年度深
圳大學人文社會科學青年教師扶持項目（QNFC1907）階段性成果。

1. [2019]HKCFI 2820，第 97 段。

2. 行政會議是行政長官的決策諮詢機構，「行政長官會同行政會議」在主體意義上等同於行政長官，
   故可推定《緊急法》授予的立法權主體實質是行政長官，下文以此表述之。

3. 即全國人大常委會於 1997 年 2 月 23 日作出的《關於根據〈基本法〉第 160 條處理香港原有法律的
   決定》（簡稱《決定》）。

那如何理解《決定》的性質？進一步的問題是，在上述庭審的判決書中，法官裁決只針對《緊急法》的公共危險理由以及在行政長官認為存在公共危險的情況下所行使的權力，對緊急情況的恰當性分析還沒有充分解決。[4]香港法院表達了對行政長官因「公共危險」理由而行使立法權的司法立場，但其遵循的是常態邏輯或者是以憲制法治狀態下的分權為前提，問題是緊急情況下行政長官有何立法權[5]及如何行使？

從香港法院對「緊急情況」的謙抑姿態和特區政府對「緊急情況」的回避立場來看，「緊急情況」在香港法治體系裏是一個至少目前還尚未被（充分）研究的法律元素。循着上述問題的思考方向，本文嘗試提出並分析香港特區行政長官緊急立法權的法律命題，該命題展開後的具體問題包括：（1）行政長官緊急立法權的權源是什麼？（2）行政長官緊急立法權的必要性與正當性為何？（3）行政長官緊急立法權的實施難點及如何解決？（4）如何對行政長官緊急立法權的實施進行合適地監督？

一、授權：對《決定》之政治決斷功能的考察

由《緊急法》是否符合《基本法》這一爭議引申出行政長官緊急立法權的權源問題。原訴庭的申請人認為其是由立法會授予的，[6]而答辯

---

4. 原訴庭直言對任何緊急情況下的《緊急法》的「合憲性」問題保持開放，不對此發表任何總結性意見。參見 [2019]HKCFI 2820，第 37、96、193（1）段。事實上，在解釋政府決定和《禁蒙面法》運作時，特區政府曾明確表示是次援引《緊急法》僅限於「公共危險」的理由，而不是出於「緊急情況」的理由，並不等於宣佈香港進入緊急狀態。參見〈（2019 年 10 月 4 日）行政長官於記者會開場發言〉，《香港特區政府新聞公報網》，網址：https://www.info.gov.hk/gia/general/201910/04/P2019100400768.htm，2019 年 11 月 23 日訪問。

5. 參見陳端洪：〈看高院緊急法判決 —— 緊急或例外狀態 不能按「常規」標準審查〉，《明報新聞網》，網址：https://news.mingpao.com/ins/%E6%96%87%E6%91%98/article/20191129/s00022/1574949458687/，2019 年 11 月 30 日訪問。

6. 申請人認為：「香港的『憲法』秩序是以《基本法》為基礎的，」「根據香港的『憲法』秩序，立法會不得向行政長官會同行政會議授予或委托一般立法權。《緊急法》聲稱要這樣做，因此不符合《基本法》。」[2019]HKCFI 2820，第 35 段。

人認為其基於延續性而存在，[7]對於這點，高等法院原訴庭、上訴庭和終審法院均認可該權力是由立法會授予的。[8]然而，事實上，《緊急法》制定的時候還沒有行政長官，立法會產生於香港回歸之後，在前的《緊急法》如何規定在後的立法會授權行政長官？人們可能會認為是全國人大常委會的《決定》發揮了作用，即《緊急法》經過全國人大常委會的審查後採納為香港特區的法律，相關主體因此發生法律意義上的銜接延續效果。但是能否由此直接得出立法會通過《緊急法》授權行政長官行使緊急立法權的結論呢？本文認為該結論不準確，這需要我們重新審視《決定》的性質。實際上，《決定》是全國人大常委會以主權（代表）者的地位作出的一項政治決斷，具有授予行政長官緊急立法權的憲制功能。

（一）《決定》不屬於合「憲」性審查範疇

《決定》是全國人大常委會以是否抵觸《基本法》對香港原有法律作出的審議結果，但這種審議不具有合「憲」性審查的性質，除了《基本法》不是香港的「憲法」之外，還在於這裏的「憲」不在同一個憲制秩序裏。

從主權角度而言，合憲性審查發生的場域須是同一個「主權者」主導下的憲制秩序。然而，全國人大常委會作出《決定》時，香港主權者的角色是一分為二的、分離的，即主權者有「權利所有者」和「權力

---

7. 該觀點的論據為：1. 緊急法是根據《基本法》第 8 條延續至香港法律的一部分；2. 回歸前香港法庭已兩次認定《緊急法》有效，回歸後有關安排沒有任何改變。[2019]HKCFI 2820，第 36 段。

8. 上訴庭裁定《緊急法》是否「合憲」這點建基於延續性這主旨上，且在《基本法》的憲制框架下，立法會憑藉賦權條例，將立法權力轉授予行政長官，以制定緊急情況規例（附屬法規），參見 [2020] HKCA 192 摘要第 4、5 部分。終審法院認為立法會可授權他人或團體，包括行政長官制定附屬法規，裁定立法會只授予行政長官在緊急或危害公安的情況下制定附屬法規的權力，參見 [2020] HKCFA 42 摘要第 6 部分。

行使者」兩種角色，【9】一般情況下兩者統一於一個主體，但基於歷史原因，香港主權者的兩種角色分別由中國和英國享有——中國是香港主權的「權利所有者」，英國是香港主權的「權力行使者」，中國對香港享有正當的「主權權利」，但暫時無法實際行使「主權權力」。回歸前，包括《緊急法》在內的港英憲制秩序是英國作為香港主權「權力行使者」意志的體現，而全國人大常委會並不屬於港英憲制秩序，完全置身於正式生效的法律秩序之外，其作為香港主權「權利所有者」的意志不可能與英國相同，因此，全國人大常委會用體現其主權意志的《基本法》去審查體現英國統治意志的《緊急法》是不嚴謹的、不合邏輯的、甚至是荒謬的。

從規範角度而言，回歸前，香港原有法律以《英皇制誥》《皇室訓令》為憲制基礎，《緊急法》屬於該時期的法律制度，因此，《緊急法》是否合「憲」的審查標準只能是港英時期的「憲法」或憲法性法律。儘管作為香港特區憲制基礎的《基本法》在港英時期已獲通過（即 1990 年 4 月 4 日），但其並沒有立即取代《英皇制誥》等而獲得港英憲制基礎的法律地位。直到 1997 年 7 月 1 日，中國對香港恢復行使主權，《基本法》才正式實施，這意味着，全國人大常委會作出《決定》時，《基本法》尚未對香港產生憲制效力，不能成為香港原有法律的審查標準。儘管當時《基本法》對中國國內具有法律效力，且《決定》是面向回歸後的香港，但是，全國人大常委會依據《基本法》對《緊急法》作的所謂「合『憲』性審查」，既不是建立在自己（內地）的權利上面，也不是建立在理性權利上面，而是基於特定的實用主義規範論，對香港的法律制度所作的「規範組合」。通過這種合「憲」性審查建構的香港法律制度具有互相矛盾、發生憲制衝突的潛在風險，尤其是在香港實行判例法的情況下，即使是同一個規範條文，可能產生不利於中國對香港恢

---

9. 將主權中的正當性「權利」與實際行使的「權力」區分開來，是一種高超的政治藝術。參見強世功：〈和平革命中的司法管轄權之爭〉，《中外法學》2007 年第 6 期。施米特指出實際權力與法律上的最高權力的關係是主權概念中的一個基本問題。〔德〕卡爾‧施米特：《政治的神學》，劉宗坤等譯，上海人民出版社，2015 年版，第 34 頁。

復行使主權（尤其在涉及司法權的問題上）的法律效果。這種無形的混雜不適合任何建構，（也）無法與任何涉及國家和憲治的嚴肅問題相匹配。[10]

（二）《決定》是一項全國人大常委會的政治決斷

無論從主權還是從規範的角度而言，將全國人大常委會當年的審議視為合「憲」性審查是不妥當的。《決定》實質是全國人大常委會為建構香港新法律秩序而作出的一項政治決斷。

首先，香港回歸的過渡期屬於一種非常狀態。歷史上，英國基於三個不平等條約佔領了香港，根據《維也納條約法公約》第 52 條，[11]這些不平等條約是無效的。[12]新中國政府一直主張三個不平等條約無效，[13]且在中英針對香港歷史問題的談判中，中方堅決拒絕了柴契爾夫人「三個不平等條約仍然有效」的立場。因此，至少自新中國成立以來，英國對香港實行的殖民統治是一種持續的「非法狀態」。中英兩國於 1984 年簽署了《中英聯合聲明》，標志着香港回歸祖國正式進入過渡期。這個過渡期仍然是港英殖民統治「非法狀態」的延續，屬於一種非常狀態。非常狀態不同於無政府狀態或混亂狀態，其首要特徵是不受限制的權威，可終止整個現有秩序。[14]

其次，非常狀態需要主權者出場。香港過渡期承擔着法律秩序轉型的重大使命，本質上是一場「革命」——用中國的新法統取代大英帝

---

10. 參見《政治的神學》，第 23 頁。

11. 第 52 條：以威脅或使用武力對一國施行強迫條約系違反聯合國憲章所含國際法原則以威脅或使用武力而獲締結者無效。

12. 參見楊雲鵬、孟於群：〈中國廢除不平等條約的理論與實踐〉，《雲南大學學報法學版》2013 年第 4 期。

13. 中國不承認帝國主義強加的三個不平等條約。〈中國政府是如何通過談判解決香港問題的〉，《外交部官網》，網址：https://www.fmprc.gov.cn/web/wjb_673085/zfxxgk_674865/gknrlb/tywj/zcwj/t8708.shtml，2021 年 1 月 10 日訪問。

14. 參見《政治的神學》，第 29 頁。

國的舊法統，[15] 這必然要求採取不受現有法律秩序限制的權力。而擁有不受限制的權力意味着擁有主權，主權就是決定非常狀態。[16] 在中國憲制秩序中，全國人大及其常委會是主權（代表）者，在香港過渡期這一非常狀態中發揮「革命者」的角色。

最後，法律秩序建立在主權者的決斷之上。保持連續性是主權者建構香港新法律秩序的基本意圖，[17] 但這並不能推導出香港新法律秩序衍生於港英憲制秩序，更不能認為前者是後者的自然延續。任何法律秩序建立在決斷之上，而非規範之上，即主權者憑藉其政治決斷，而非依據現有的法律規範來建構法律秩序。[18] 因此，全國人大常委會通過依據《基本法》對香港原有法律進行審議並作出《決定》的方式來建構香港新法律秩序不屬於規範意義上的合「憲」性審查範疇，而是一種政治決斷。

實際上，在過渡期內，作為國家主權（代表）者的全國人大及其常委會多次作出政治決斷，比如，《關於香港特別行政區第一屆政府和立法會產生辦法的決定》、香港特別行政區籌備委員會的設立、香港特別行政區臨時立法會的成立等都沒有《基本法》上的法律地位，而這些「非法狀態」恰恰由於中國憲法上的主權者行動而獲得正當性。[19] 可以說，香港憲制秩序不僅是以《憲法》和《基本法》為憲制基礎的規範秩序，還是包括若干主權者決斷的政治秩序。

（三）《決定》具有向行政長官授權（緊急立法權）的功能

明確《決定》的政治決斷屬性，不僅彌補了因為法律秩序「斷裂」而可能產生的法律空白，還具有重要的憲制功能，比如授權。《基本

---

15. 參見強世功：〈和平革命中的司法管轄權之爭〉，《中外法學》2007 年第 6 期。

16. 《政治的神學》，第 29 頁。

17. *HKASR v. Ma Wai-Kwan*（CAQLI/1997），第 17 段。

18. 參見《政治的神學》，第 27 頁。

19. 參見引 15，強世功文。

法》作為回歸後香港的憲制性法律決定了其不可能對行政權力組成部分的全部內容及其執行手段都予以規定，行政長官緊急立法權就是其中一例。[20]港英時期，港督通過其制定的《緊急法》自我賦權，[21]但香港新舊憲制秩序的轉換必然帶來新舊法律秩序及其法理的「斷裂」，行政長官緊急立法權不能通過《緊急法》而自然獲得法律正當性。其實質正當性來源於《決定》，即全國人大常委會以政治決斷的形式授權行政長官在緊急情況下實施緊急立法權。一方面，全國人大常委會以政治決斷更換了《緊急法》的憲制基礎，使其在保留形式連續性的同時獲得新的正當性根基。另一方面，《決定》為行政長官創設了新的權力淵源——訂立緊急情況規例的權力，是在《基本法》實施之前，根據香港實際需要對形成前的香港新憲制秩序所作的一次局部調整。

授予行政長官緊急立法權是《決定》的應有之義，因此構成全國人大常委會政治決斷內容的組成部分。這種定位對香港法院審查《緊急法》的合「憲」（《基本法》）性具有憲制層面的阻斷意義，即不是因為《緊急法》被採納為香港特區法律，所以就不能由香港法院按照普通法傳統對其再提出質疑和審查；而是因為《決定》是全國人大常委會的政治決斷，《緊急法》是該決斷的組成部分，在香港的憲制秩序裏，法院不能挑戰全國人大常委會的憲制權力和地位，據此，香港法院才無權審查《緊急法》的合「憲」性問題。

當然，決斷觀念固有的特點就是，根本不存在絕對命令式的決斷，作出決斷的權力狀況使決斷變得相對化，因此，建立在決斷之上的法律秩序存在有效性的問題。法律的有效性被歸因於一種錯誤的和有缺陷的決斷，即主權者決斷有出錯的可能性，且這種錯誤決斷包含

---

20. 通過系統考察《基本法》，與香港緊急情況有關的條款包括直接條款和間接條款：前者包括第18（4）條、第56（2）條和第72（5）條；後者為第14（3）條。但這些條款並未賦予行政長官全面的、獨立的、周延的緊急立法權。

21. 港督是絕對的獨裁者，所謂立法局是其諮詢機構而不是立法機構，立法局裏的官守議員是其委任的政府高官，非官守議員也是其委任的來自社會各界的代表。參見陳佐洱：《交接香港——親歷中英談判最後1208天》，中國文史出版社，2019年版，第314頁。

着一種建構性因素。[22] 就行政長官緊急立法權本體而言，其作為全國人大常委會政治決斷的組成部分，不是絕對正確的，但其本身的有效性因為決斷性而被排除在其他主體（香港立法會、法院）的合「憲」性審查範疇之外。決斷因其存在與價值的獨立性，決定了舊決斷只能為新決斷所取代。

二、香港特區行政長官緊急立法權的必要性與正當性

前文主要對行政長官緊急立法權的權源進行了探討，下面擬進一步從一般法理論述其必要性與正當性，為《基本法》框架下的行政長官緊急立法權提供理論支撐。

（一）香港特區行政長官緊急立法權的必要性

1、完善香港緊急法制的必要性。《基本法》關於應對香港緊急情況的憲制安排是不周延的：就主體而言，能夠主動、獨立地應對香港緊急情況的機關原則上只有全國人大常委會，且第 18（4）條還對其做了事實判斷的限制，[23] 香港政府、立法會等僅擁有不完整、不確定的緊急情況應對權。就程度而言，《基本法》僅規定了危及國家統一和安全的程度，並未考慮香港本地的安全而設置相應的緊急情況處置權。[24] 就事務而言，《基本法》對香港本地機關的權力分工並未區分緊急性與日常性、特殊性與一般性，特區缺乏針對緊急事務的專門法律依據。上述問題反映了香港緊急法制方面存在漏洞，使香港在真正出現緊急情況時處於巨大的風險中：若緊急情況危害到香港，也就危害到《基本法》本身。基於此，在法治作為香港核心價值的背景下，賦予行政長官緊

---

22. 參見《政治的神學》，第 45-46 頁。

23. 即全國人大常委會因香港特區內發生特區政府不能控制的危及國家統一或安全的動亂。

24. 在聯邦制國家，各州或邦擁有包括立法、行政等在內的本地緊急情況處置權；在單一制國家中央統一負責處理地方的緊急情況，比如中國憲法第 89（16）條規定由國務院依照法律規定決定省、自治區、直轄市的範圍內部分地區進入緊急狀態，但是特別行政區不在此列。

急立法權一定程度上能彌補香港緊急法制的漏洞，為應對緊急情況、保障本地安全起到托底作用。

　　2、應對香港社會風險的必要性。香港政治體制的設計考慮了香港的歷史與現實，採用實用主義的方法，充分吸收總統制、內閣制的制度元素，具有混合制的特徵。其以機構為中心，是一種使中央機構、香港行政機構、立法機構和司法機構間保持制衡關係的複雜體制。實際上，該體制是基於回歸後香港保持和平正常狀態設計和運行的，無法有效應對香港已出現的緊急情況，反修例運動就是典型的例子。現代社會為風險社會，尤其在香港政治嚴重對立、社會趨於分裂、矛盾日益激化的背景下，香港社會面臨各種潛在風險：政治、經濟、公共福利、公共秩序、公共衛生等。而香港應對緊急情況的制度表現出較強的傳統戒嚴法或圍困狀態的特徵，[25]具有僵硬化、單一化、簡單化、滯後性的內在缺陷。在符合《基本法》精神的前提下，賦予行政長官緊急立法權可增強香港靈活處置緊急情況的能力，不僅可減少多方力量在應對各種風險過程中的掣肘與不確定性，還可以針對由不同種類緊急情況引發的社會風險，豐富香港應對緊急情況的選項，及時提出多元化、精准化、前瞻性的應對策略，降低風險傳感度，對香港保持長期繁榮穩定起到「安全閥」的功能。

　　3、拓展「一國兩制」彈性空間的必要性。貫徹實施「一國兩制」的關鍵在於中央能夠通過行政長官對香港實行良好管治。若香港發展在常態化的磕磕絆絆中整體能實現管治目標的話，中央對此還是信任、放心的。然而，若香港管治在緊急情況下（如反修例運動）無法實現而呈現出「無政府狀態」，那麼導致的潛在後果有兩個：一是啓動中央依據憲法和《基本法》而享有的管治權，迫使中央備而不用的權力通過顯性機制直接作用於香港；二是緊急情況引發的局勢進一步惡化，觸發《基本法》第 18（4）條，導致香港高度自治暫時中斷。很顯然，兩

---

25. 傳統的戒嚴法或圍困狀態法具有軍事統治色彩濃厚、僅限於應對戰爭和內亂、強制力過大、公眾較為反感等。參見孟濤：〈緊急權力法及其理論的演變〉，《法學研究》2012 年第 1 期。

者都將對香港傳統自由式「一國兩制」產生難以預測的影響。賦予香港行政長官緊急立法權，使香港窮盡本地資源來解決自身緊急問題，在香港本地安全與國家安全之間設置「熔斷」機制，有利於鞏固「一國兩制」基礎，拓展「一國兩制」的彈性空間，提升「一國兩制」的時代適應力，最大限度的減少緊急情況對「一國兩制」的干擾。

（二）香港特區行政長官緊急立法權的正當性

第一，香港特區緊急法治的發展階段決定了行政長官宜享有緊急立法權。儘管法治是香港的核心價值，但這整體上屬於常態法治，緊急法治建設乏善可陳，成為其法治領域的「短板」。自回歸以來，除了援引《緊急法》（理由還是公共危險情況而非緊急情況）制定《禁蒙面法》，香港在緊急法治方面基本無建樹：不僅《基本法》存在緊急法律漏洞，且從未被應用於實踐，而且無一部普通的緊急法律。可以說，「一國兩制」下，香港緊急法治建設處於發展初期階段。這一階段的緊急立法具有試驗性，在沒有實踐認識與共識的前提下，香港立法會斷然不會嘗試成為第一個「吃螃蟹的人」，更何況立法會的政治分歧如此懸殊。司法的滯後性、被動性、具體性、保守性更決定了其無法成為緊急法治探索的「急先鋒」，因此，香港緊急法治初期發展任務順理成章地宜由行政長官來承擔。行政長官在治理實踐初期能夠更加敏銳地捕捉緊急情況的生成因素、準確地把握緊急情況的發展趨勢、及時地出台應對緊急情況的必要措施，其所具有的靈活性、針對性、迅速性更適合香港緊急法治初期發展階段的不確定性、多樣性、不可預測性探索需求，從而為香港緊急法治發展奠定基礎。

第二，香港特區行政長官的雙首長地位衍生了其緊急立法權。《基本法》規定了行政長官雙首長——香港特區首長和特區政府首長的法律地位，緊急立法權與其法律地位相伴隨。一方面，雖然香港只是中國的地方行政區域，但《基本法》和「一國兩制」賦予香港本地安全特殊的憲制價值，承載着與國家安全形式上不同但實質上無異的國家意志，維護香港本地安全是維護國家主權的重要組成部分。在香港實

行行政主導體制下，該憲制責任理應由作為特區首長的行政長官來承擔，相應地，與維護香港本地安全有關的處理緊急情況的立法權也應被賦予行政長官。[26]另一方面，從世界範圍來看，美、英、德、法等發達國家和中國台灣地區等均通過憲法、法律規定了總統或地區首長的緊急命令權，這些緊急命令實質含有立法的屬性。意大利憲法直接授權政府針對特別有必要而且緊急的情況，制定法令，法令一旦頒行就產生等同於普通法律的效力。[27]在緊急時期，法院和國會的回應有重大局限性，必須允許政府以某些未獲法律授權的超法律行為來保護國家安全和個人自由。[28]因此由作為特區首長的行政長官享有緊急立法權符合一般憲制通例。

　　第三，適合香港的緊急權力法律制度模式決定了行政長官宜享有緊急立法權。緊急情況自古有之，法律與緊急權力關係的理論繁多並不斷發生整合變遷。目前，世界範圍內的緊急法律模式主要有調適、例外法、慣常、政治動員和權威專政五種，[29]其中政治動員和權威專政兩種模式依賴於強大的政治機器（現代表現為執政黨、軍隊），這顯然不符合香港實際情況。慣常模式主張法律不區分常態和緊急情況，若出現緊急情況，也要嚴格執行現行法律。依據這種模式，即使發生威脅國家生命的緊急情況，也不能通過法外措施施救，這樣憲法或法律儼然成了一份被法條捆綁的「自殺契約」。如此一來，若國家喪失生命，那憲法或法律本身還有什麼意義？這種機械、僵化的緊急法律模式無法適應充滿風險的包括香港在內的現代社會。例外法模式主張若現行法律無法滿足治理緊急情況的需求，缺乏相關緊急權力的規定或

---

26. 維護國家主權與處理緊急情況的關係源於施密特的「主權者決定緊急狀態」理論，就香港而言，若緊急情況危及國家統一和安全，則由代表主權者的全國人大常委會處理；若緊急情況危及香港本地安全，則應由香港第一憲制責任人行政長官處理。

27. 〔意〕羅伯特・龍波里等：《意大利法概要》，薛軍譯，中國法制出版社，2007 年版，第 15 頁。

28. 參見〔美〕理查・波斯納：《並非自殺契約：國家緊急狀態時期的憲法》，北京大學出版社，2010 年版，第 37-39 頁。

29. 本部分的模式分類和內涵參考了引 25，孟濤文。

相關規定不充分合理，則可憑藉「公共利益」「必要」等更高級的正當原則超越法律行使緊急權力。[30] 這種模式的目的是爭取更大的利益，但是以法治本身的一定程度的犧牲為代價的，因此待緊急情況結束後，要接受立法或司法部門的合憲性審查。

整體而言，該模式適合緊急法治建設不成熟的國家或地區，正好對應前面所述的香港目前發展階段，故行政長官宜享有緊急立法權。調適模式認為緊急權力是必要的，應為其提供充分的法律依據。相應的實踐為大量制定關於緊急情況的法律，將緊急權力納入法律規範中來。該模式下的緊急權力主要有三個效果：一是限制公民的一些權利；二是行政機構集權；三是中央集權。就香港而言，此種模式的具體效果可簡化為行政長官通過香港法律限制公民的一些權利。然而，由於香港緊急立法闕如，立法會的相關立法熱情不高，遠未形成相關共識，因此該模式暫不適合香港。但從緊急法治的主流發展趨勢來看，經由例外法模式過渡到調試模式應該是香港緊急法治可預見的發展過程。綜上所述，香港的緊急權力法律制度模式決定了行政長官宜享有緊急立法權。香港社會可能擔心行政長官行使緊急立法權會產生棘輪效應：緊急權力不斷擴大，居民基本權利和自由不斷被限制。不過同為普通法系的美國之歷史消除了這種擔憂：自內戰期間林肯採取大量「例外法」措施之後，一戰、二戰和冷戰並未出現所謂棘輪效應。[31] 尤其在香港立法會和法院對行政長官嚴格制約、中央對其實施監督的前提下，上述說法更像是無稽之談，且具有阻礙香港緊急法治發展進程之嫌。

---

30. See Bruce Ackerman. "The Emergency Constitution". *113 Yale L. J.*1029, 2004, pp. 1037–1039.

31. 同引 25，孟濤文。

三、香港特區行政長官實施緊急立法權的幾個重要問題

「一國兩制」下，香港發生緊急情況的影響，與主權國家或一般地方不同，相應地，行政長官實施緊急立法權的前提、需要處理的關係、所遵循的原則應當做具體分析。

（一）行政長官緊急立法權的實施前提是緊急情況而非緊急狀態

目前而言，《基本法》與《緊急法》等共同構成香港緊急法律制度體系，是行政長官實施緊急立法權的法律依據，其中，緊急情況與緊急狀態是理解和闡釋行政長官緊急立法權的兩個重要法律概念。行政長官林鄭月娥為何在援引《緊急法》制定《禁蒙面法》時避開「緊急情況」的理由，且特意強調此舉並不意味着香港進入緊急狀態？香港社會對此多有不解。筆者認為，這個疑問的癥結在於沒有正確認識緊急情況與緊急狀態的關係。

法律概念不止是法律規範的載體，更是法律規範本身，尤其在同一法律制度體系內，不同法律概念是具有特定規範內涵的。《基本法》同時使用了緊急情況和緊急狀態，這不僅是立法修辭的需要，還規定了不同的法律內涵。具體而言，緊急情況是一種事實狀態，屬於描述性概念的範疇；而緊急狀態是一種法律狀態，屬於規範性概念的範疇。[32] 事實狀態是一種客觀的、自然的現實狀態，是自然、社會自發運動的一種結果。其表現形態為自然災害、傳染病、社會暴亂、動亂等。而法律狀態是有權機關根據事實依照法定程序作出的法律擬制狀態，是法律主體理性決策、創設的一種具有法律效力的結果。緊急狀態是有權機關為應對緊急情況而依據法定程序作出的具有法律效力的決定。因此，緊急情況和緊急狀態是不同的，從發生順序來看，緊急情況並不必然導致緊急狀態，但發生緊急情況是決定和宣佈進入緊急

---

32. 有學者對中國法律中的「緊急狀態」進行了比較系統的梳理，認為存在兩種涵義不同的「緊急狀態」，一種是事實狀態，另一種是法律狀態。參見陳聰：〈「緊急狀態」的事實判定與法律規定〉，《理論探索》2015 年第 1 期。

狀態的邏輯前提。那行政長官緊急立法權是以緊急情況還是緊急狀態為實施前提呢？《基本法》和《緊急法》對此是有明確區分的。緊急狀態出現在《基本法》第 18（4）條，但該條並未賦予行政長官緊急立法權。行政長官實施緊急立法權的法律依據是《緊急法》，其採用了緊急情況而不是緊急狀態，這就意味着行政長官依據是否發生緊急情況的事實來決定是否實施緊急立法權。

那如何判斷是否發生了緊急情況？首先，緊急情況是客觀發生的事實。緊急情況無論源於自然原因抑或人為原因，必須是客觀發生了的，而不是臆想的。其次，緊急情況的具體判斷標準因情況而異。不同緊急情況的發生各具規律，表現在嚴重性、急迫性、特殊性等諸多方面，有的緊急情況發生之前會出現一些苗頭或者徵兆，而有的緊急情況則在短時間內出現。再次，緊急情況的分界點不是某個具體點，而是處於一個狹窄的動態區間，核心在於判斷香港整體安全和利益已經處於嚴重的迫近的危險中。這種危險難以量化，一般依賴政府善意的理性的決策。最後，政府沒有促成緊急情況的發生。在緊急情況發生之前，政府可依法採取預防行動阻止情勢的發展，除非有證據證明政府有不法或積極追求情勢惡化，否則該前期行動責任（即使是政策失誤）可在緊急情況的判斷中予以豁免。

（二）行政長官緊急情況判斷權與全國人大常委會緊急情況判斷權的關係

依據《基本法》第 18（4）條，全國人大常委會決定香港進入緊急狀態的前提是香港發生特區政府不能控制的危及國家統一或安全的動亂，而是否發生了動亂實質是全國人大常委會的緊急情況判斷權。由此產生的一個問題是行政長官緊急情況判斷權與全國人大常委會的該判斷權是什麼關係？從應然角度而言，第一，兩者在發生邏輯上是獨立的。香港發生動亂後，行政長官基於其憲制責任與全國人大常委會基於主權會分別對該動亂的嚴重程度、發展趨勢等作出獨立判斷。儘管行政長官要向中央負責並報告相關情況，但這不意味着先有行政長

官緊急情況判斷權，再有全國人大常委會緊急情況判斷權，兩者是同時存在的。第二，前者並不排斥後者。香港動亂的可能後果有兩種：一是僅危及香港安全和整體利益；二是危及國家統一或安全。這兩種後果並非絕對是遞進關係，有可能直接發生後者。因此前者並非後者的前提，若前者沒有及時作出，後者基於國家理性不會受到影響。從功能上來講，前者對後者起到參考作用。第三，兩者本質不同。權力的本質與其法律地位相匹配，行政長官是香港地方的首長，具有行政性，其緊急情況判斷權屬於行政性權力；而全國人大常委會是國家主權的代表者，其緊急情況判斷權屬於憲法性權力。就法律效力而言，前者要服從後者，後者具有最終權威性。當然，除非兩者出現嚴重不一致，否則全國人大常委會在對緊急情況作出判斷時應充分尊重和吸收行政長官及特區政府的意見，這對維護香港高度自治很有必要。

（三）行政長官緊急立法權實施中的及時性與民主性的關係

香港緊急法律制度整體處於初步發展階段，危害香港安全或整體利益的緊急情況具有多元性，其所蘊含的內在矛盾具有多樣性、廣泛性、尖銳性。比如突發公共衛生的緊急情況表現為科學性與法治性的矛盾、社會動亂的緊急情況表現為及時性與民主性的矛盾、恐怖性質活動的緊急情況表現為及時性與法治性的矛盾等。概括而言，這些矛盾集中體現在及時性[33]與民主性的矛盾上，行政長官緊急立法權的實施需妥善處理好這對關係。

行政長官緊急立法權實施的及時性與民主性的矛盾，從廣義上來說包括緊急立法權與一般立法權或者行政長官與立法會的關係，但在緊急法場域內，其主要屬於實體方面（權力配置）的內容，不在此贅言。這裏從狹義上分析，即行政長官緊急立法權的實施是否需要受

---

33. 這裏需要解釋的是及時性與科學性一般是一致的，在講究科學的緊急情況中，比如發生傳染病，表面上看科學判斷需要時間，相對於政府而言，具有不及時性，但實質上，在判斷發生傳染病的緊急情況上，政府囿於法律授權往往行動不及時，而科學（醫院）憑經驗具有敏感性、及時性。

到程序限制？具體而言，行政長官實施緊急立法權是否需在程序上設置最低諮詢、辯論、決定等環節，以協調其及時性與民主性的緊張關係？

從規範層面來說，《基本法》與《緊急法》相關規定是不同的，前者規定緊急情況下行政長官制定附屬規例可不用徵詢行政會議的意見，而後者將緊急立法權授予行政長官與行政會議。儘管《緊急法》實質蘊含了全國人大常委會的授權，但是其不能與《基本法》相抵觸，因此，行政長官實施緊急立法權可不受行政會議的程序性約束，即其及時性不受內部民主性的約束。從一般法理而言，行政長官在緊急情況下實施的是政治專政——對緊急立法權的排他性佔有。儘管其可能限制公民某些自由，但成熟的自由主義應是既維護公民社會，同時承認主權國家中政治專政的必要。[34]

緊急情況下的政治專政不僅表現在實體權力上，還表現在實施程序上。民主程序的制約將會影響實體的價值，政治專政的效果將大打折扣甚至消失殆盡。所以，實施行政長官緊急立法權的及時性優先於民主性。當然，為了防止該及時性的膨脹、蠻橫，可通過增加專業性來調和及時性與民主性的矛盾。專業性具有知識的優勢，雖然不能體現多數人的意志，但可以降低及時性犯錯的可能性，從而縮短及時性與民主性的鴻溝。然而，專業性是用來輔助及時性的，不能產生直接的制約效果，否則專業性與民主性無異。在具體機制設置方面，行政長官在實施緊急立法權時應諮詢香港基本法委員會香港委員的專業意見，以專業性優勢彌補民主性短板，從而間接協調及時性與民主性的衝突。

---

34. 轉引自劉小楓：《施密特與政治法學》，上海：三聯書店，2002 年版，第 30 頁。對於香港特區而言，行政主導在某種程度上具有政治專政的性質，有助於作為香港首長的行政長官更好地履行其憲制責任。

（四）行政長官緊急立法權實施中的比例原則

比例原則是一項現代社會公認的對基本權利限制進行限制的原則。其不僅適用於一般公法關係的調整，還適用於緊急狀態中的人權保障。[35] 在香港發生緊急情況時，香港居民的基本權利必然因為行政長官緊急立法權的行使而受到限制，因此，行政長官緊急立法權的實施須遵循比例原則。問題是行政長官如何把握呢？這裏的比例原則是採一般或常態意義上的標準嗎？緊急情況下香港特區遵循的比例原則與國家遵循的比例原則相同嗎？故有必要探討下行政長官緊急立法權實施中的比例原則。香港法院的合《基本法》審查實踐推動形成了具有香港特色的比例原則，[36] 原訴庭的判決對此展示了比較清晰的判斷結構：（1）涉及的是否為可限制權利；（2）其是否追求合法的目的；（3）如果是，其是否與該目的有合理的聯繫；（4）其是否僅是為此目的所合理需要的；（5）其在促進的社會利益和對受保護權利的侵害之間是否已經取得合理平衡，特別是考察追求社會利益是否給個人帶來不可承受之重。

整體而言，原訴庭並未對比例原則的判斷結構作常態情況與公共危險（或緊急情況）的區分，且在每一個子原則的判斷過程中，原訴庭均按照一般標準進行測試。本文認為這是不妥的，因為法律所維護的價值不僅僅是自由，至少還有秩序。在不同情況下，法院應當作出適當調整，而非機械適用。對於第一點，主流學說和實踐承認權利應分為可限制權利和不可克減的權利，緊急措施只能涉及前者，不能限制後者。《公民權利和政治權利國際公約》第 4 條第 2 款規定在社會緊急狀態威脅到國家的生命並經正式宣佈時，也不得克減生命權、免受酷刑權、人格尊嚴權和享受思想、良心和宗教自由權等。舉重以明輕，對於國家尚且如此，行政長官緊急立法權更不得侵犯。而可限制的權利通常包括言論自由、集會遊行示威自由、隱私權等。對於第二點和

---

35. 參見周佑勇：〈緊急狀態下的人權限制與保障〉，《法學雜志》2004 年第 4 期。

36. 參見陳弘毅等：〈香港及澳門特別行政區法院合憲性司法審查與比例原則適用之比較研究〉，《港澳研究》2017 年第 1 期。

第三點，行政長官只要出於善意並基於此實施緊急立法權，那麼所追求的目的以及特定措施與該目的是否具有合理聯繫的問題本質上是邏輯和常識問題，無須在科學或專業層面承擔舉證責任。即使隨後的事實表明該措施對實現目標無效，也不能否認這種合理聯繫。[37]

第四點和第五點具有本質上的關聯，特定措施的合理性進一步量化為相對法益間的合比例性或平衡性。但這對處於緊急情況下行政長官實施緊急立法權而言是不合適的。因為，一方面緊急情況不是穩定的，而是不斷變化且往往是惡化的，若緊急立法僅針對當前情況，滿足遏制當前情勢的合理需要，使追求的社會利益與限制的個人利益保持平衡，那其勢必趕不上情勢的變化。這樣緊急立法的效用難以發揮，可能導致政府陷入被動的境地，如此政府管治威信在這一過程中受到極大折損，從而客觀上變相助長違法者的氣焰。另一方面在緊急情況下，尋找平衡之點超出了行政長官的政治理性。[38]波斯納認為這個平衡之點決定着權利的最佳範圍，且隨着對自由和安全的威脅的起伏變化，這一點將持續不斷的轉變。可見這個平衡之點是一個變化的點，其實質是一個範圍。波斯納進一步指出在任何時候，人們都無法正確地確定這一點。[39]何況在香港出現緊急情況時，行政長官作為特區首長是決斷者而非計算者，是做事實上壞的準備而非理想上好的希望，因此強迫行政長官選擇合適的而非有競爭力的權力方式，來滿足這個難以確定的平衡要求，無異於緣木求魚、削足適履。

---

37. 原訴庭是支持這種觀點的，參見引 1，第 135 段。

38. 福柯認為政治理性不是依照神法、自然法或人法而治理的技藝，它並不一定要顧及世界的普遍秩序。它是和國家力量相符的治理，是在一個廣闊、競爭的框架內以增加這一力量為目的的治理。參見〔法〕蜜雪兒・福柯：《整全與單一：對政治理性的批判》，趙曉力、王宇潔譯，轉引自《愛思想網》，網址：http://www.aisixiang.com/data/37539.html，2020 年 3 月 24 日訪問。

39. 所謂平衡之點是這樣的一個點，即只要進一步擴大公民自由，削減安全而給社會造成的預期損害就要大於增加自由而給社會帶來的預期收益。同樣在這一點上，只要進一步限制公民自由，削減自由給社會造成的預期損害就要大於提高公共安全而給社會帶來的預期收益。同引 28，第 33 頁。

　　鑒於此，本文認為在緊急情況下，應對香港一般狀態下比例原則的第四點和第五點進行適當調整，建議由「合理比例」的標準轉向「明顯不合理」的標準，即緊急情況下，行政長官基於其政治理性與客觀形勢所作出的主題連續的緊急立法選擇[40]只要沒有明顯超出控制情勢發展的需要，利益天平「沒有明顯的」向社會利益傾斜，就符合比例原則。不同於前面着眼於宏觀上定性的合理聯繫，「明顯不合理」着眼於微觀上定量，該量的上限取決於被規制行為存在轉化的可能性——即只要某行為可能從合法轉向違法或者具有性質發生改變的現實可能性（可基於以往發生的概率作出判斷），則該項權利就可被未超過明顯不合理的措施限制。「明顯不合理」標準預設了官方權力實施對公民權利的侵犯性，但是這種官方行動是可以被理解的，並在某種程度上可被公民所預見。

　　作為比例原則的起源國，德國在立法領域和員警行政領域發展出比例原則的「明顯不合理」審查標準：在前者中，德國聯邦憲法法院在「勞工企業參決權」判決中表示，決策者對立法事實的預測只有在明顯錯誤的情況下，法院才能加以指責。[41]在後者中，新發展的比例原則對員警緊急性措施的審查往往會保持容忍態度，採取低強度的司法干預。[42]緊急情況下，人們無法預知其確切細節，也無法說明在這種情況下會發生什麼事情，尤其是在遇到極端緊急的情況並尋求如何消除這種情況時，更是如此。在這種情況下，根本就沒有什麼司法權，憲法的指導作用頂多只能指出在這種情況下誰能夠採取行動。[43]更何況，就「一國兩制」下香港特殊地方的法律地位而言，行政長官行使緊急立法

---

40. 如禁止在已獲批准的公眾集會和遊行場合蒙面與禁止非法集結、未經批准集結中蒙面具有主題（反暴力）連續性，考慮到現實中前者往往在發展過程中異化為暴力活動，所以前者並不違反明顯不合理要求。

41. 蔣紅珍：〈論適當性原則——引入立法事實的類型化審查強度理論〉，《中國法學》2010 年第 3 期。

42. 關於德國比例原則對員警審查強度降低的原因分析，參見李晴：〈德國員警法中比例原則的發展機理和啟示〉，《大連海事大學學報（社科版）》2020 年第 1 期。

43. 參見施密特：《政治的神學》，第 25 頁。

權的目的不僅是維護香港公共安全或秩序，還承擔着維護國家安全的主體責任。為了防止緊急情況的發生啓動《基本法》第 18 (4) 條規定的緊急狀態，給「一國兩制」帶來不可預測的風險，香港緊急情況下比例原則的建構宜調整為「明顯不合理」標準，從而為行政長官採取緊急措施提供較為充足的空間。

四、對香港特區行政長官緊急立法權實施的監督及其限度

行政長官緊急立法權的實施本質上是行政權力的擴張，其一定程度上將型塑香港居民的基本權利的邊界，因此應接受必要的監督。然而，在香港語境下，對緊急立法進行立法審查與司法審查不僅應接受憲制規範的約束，還應受到政治價值的檢視。

（一）立法會審查緊急立法可能會引發憲制危機

本案中，行政長官明確表示《禁蒙面法》的性質屬於附屬法例（subsidiary legislation），其制定程序為先訂立後審議，在立法會復會後，將其提交立法會審議。儘管根據《釋義與通則條例》第 3 條，規例與附屬法例、附屬法規和附屬立法同義，但行政長官徑直使用附屬法例，且特意強調接受立法會的立法審查。這在某種程度上反映了行政長官對立法會的「示弱」，其目的有二：儘快出台《禁蒙面法》；借立法會緩解社會爭議。然而，經研究發現，《緊急法》與《釋義》在附屬法例方面存在着衝突，立法會對緊急立法的審查可能會引發憲制危機。

由《釋義》第 34 條第 2 項 [44] 可推論出，立法會對附屬法例的修訂權與附屬法例的訂立權是分離的，而結合《緊急法》第 2 條第 1 項進一步可知，緊急情況下行政長官享有相對獨立的附屬法例訂立權。這種相對獨立性首要地體現在第 28 條第 2、3 項規定的附屬法例自在憲報

---

44. 即……立法會可借通過決議，訂定將該附屬法例修訂，修訂方式不限，但須符合訂立該附屬法例的權力……

刊登當日開始生效，即其並不依賴於立法會的批准。附屬法例的這種權力配置結構體現了行政與立法的制衡關係：一方面體現了香港政治體制的「行政（長官）主導」之特徵，另一方面體現了立法會對行政一定程度的控制。然而，《釋義》關於立法會對附屬法例的修訂權與《緊急法》關於附屬法例的時效具有內在的矛盾：根據《釋義》第 3 條[45]可知，立法會的修訂權包括廢除，[46]這意味着立法會有權終止行政長官某緊急立法的效力；而《緊急法》第 2 條第 3 項[47]規定只有行政長官有權以命令的形式終止附屬法例的效力。如果立法會經審議，決定廢除緊急情況下行政長官訂立的附屬法例，除非行政長官放棄憲制權力，否則立法會必然與行政長官發生權力衝突。在這種情況下，衝突解決有兩種途徑：一種為行政長官依據《基本法》第 50 條的基本原理解散立法會；另一種為行政長官向法院提請司法審查。前者顯然有很大風險，一旦開啓將導致香港重大憲制危機；後者則會陷入立法會決定不受司法管轄的法律困境，最終將衝突推向全國人大常委會。

從第六屆立法會的實踐[48]來看，立法會對動議廢除附屬法例的態度是很明確的：要麼否決，要麼不予處理。而以往立法會的態度基本也是如此，這可以往屆立法會公開的相關資料予以佐證。當然也有例外，比如針對 2010 年 5 月堆填區擴建計畫爭議，立法會經議員動議最終表決通過了廢除該擴建指令（列明以附屬法例的形式實施），而政府對此予以接受，從而終止了此次行政與立法間的權力交鋒。

---

45. 即修訂包括廢除、增補或更改，亦指同時進行，或以同一條例或文書進行上述全部或其中任何事項。

46. 有學者從一般法理論證了立法會對附屬法例的修訂權不包括廢除權。但本文不敢苟同，因為《釋義》第 3 條明確規定了修訂的法定內涵包括廢除，研究者不能直接推翻之，而且廢除某一附屬法例並不意味著完全否定了附屬法例訂立權本身，該學者誇大了否決效應。參見顧敏康、王書成：〈論香港立法會對附屬法規的否決權〉，《「一國兩制」研究》2011 年第 8 期。

47. 即根據本條條文訂立的任何規例，需持續有效至行政長官會同行政會議借命令廢除為止。

48. 參見《香港立法會網站》，網址：https://www.legco.gov.hk/yr18-19/chinese/subleg/reso_mv.htm#toptbl，2020 年 4 月 2 日訪問。

　　除了立法會廢除附屬法例外，立法會對附屬法例內容的增減、更改等也會導致立法與行政之間的張力，在某些情況下，若行政長官針鋒相對，則也可能導致前述憲制危機。那如何處理呢？本文認為，立法會對行政長官緊急立法的審查應堅持如下原則：第一，不做自己案件的法官。在發生緊急情況時，行政長官實施緊急立法權填補香港法律空白，這時可能涉及到立法權的權屬爭議，而立法會可能基於私心而排斥行政長官，所以為了彰顯公正，此時立法會不應斷自己的案，應保持謙抑和寬容。第二，尊重香港行政主導體制。《基本法》在處理行政與立法關係方面作出了行政優於立法的憲制安排，目的是追求制度意義上的行政（長官）主導。而緊急情況下，死板地遵守一般立法權屬於立法會可能會失去香港，這樣也就失去了《基本法》，從而荒唐的為了手段而犧牲了目的。【49】因此，此時立法會應相信行政長官的善意，尊重緊急立法。第三，良性溝通。立法會審查行政長官的緊急立法是法定職責，應得到切實履行，否則有違代議制基本精神。那如何把握立法審查的度呢？一方面立法會依法向行政長官提出對某緊急立法的修正建議，在維護香港整體利益的前提下應以最小干預的姿態實現對其民主控制；另一方面行政長官基於緊急情況的發展形勢，在保證緊急立法效果的前提下最大限度地吸收立法會的修改意見，從而實現緊急情況下行政與立法的良性互動。

（二）對行政長官緊急立法權實施司法審查的限度

　　香港發生緊急情況時，行政長官實施緊急立法權必然會限制居民的某些基本權利和自由，因此接受司法審查是現代法治的應有之義。然而，原訴庭明知香港現在處於嚴峻形勢，暴力行為給香港及其居民帶來嚴重危險，但「我們認為即使在一些特殊時期，尤其是當前面臨種種挑戰的時候，法院須繼續嚴格堅持既定的法律原則並以此來裁決案

---

49. 參見〔美〕湯瑪斯・傑弗遜：《杰弗遜選集》，朱曾汶譯，商務印書館，2011 年版，第 595 頁。

件。」【50】原訴庭的該裁判立場不得不引發我們對緊急情況下香港法院司法審查限度問題的思考。

能否有效地阻止專斷行為，確實是檢驗一部憲法是否實現了其所旨在實現的目的的判准；但這並不意味着每一部憲法都確立了一項評斷何為專斷者的適當標準，也決不意味着一部憲法所許可的某種行為就不再可能是專斷之舉了。【51】在一般憲制體制中，行政權力作為曾經的專斷典型已受到比較嚴格的限制，而「議會濫用權力的事實向那些在此前只把王權視作危險的人表明了議會也完全有可能像國王一樣專斷」。【52】麥迪森在美國制憲時直接呼籲人民對議會（立法機關）的專斷或暴政加強警戒，全力提防。【53】然而，在現代社會，比行政專斷、立法專斷更隱蔽、更危險的是司法專斷，而其正在司法獨立的庇護下大行其道。

司法獨立保障法官獨立審判案件並作出裁決，法官在這一過程中思考的不止是法律，還有事實，兩者缺一不可。如果法官僅着眼於法律，而不考慮和區分事實，甚至故意對事實視而不見，那該做法不僅反映法官的機械與懶惰，更反映法官的偏見與專斷。由此導致的直接後果可能是案件的公正難以保證，潛在的後果是法律可能失去進步的機會。長此以往，法律與實際逐步發生脫節，法治將走向衰退。以美國為例，若緊急時期聯邦最高法院大法官在釋憲時固執地遵守既定的憲法原則，堅持權利至上，不考慮實際情況（比如恐怖主義、暴亂動亂、傳染病等），那麼不僅無法保護公民的基本權利，反而把公民基本權利推向危險的邊緣。相反，正是大法官們適時地調整美國憲法與事

---

50. 同引 1，第 165 段。

51. 〔英〕哈耶克：《法律、立法與自由》（第二、三卷），鄧正來等譯，中國大百科全書出版社，2000年版，第 322 頁。

52. M. J. C. Vile. *Constitutionalism and the Separation of Powers*. Oxford: Oxford University Press, 1967, p. 43.

53. 參見〔美〕漢密爾頓等：《聯邦論：美國憲法述評》，尹宣譯，譯林出版社，2016 年版，第 331–332 頁。

實的關係，使其憲法效力經歷了「憲法不變學說—不受憲法限制說—憲法相對說」[54] 的變遷過程，才保證了美國憲法的巨大適應性和強大生命力，也更好的在緊急時期保護了美國更大的社會利益。回到香港法官的上述立場，若僵硬的「守法」而不是生動的司法成為香港法院的首要任務，那麼香港司法將被既定法律原則所奴役，在該「法律王國」中，法官除了卑躬屈膝，將毫無作為，而這對保護香港居民的基本權利而言絕對不是一件值得稱讚的事。

如前所述，香港的緊急法治處於發展初期，在發生緊急情況時，行政長官實施緊急立法權具有必要性和正當性。其意義不僅在於行政長官對一次具體緊急情況的回應，更是香港緊急法治的一次試驗或探索。在緊急情況下，香港法院往往以香港居民權利的守護神自居，然而，公民自由受到威脅，這種美麗的言辭，編起來是輕而易舉的。[55] 當香港法院以所謂「既定的法律原則」廢除該行動時，它實際上就扼殺了這種試驗。這樣一來，它就剝奪了對它自身以及對香港而言都很重要的一些資訊，即該試驗對於自由、隱私、安全、多樣性或其他價值的後果。[56] 緊急情況下以法院為中心的進路是短視的，因為法官們對香港安全的需要不甚瞭解。因此，香港法院在判斷行政長官緊急立法權的合法性時，應當有一定的限度，而這個限度更多地依賴於其自身對此保持謙抑和尊讓。可行的措施為將對行政長官緊急立法權的司法審查局限於具體個案，而不是對其進行抽象的整體的模糊的判斷。正如波斯納所言：「我們的憲法制度的優點之一是，法院不能對政策作判決，除非是並且一直要等到受該政策損害的某人提起一個案件。[57] 香港法院離開具體個案，對行政長官的（尤其在類似於「修例運動」這種政治意

---

54. 參見滕宏慶：〈安全抑或自由：危機中的美國憲法〉，《法律科學（西北政法大學學報）》2014 年第 1 期，第 30–38 頁。

55. 同引 53，第 101 頁。

56. 參見引 28，第 29 頁。

57. 同上，第 29 頁。

味濃厚的環境）緊急政策作出抽象判斷，一方面，比例原則可能成為一個抽象的公式、符號，即使社會已經實際存在的價值能夠成為法官判斷的依據，但是其卻能夠對它們作相對性的處理，[58]於是，政府在緊急情況下的處理正確與否不再是政府本身的問題，而成為了法官的選擇，在某種程度上來說，法院竊取了政府的行政權。另一方面，有違政治不審查原則之嫌，由此產生的政治中立質疑對於香港司法而言將是不可承受之重，香港法院對此不可不察。

---

58. 參見《政治的神學》，第 36 頁。

第九章

《香港特別行政區基本法》中的行政命令制度
淵源、流變與反思

❦❦❦❦❦❦❦❦❦❦❦❦❦

康玉梅

北京外國語大學法學院講師

《香港特別行政區基本法》第 48（4）條確立的行政命令制度
（Executive Orders）是行政長官的重要職權，其規範表述為「發佈行政命令」。它基本上處於沉睡狀態。回歸二十餘年來，實踐運用甚少，行政長官僅在回歸初發佈過關於公務人員管理和 2005 年關於秘密監察的行政命令。同時，相關理論研究嚴重不足。除回歸初期有關於行政命令的性質和溯及力初步討論外，[1] 其後幾乎無人問津，[2] 遠未形成深入系統的制度研究體系。因此，對於什麼是行政命令，如何界定其內涵外延，認識其淵源、性質、效力、適用範圍等基本問題，仍有待我們深究。

具體而言，需要研究的基本問題至少包括：（1）追根溯源，行政命令制度淵源於哪裏？從法律延續的內部視角來看，或者說從縱向的歷

---

* 原文發表於《中外法學》，2018 年第 4 期，已獲原刊授權出版。

1. Peter Wesley-Smith. "Executive Orders and the Basic Law". In Alice Lee (ed). *Law Lectures for Practitioners 1998*. Hong Kong: Hong Kong Law Journal Limited, 1998, pp. 187–209.

2. 僅有極個別針對 2005 年行政監察命令案例探討文章，如 Simon N. M. Young. "The Executive Order on Covert Surveillance: Legality Undercover?" *35 Hong Kong Law Journal*, Part 2, 2005, pp. 265–276；葉海波：〈香港特區立法權運行爭議的法理分析〉，《政法學刊》2012 年第 6 期，第 28–29 頁。

史發展考察，它與港督時期的某些行政職權是否存在制度承繼關係；從《基本法》制定的外部關聯來看，意即從橫向的比較視野分析，它是否受到了內地相關法律關於行政職權規定的影響？（2）還原到起草過程，行政命令制度是如何確立的？在不同的草案版本中，它是否經歷了不同的形式演進，存在哪些核心問題的爭議、探討和建議，能否通過這些演化軌迹來窺得一二？（3）具體到法治實踐，行政命令制度是如何適用的？僅有的兩次適用，前後有何不同或發展動態？並且，與立法初衷或原意相比，是否經歷了演化流變？我們能否從中歸納概括出它的核心要義與內涵外延？（4）進一步反思追問，現有實踐應用的背後理論基礎是什麼，合理妥當麼？符合香港的行政權運行現狀，有利於香港政制的良性發展和社會的有效治理麼？

特別是，在目前行政立法關係惡化的背景下，行政權的運行處處受阻，特區政府政策的推行和社會的治理舉步維艱，很大程度上偏離了《基本法》設計的行政主導體制的初衷。[3]因而，對行政命令制度的研究還有強烈的現實意義和緊迫需求。那麼，實踐中行政命令制度的運行，對於緩解當前行政權的困境，提高政府施政和執行法律的效率，是存在積極的促進意義還是負面的雪上加霜或者無關緊要？更進一步或樂觀一些，它是否可能像美國總統發佈的行政命令制度那樣，成為政府積極主動施政的強力工具，並具有事實上的立法效力呢，儘管仍然受到國會和司法機構的事後監督？[4]這些問題都值得我們考證和求索。

鑒於此，本文將通過追溯行政命令制度可能的淵源，還原其起草過程，剖析它的實踐應用，試圖回答該制度的內涵外延、效力、適用

---

3. 就行政權與立法權之間關係而言，從《基本法》對這兩個權力主體的權力配置看，其對於行政長官的傾斜性是十分明顯的。關於這一點，《基本法》的立法原意是「行政長官要有實權」，同時二者的關係是「相互制衡，互相配合」。參見姬鵬飛：〈關於《中華人民共和國香港特別行政區基本法（草案）》及其有關文件的說明〉，《中國人大網》，1990 年 3 月 28 日，網址：http://www.npc.gov.cn/wxzl/gongbao/1990-03/28/content_1479211.htm，最後訪問日期：2017 年 10 月 20 日。

4. 參見王名揚：《美國行政法》（上），中國法制出版社，2005 年版，第 47、140 頁。

範圍以及背後的理論基礎等基本問題，並在此基礎上進一步反思它可能存在的問題，以及與香港政制體制發展和三權運行之間的相互影響關係。

一、行政命令制度的淵源：港督權力還是中國內地規定？

（一）淵源追溯的必要性與路徑

《基本法》第 48 條列舉了香港特別行政區行政長官的主要職權，其中第 4 項為「決定政府政策和發佈行政命令」（To decide on government policies and to issue executive orders）。毋庸置疑，作為特別行政區政府首長，行政權是行政長官的當然權力，「決定政府政策」也是行政執法和社會管理過程中的應有之義，但「發佈行政命令」卻未必為當然和普遍通行做法。[5]綜觀整個《基本法》及香港現行法律制度，關於行政命令再無其他相關規定或更為細緻具體的運作規範，因而基本上停留於立法簡單粗糙的階段，深入認識更是無從談起。因此，有必要追根溯源，從歷史和比較的視角探求其可能的制度原貌與參照價值。

聯繫香港過去一百多年的殖民管治歷史與回歸歷程，追溯行政命令制度的源流蹤跡可以有兩個路徑。其一，從香港總督職權的視角切入。從根本上說這源於香港回歸的基本目標是保持香港的繁榮與穩定，體現在法律領域就是制度的延續性與穩定性。早在 1984 年的《中英關於香港問題的聯合聲明》中就明確規定，「現行的法律基本不變」，[6]1990 年頒佈的《香港基本法》也在多個條文中表明「香港原有法律予以保留」。[7]具體在政治體制方面，它設計的基本原則就是「符合

---

5. 發佈行政命令並非政府首長當然權力，當今主要憲法地區或國家設立政府首長行政命令制度的僅有香港、澳門、美國等。

6. 《中英關於香港的聯合聲明》第 3（3）條。

7. 參見《基本法》第 8、19、91、93、94、100、103、120、124、129、136、141、142、144、145、160 條等。

《中英聯合聲明》的精神、保持現有制度的優點並加以改善」。[8]無疑，現行行政長官職位與港英時期的總督最為相似，[9]某種程度上是其延續和繼承，[10]總督的不少職權被直接轉移接續至行政長官的職權設置體系中。對此，基本法起草委員會曾明確指出行政長官職權的確立參考了當時香港的實際情況，「行政長官保留了一些原來由港督行使的權力，寫入了基本法（草案）徵求意見稿第48條」。[11]因而，從總督職權入手，分析其中是否存在與行政命令一致或相似的制度是可以嘗試的路徑。

其二，從中國內地行政權體系的設置入手。香港獨特的歷史演化邏輯不僅帶有港英政府時期的深深烙印與構建色彩，而且作為同根同源、共用幾千年中國傳統歷史文化的華人為主社會也離不開祖國內地的影響，特別是港英政府後期政治體制的變遷與現代中國政治法律制度的演變更是密切關聯，因而不可避免地帶有內地政治法律模式的痕跡，甚至很大程度上有政治法律架構的相似與契合。[12]並且，從具體法律依據來看，香港特別行政區是根據1982年《憲法》第31條設立，《基本法》實際上就是它的擴展和補充，共同組成了整個中國憲法體系，[13]因而《基本法》的某些重要職權條款的設置很可能受當時憲法體系和邏輯思維的影響。此外，更為現實和直接的情況是，基本法起草

---

8. 《中華人民共和國香港特別行政區基本法（草案）徵求意見稿諮詢報告（3）──專題報告》，1988年10月，第4頁。

9. 1986年4月《香港各界人士對〈基本法〉結構等問題的意見彙集》在談及行政長官地位時明確指出，「行政長官的權力凌駕於行政、立法機關之上，是香港特別行政區政府最高首長，類似現在的港督，擁有最高決策權」。參見《香港各界人士對〈基本法〉結構等問題的意見彙集》，1986年4月，第41頁。

10. See Peter Wesley-Smith. *An Introduction to the Hong Kong Legal System*. Hong Kong: Oxford University Press, 1998, p. 27.

11. 蕭蔚雲：〈設計香港未來政治體制的構思〉，《參考資料八》，基本法諮詢委員會秘書處提供，1988年8月19日，第7頁。

12. See William Rich. "Hong Kong: Revolution without Change". *Hong Kong Law Journal*, 20(3), 1990, pp. 281–291.

13. 參見強世功：〈基本法之謎──香江邊上的思考之十〉，《讀書》2008第9期，第47頁。

委員會的組成人員共有 59 人，而內地就佔了 36 人，其中法律界人士 11 人。[14] 無疑，涉及基本法政治體制的行政職權與當時起草人員的意見直接相關。[15] 所以，儘管整個起草過程是起草委員會共同協商討論的結果，但無論是從人員組成數量還是背景分佈來看，行政長官職權的設置都必然會受到內地相關制度的影響。

（二）總督權力檢索：形式與實質

第一部規定總督職權的是 1843 年 4 月 5 日的《香港憲章》（Hong Kong Charter）和總督訓令（the Instructions），要求首任港督樸鼎查依此組織港英政府，並授權在立法局建議下為殖民地和平、秩序和善治行使完全的立法權。[16] 這為總督職權體系奠定了基本的框架和修改藍本。1917 年 2 月 14 日，喬治五世在此基礎上發佈了《英皇制誥》（Letters Patent）和《皇室訓令》（Royal Instructions）。後來幾經修改，一直存續到回歸前夕，成為總督職權最重要的憲法來源。其中，《英皇制誥》第 2 條就從總體上對總督的職權與授權進行了規定，「皇室授權並指令總督兼總司令（以下簡稱總督）行使在他職權範圍內之一切權力。總督權力來源依據本制誥及經璽筆簽署及蓋上禦璽而頒發予他之委任狀，經璽筆簽署及蓋上禦璽而頒發予他之皇室訓令，樞密院敕令，皇室通過一名重要國務大臣傳達之指令以及本殖民地現行及日後制訂之有效法律。」[17] 更進一步對總督職權進行規範和細化的是《殖民地規例》（Colonial Regulation）第二部分的第五章。

---

14. 彭沖：〈關於香港特別行政區基本法起草委員會名單草案的説明——1985 年 6 月 8 日在第六屆全國人民代表大會常務委員會第十一次會議上〉，《中國人大網》，網址：http://www.npc.gov.cn/wxzl/gongbao/2000-12/26/content_5001657.htm，最後訪問日期：2017 年 10 月 20 日。

15. 參見蕭蔚雲，見前注 11，第 7 頁。

16. G. B. Endacott. *Government and People in Hong Kong 1841–1962: A Constitutional History*. Hong Kong University Press, 1964, p. 22.

17. 《英皇制誥》（Letters Patent）第 2 條。

　　總督可以行使「在他職權範圍內之一切權力」。從形式上看，總督的職權包括三類，涵括了行政的、立法的和司法的三個類別。首先，在行政方面，總督有權召集、主持行政局會議，行使諮詢、質疑、否決權；處置殖民地官地；任免、暫停、獎懲公務人員；行使一切履行其職權必要的推斷權力等。其次，在立法方面，總督被授權制定法律，以確保和平、秩序及良好管理。[18]但他不能單獨行使這一權力，他應參照立法局的意見並得到該局同意。法案被提起到立法局通過後，呈總督審閱，由他根據其自由裁量權但受制於來自英國的訓令，決定批准或拒絕批准或留待女王批准。[19]女王保留對殖民地立法權，[20]她可以駁回上述法律。[21]總督和立法局必須遵守所有規則、規例和與立法相關的指示，而這些規則都包含在皇室訓令中。[22]最後，在司法方面，總督可以任命法官，[23]但沒有更進一步的權力，不得影響或決定司法程序的結果。司法獨立於行政是香港憲政基礎性和根本性原則，儘管總督有赦免或減輕刑罰的權力。[24]總之，總督所有權力都來自於英國皇室的授權，但總督並不擁有一般主權權力或佔有國王完整的特權，「總督並不是國王，而是國王的僕人」。[25]他的職權難以完整準確地概括詳盡，既有來自上述憲法文件的明示特權授予，也包括某些特殊情形下暗含的權力，如抵禦外侵、緊急事項處分權等。但他不得違背來自皇室的意願或做出侵犯主權的事或超出任何殖民地居民權利範圍內的事，否則將受到司法覆核並承擔責任。

---

18. 《英皇制誥》(Letters Patent) 第 7 (1) 條。

19. 《英皇制誥》(Letters Patent) 第 10 條。

20. 《英皇制誥》(Letters Patent) 第 9 條。

21. 《英皇制誥》(Letters Patent) 第 8 條。

22. 《英皇制誥》(Letters Patent) 第 12 條，《皇室訓令》(Royal Instruction) 第 25 條。

23. 《英皇制誥》(Letters Patent) 第 14 條。

24. 《英皇制誥》(Letters Patent) 第 15 條，《皇室訓令》(Royal Instruction) 第 34 條。

25. *Attorney-General v David Chiu*, [1992] 2 HKLR 84 (CA) , at 116.

通過上述職權檢索可以發現，從嚴格的形式主義視角來看，總督可以發佈各種命令（order），但在各項職權或已經發佈的命令中，並沒有專門的、直接以「行政命令」（executive order）為名的文件。從歷年政府發佈的《香港政府憲報》來看，總督發佈各種命令文件的名稱大致分為兩類：關於人事關係的委任狀（appointments）和土地處置、衛生、國籍、政府合約等社會管理類的告示（notices）。【26】

從實質內容的視角來看，如果我們不局限於「行政命令」這一表面術語，而是分析帶有命令性質（order）的各種文件，將其變通地理解為「總督行使行政權而頒佈的命令為行政命令」，那麼可能的命令有兩大類。其一是關於行政機關內部人事變遷和紀律懲處的命令；其二是針對外部相對人或社會一般公眾發佈的命令，包括各類具體的行政決定和附屬立法告示。特別是附屬立法，即立法局授權給總督立法，儘管其命名並不統一，如「任何公告、規則、規例、命令、決議、通知、法院規則、附例或其他方式」，但「通知、決議、命令」比較普遍。【27】與前一類的內部人事管理的行政性質命令相比，附屬立法中的命令「在任何條例之下制定或根據任何條例規定，並且有立法效力」。【28】核心問題在於，《基本法》除第 62 條提及行政長官可以提出附屬法規草案外，並沒有其他條款明確規定附屬立法權或對行政長官的專門授權立法，更未明確附屬立法與行政命令有多大的相關性或一致性。但是，根據香港「原有法律予以保留」和《回歸條例》第 28 條的規定，總督的部分權

---

26. 例如 1973 年 3 月 2 日的《香港政府憲報》中主要委任令有「奉聯邦事務大臣所發之委任令」、「總督委任令」、「太平紳士」等，主要告示有「關於已獲通過並經批准之條例事」、「一九四八年英國國籍法所准歸化英籍之人士」、「根據第十八條規定所發之佈告」等。See *115 Hong Kong Government Gazette*, Mar–Apr 1973, pp. 790–855.

27. Peter Wesley-Smith. *Constitution and Administrative Law in Hong Kong*. Longman Asia Limited, 1995, p. 164.

28. 《釋義及通則條例》（Interpretation and General Clauses Ordinance）第 3 條。

力很可能轉移到行政長官職權中來。[29]並且，普通法被《基本法》確認和繼續保留，而普通法就是確認、接受和制約傳統英國國王的權力，這些權力正是在特權名義下進行，也是英女王殖民地權力的來源。[30]所以，可能的討論空間便是，在這一法律繼承與移植的背景下，是否存在部分總督職權中的某些命令發佈權轉移到了現行行政長官中的行政命令制度上呢？更進一步，這些可能轉移到行政命令制度中的命令發佈權是對內的還是對外的，是行政性的還是立法性的，抑或二者兼有呢？

（三）中國內地淵源：《憲法》與組織法中的相關規定

《中英聯合聲明》於 1984 年簽署之後，《香港基本法》的起草也隨之提上議事日程，並最終於 1990 年完成，因而有必要檢索這個時間段前後中國內地相關法律中關於行政職權的規定是否有行政命令這一項。

首先，具有根本指導意義和參照價值的是 1982 年《憲法》。儘管香港是中華人民共和國的一個特別行政區，但從國家結構來講，它仍是中國的一個地方，既存在與中央的縱向垂直關係，也有與其他地方省市的橫向平行關係，因而《憲法》中關於國務院和地方各級政府職權的相關條款值得關注。《憲法》第 89 條關於國務院職權規定的第一項就規定：「根據憲法和法律，規定行政措施，制定行政法規，發佈決定和命令」；第 107 條規定地方各級人民政府職權是「縣級以上地方各級人民政府依照法律規定的許可權，管理……，發佈決定和命令，任免、培訓、考核和獎懲行政工作人員」。由此可見：其一，「發佈決定和命令」是國務院和地方各級人民政府的一項基本行政職權，屬於中國憲政體系中行政權架構的重要內容；其二，從術語表述來看，「決定」和

---

29. 《香港回歸條例》A601 第 28 條：凡歸屬總督或可由總督行使的權力（第 27 條提述者除外）轉授予公職人員，該項轉授如在緊接 1997 年 7 月 1 日之前是有效的，則在相類權力歸屬行政長官可由行政長官行使的範圍內，該項轉授在該日及之後繼續有效，並當作由行政長官向特區的相應公職人員作出的。

30. Peter Wesley-Smith, supra note 27, p. 106.

「命令」緊密關聯在一起，同為政府行政管理措施的一種方式或手段；其三，儘管這裏表述與《基本法》有些許差異，但這種不同更多是表面的，政府發佈的命令很顯然是行政命令。

其次，可以考察更為具體的下位法，即各級人民政府組織法的相關規定。《地方各級人民代表大會和人民政府組織法》於 1979 年產生，經 1982、1986、1995、2004、和 2015 年五次修改，共有六個版本。除用語表述稍有細微變化和修正外，這六個版本關於地方各級人民政府發佈決定和命令職權基本上是一致的。如 1979 年、1982 年、1986 年規定均為「發佈決議和命令」，[31] 但從 1995 年開始變為與 1982 年《憲法》表述完全一致的「發佈決定和命令」。很顯然，如此一致的規定表明「發佈決定和命令」是政府職權中一項當然和重要的內容。

由此可知，從形式上看，《基本法》中關於行政長官「發佈行政命令」這一規定帶有明顯的大陸法模式的痕迹，與內地行政管理職權體系設定聯繫甚緊。但從性質和效力上看，國務院和地方各級人民政府職權中的「發佈決定和命令」既有關於內部人事管理文件也有針對外部普通公民的行政文件；既有行政性的具體行政行為，也有「參照」性質、准立法類的抽象行政行為。可謂涵蓋社會行政管理一切領域，適用普遍，與公民日常生活和基本權利息息相關。至於《基本法》中行政長官發佈行政命令的性質、效力、範圍等基本問題界定與此到底有多大程

---

31. 《中華人民共和國地方各級人民代表大會和地方各級人民政府組織法（1979 年）》第 35 條：縣級以上的地方各級人民政府行政下列職權：（1）執行本級人民代表大會和它的常務委員會的決議，以及上級國家行政機關的決議和命令，規定行政措施，發佈決議和命令；第 36 條：人民公社管理委員會、鎮人民政府行使下列職權：（1）執行本級人民代表大會的決議和上級國家行政機關的決議和命令，發佈決議和命令；1982 年修正版的第 35（1）條與 1979 年版完全一致；第 36 條因 1982 年《憲法》取消了「人民公社會管理委員會」的設置，改為「鄉、民族鄉」，所以第 36 條首部為「鄉、民族鄉、鎮的人民政府行使下列職權」，但第（1）項內容與 1979 年版本完全一致。1986 年修正版相應條款和內容與 1982 年相比無變化。1995 年、2004、2015 年三個修正版本的相應條款數目和內容規定完全相同，具體為：第 59 條：縣級以上的地方各級人民政府行使下列職權：（1）執行本級人民代表大會及其常務委員會的決議，以及上級國家行政機關的決定和命令，規定行政措施，發佈決定和命令；第 61 條：鄉、民族鄉、鎮的人民政府行使下列職權：（1）執行本級人民代表大會的決議和上級國家行政機關的決定和命令，發佈決定和命令；……

度的一致或關聯，則無法僅從條文的表述得到確切的答案，尚待進一步分析考證。

二、起草過程追溯：形式演進與爭議焦點

無論是從總督職權的視角還是內地行政職權規定的模式來分析，都無法為現行行政長官職權中的行政命令制度提供直接的淵源或肯定的制度依據。那麼，它到底是如何制定出來的呢？在起草過程中，它是否經歷了文本的變遷，有哪些爭議性問題和相應的方案建議？因而，我們有必要從行政職權制定的過程，即《基本法》的起草歷史來進一步探尋行政命令制度基本問題可能的界定。

（一）形式演進：從序位到表述

《基本法》的起草前後共經歷了九稿。從第一稿開始，「發佈行政命令」就作為行政長官職權條文中的一項的後半部分存在，並穩定無變化地存續到最後一稿，變化的是該項所處的序位和前半部分的表述。【32】

從形式上看，前三稿第四章第一節第 5 條關於行政長官職權列舉中的第（5）項表述都是「決定政策和發佈行政命令」。【33】從第四稿開始，由於每章條文數連續編排，該項就變成了第 47 條第 5 項，內容更改為「決定政府政策和發佈行政命令」並一直保持到終稿。【34】第五稿表述與上一稿完全相同，但由於刪除了職權的第 1 項，因而序位提至第四項，同

---

32. 參見李浩然主編，《香港基本法起草過程概覽》，三聯書店（香港）有限公司，2012 年 7 月版，第 482–503 頁。

33. 〈政治體制專題小組工作報告（一九八七年八月二十二日）〉，《中華人民共和國香港特別行政區基本法起草委員會第五次全體會議文件彙編》，第 40 頁。

34. 〈香港特別行政區基本法起草委員會各專題小組擬定的各章條文草稿彙編〉，《中華人民共和國香港特別行政區基本法起草委員會第六次全體會議文件彙編》，第 34 頁。

時條文數為第 49 條。【35】到第六稿時，該條序位就變成了第 48 條的第 4 項，【36】而第七、八、九稿也未作任何變動，從序位到內容表述都與現行文本完全一致。

由此可見，其一，序位變化只是被動地隨着其他條文和項數變遷而調整，看似並無多大分析價值。但在整個被動調整過程中，相對穩定的靜態序位可能有更多的參考意義。相較於草案第 5 項之後不斷變化，本項內容穩定地處於基本領導權、執法權、立法相關的簽署權之後，人事權、與中央政府相關事項執行、財政收支動議提出以及刑罰減免、申訴請願等處理權之前，這表明它在整個行政長官職權設置中處於相對重要的位置，僅次於傳統意義上的行政執行權和相關立法權。但從實踐中看，二者卻出現了極大反差，該項基本上處於沉睡狀態，鮮有應用或研究。其二，表述的變化甚微，僅僅是前半部分「決定政策」中間加了範圍限定「政府」二字，而「發佈行政命令」恒定不變。這一方面表明「決定政府政策」和「發佈行政命令」緊密相聯，二者很可能存在某種前後邏輯關係，這與上文淵源追溯中的內地規定相吻合；另一方面，「發佈行政命令」恒定不變地存在，似乎是起草委員會和社會相對一致的看法。當然，也有可能存在爭議，但並無更多的共識和更好的修改方案，因而從初稿到終稿一直未有變動。而這，恰恰是真實寫照。

（二）爭議焦點：範圍界定與權力限制

從該條整個起草過程來看，這一項的爭議相對較少，問題集中於範圍界定與權力限制。第二稿就有委員提出「決定政策」過於籠統，認

---

35. 1988 年 4 月〈總體工作小組所作的條文修改舉要〉，《中華人民共和國香港特別行政區基本法起草委員會第七次全體會議文件彙編》，第 16 頁。

36. 〈中華人民共和國香港特別行政區基本法（草案）徵求意見稿（一九八八年四月二十八日）〉，《中華人民共和國香港特別行政區基本法起草委員會第七次全體會議文件彙編》，第 45 頁。

為行政長官並非能決定所有政策，應當加以限定。[37] 這一建議在第四稿中得到了採納，變成了與終稿一致的「決定政府政策和發佈行政命令」。但直到第七稿討論時，才首次出現關於「發佈行政命令」內容的相關質疑和建議，而且它們主要來自於由香港各界人士組成的基本法諮詢委員會對基本法的徵求意見稿。其中首要問題仍是範圍不明，認為「行政命令」一詞的範圍應當清楚界定。[38] 但隨後的修改建議卻並沒有直接對其進行限定，而是試圖通過程序進行約束。建議一改為「經立法機關批准後而決定政府政策，並發佈行政命令」，其理由是「行政長官不能不經立法機關同意而決定政府政策，這等於獨裁統治」；建議二改為「發佈行政命令，及與行政會議共同決定行政政策」，其理由是「避免行政長官權力過大」；建議三是在該項前加上「於諮詢行政會議下」；建議四認為應當設置相關制衡機制，例如由一方制定政策，一方頒佈行政命令，而另一方有否決權。[39] 相對而言，該稿的各方討論也是對該項最集中深入的一輪。從上述四方案來看：其一，儘管它們具體方案有異，但共同點是通過設置具體的程序來限制政府政策決定的作出，從而試圖達到界定行政命令發佈權的目的，而非直接限定行政命令。它潛在邏輯仍將「決定政府政策」與「發佈行政命令」前後關聯在一起，這與上文文本變遷和大陸法模式的相關分析是一致的。其二，問題的出發點是範圍限定，但體現在建議與理由中的終結問題指向的卻是背後的權力限制，即通過立法機關或行政機關的程序限制、權力主體分離制衡來防止行政權的專斷或濫用。其三，從程序上看，行政命令權的行使似乎預設了與立法機關或行政會議密切相關。

---

37. 《中華人民共和國香港特別行政區基本法起草委員會第五次全體會議委員們對基本法序言和第一、二、三、四、五、六、七、九章條文草稿的意見彙集》，1987年9月2日，第30頁。

38. 基本法諮詢委員會：《中華人民共和國香港特別行政區基本法（草案）徵求意見稿諮詢報告第五冊——條文總報告》，1988年10月，第220頁。

39. 同上注，第224頁。

到第八稿討論時，諮詢委員會的修改建議集中限縮到其中一種方案，即在該項前加上「於諮詢行政會議下」，[40]但不再提及立法機關程序介入。然而，最終的方案並沒有採納這一點。遺憾的是，無論是最後的起草意見彙集整理還是草案意見諮詢稿相關報告，都沒有更多建議回饋或進一步的關注討論，而這些問題的爭論正好關涉到行政命令制度的性質、效力、行使方式、內涵外延等基本界定與認識。這樣，「發佈行政命令」似乎成了無具體約束和明確限定的職權，僅能從文本表述來推斷它與「決定政府政策」在邏輯上可能形成同一事項前後相繼、一個問題兩個面向的密切關聯。但它事實上到底如何，以及起草中聚焦的問題在實踐中可能的走向和行政命令制度的具體界定，則有待於該制度在實踐中的檢驗與釐清，特別是普通法判例制度對其解釋、豐富和完善。

三、實踐中的制度流變：從公務員案到秘密監察案

到目前為止，《基本法》第 48（4）條確立的行政命令制度在實踐中的應用極其有限，有且僅適用過兩個不同對象，且均被提起了司法覆核。儘管兩次司法判決結果迥異，一正一反，但正好從兩個維度為我們進一步認識其性質、效力，界定其內涵外延，提供了基本的準則和方向指引，成為豐富和完善這一制度的基石之作。

（一）公務員案：正面肯定適用範圍和溯及力

行政長官首次依據《基本法》第 48（4）條的授權，以「行政命令」的形式發佈的文件是《1997 年公務人員（管理）命令》（Public Service (Administration) Order 1997）（E.O. No. 1 of 1997），規定了公務人員的任免、停職和獎懲制度。同時，為調查和裁定公務人員紀律違反行為，

---

40. 基本法諮詢委員會：《中華人民共和國香港特別行政區基本法（草案）諮詢報告第三冊 —— 條文總報告》，1989 年 11 月，第 132 頁。

行政長官還發佈了《公務人員（紀律）規例》（Public Service（Disciplinary）Regulation），確立了一整套紀律程序。隨後，香港海外公務員委員會向高等法院提起了司法覆核請求，對這兩個文件的合法性基礎提出了挑戰，認為：（1）這兩個文件的內容違反了《基本法》第 103 條「原有制度」和第 48（7）條「依照法定程序」的規定；（2）這兩個文件在香港《政府憲報》上公佈時間分別為 1997 年 7 月 9 日和 1997 年 7 月 11 日，但其效力溯及到 1997 年 7 月 1 日，而行政命令和規例除非經立法授權不得具有溯及力。

第一，關於這兩個文件的合法性問題。法院經審理肯定了其合法性，主要理由如下：其一，行政長官發佈公務人員管理的行政命令的權力，源於《基本法》第 48 條行政長官職權中的第 4 項「確定政府政策和發佈行政命令」和第 7 項「依照法定程序任免公職人員」；行政長官發佈公務人員紀律規例的權力則源於上述行政命令第 21（1）條的授權，它規定「行政長官可為以下事宜訂立規例 …… 規管本命令下的常規及程序」。其二，回歸前的香港公務員管理的「原有制度」文件包括《英皇制誥》、《殖民地規例》，以及總督發佈的《紀律程序（殖民地規例）規例》、相關指引和《公務人員（紀律）規例》，其中關於《英皇制誥》下公務人員權力如何行使和相關程序主要依賴於《殖民地規例》，並通過總督發佈的規例和指引來進一步落實。對於《殖民地規例》授權總督制定發佈的《紀律程序（殖民地規例）》和《公務人員（紀律）規例》兩個文件，前者需要英國國務大臣批准，而後者不需要。因而，「原有制度」表明總督確立的紀律規例既非由立法機關制定也無需經立法機關批准，而是由國王運用其特權（prerogative）通過《英皇制誥》和《殖民地規例》對總督的授權。回歸後，為保證行政管理的連續性，行政長官發佈的上述行政命令和規例與先前殖民地文件盡可能地保持了相似性，並無顯著區別，因而它的生效也無需立法機關批准，被告所認為的「取代制度僅靠行政命令而無立法機批准就意味着原有制度未保留」的説法不成立。其三，《基本法》第 48（7）條「依照法定程序」的理解應依賴具體的文本，這裏「法定」程序並不等於程序「由法律規定」，而且即

使理解為「由法律規定」也不必要求立法機關批准。《基本法》第 8 條關於「法律」的解釋包括了普通法、衡平法、習慣法等。第 48（7）條的理解應當根據第 103 條「香港原有關於公務人員的招聘、雇傭、考核、紀律、培訓和管理制度 …… 予以保留」來確定。行政長官發佈的行政命令制度保留了香港原有公務員制度，因此，它符合「依照法定程序」的規定。

　　第二，關於溯及力問題。行政長官發佈的公務人員管理的行政命令和規例都溯及至 1997 年 7 月 1 日。香港海外公務員委員會認為它們的溯及力導致它們是不合法的，因為《基本法》並沒有許可行政長官依據第 48（4）條發佈的行政命令具有溯及力。另外，如果這兩個文件被認為是附屬立法，它們的溯及力也導致其不合法的後果，因為附屬立法除非經立法機關授權才能在實踐中有溯及力。法院對此予以駁斥。首先，無任何法律原則能阻止附屬立法或行政行為的有效性，僅因為它是有溯及力的。其次，附屬立法的效力僅因為超越立法權限而無效，即立法的授權明示或暗示了附屬立法不得有溯及力。相似地，行政行為溯及力因其違反傳統公法基礎而受到挑戰。但是，《基本法》和《回歸條例》（No.110 of 1997）並未暗示阻止行政長官的行政命令的溯及力。最後，更為現實的情況是，行政長官作出關於公務員管理的政策決定需要諮詢行政會議，而回歸後第一次行政會議時間是 1997 年 7 月 8 日。因而，這兩個文件溯及至 1997 年 7 月 1 日是出於行政管理連續性的需要，防止因殖民地文件的失效而導致公務人員管理出現不良後果。[41]

　　此外，關於這兩個文件中的某些具體條款效力，法院通過援引分析《香港人權法案條例》的相關規定，分別予以否定或肯定。

　　從總體上看，公務員案從正面肯定了行政命令制度適用於行政機關內部事項，即公務人員管理的有效性，而這種有效性的判斷主要依

---

41. *The Association of Expatriate Civil Servants of Hong Kong v the Chief Executive of the Hong Kong Special Administrative Region*. A.L.No.90, 1997.

賴於「原有制度」下相關權力的分配和運行，以及它與現行制度的規定比對。它的溯及力也取決於具體的制定和實施環境，更多是現實的考量和理性判斷。遺憾的是，該案在肯定其符合「依照法定程序」的要求，明確其不需要經立法機關的批准後，並沒有進一步討論其具體的合法性是否僅僅是行政性的，有無可能還具有類似附屬立法的法律效力。特別是對於被告提及的疑似附屬立法性質，法院也僅僅是作為一種可能性考慮，駁斥被告關於附屬立法效力與溯及力關係的觀點，是側面回應而非明確、正面地回答行政命令到底是否為附屬立法的問題。

（二）秘密監察案：反面否定適用範圍

與公務員案命運迥異，2006 年秘密監察案中行政長官發佈的行政命令效力遭到了法院的徹底否定，排除了它適用於香港公務人員以外的普通居民和具有立法效力的可能性，進一步明確了其內涵界定。

《基本法》第 30 條規定了香港居民通訊自由和通訊秘密受法律保護的權利，第 39 條規定了隱私保護權，並透過《香港人權法案條例》的第 14 條進一步落實。但出於刑事偵查、預防犯罪和公共安全的需要，秘密監察非常必要，同時應受到法律的管控。1963 年制定的《電訊條例》第 33 條賦予總督在任何時候，出於公共利益考慮授權公務人員，命令攔截電訊訊息的一般權力。[42] 1996 年，法律改革委員會發佈了一個規制截取通訊的隱私報告，認為《電訊條例》的第 33 條與《國際人權公約》第 17 條、《香港人權法案條例》第 14 條不符。[43] 1997 年 6 月 27 日，香港立法局通過《截取通訊條例》，旨在「為截取以郵遞或透過電訊系統傳送的通訊提供法律監管，並廢除《電訊條例》第 33 條」。考慮到當時實際情況，該條例無法立即施行，於是第 1（2）條規定，「本條例自總督以憲報公告指定的日期起實施」，但回歸前的港督和之後的兩任行政長官都未指定相關日期，因而它事實上並未實施，《電訊條例》第 33 條

42. *Leung Kwok Hung & Another v Chief Executive of HKSAR*, HCAL 107/2005, para.24.

43. Ibid., para.25.

也就得以保留。[44] 這樣，香港執法機構進行的秘密監察一直受到合憲性質疑。2005 年 8 月 5 日，行政長官根據《基本法》第 48 條頒佈了一項行政命令——《執法（秘密監察程序）命令》，作為相關法律出台前的過渡性措施，保證執法機構開展的秘密監察合法性、透明性和責任性。[45] 此後不久，梁國雄先生和古思堯先生針對該行政命令向高等法院提出了司法覆核請求，認為《電訊條例》第 33 條、行政長官未能指定《截取通訊條例》實施日期和行政命令都違憲。[46]

　　其中關於行政命令的違憲爭議在於，它是否具有立法效力並構成《基本法》第 30 條的「法律程序」。政府方認為，該行政命令僅是行政性的命令而不是法，目的不在於立法或製造刑事違反，而是過渡性地規制秘密監察行為，但它構成了《基本法》第 30 條要求的一整套綜合性「法律程序」。[47] 申請方認為，儘管該行政命令宣稱不是立法的一種形式，然而它試圖填補立法空白，因而事實上代替了立法，並通過授權和規制秘密監察而具有了立法效力。但它不構成《基本法》第 30 條所說的「法律」程序體系，因為它不能充分滿足《基本法》第 30、39 條的要求，也無力提供法律要求的詳盡保護措施，而這些只能通過立法實現。而且，針對行政權力的可能濫用，該行政命令沒有獨立的或司法的政策制定監督，也沒有違反該行政命令後的民事或刑事救濟。[48]

　　法院最後同意了申請方的意見。其主要理由為：其一，行政長官作為政府首長，負責實施法律，但並沒有被賦予立法權，而發佈行政命令是憲法承認的執行手段，即意在實施法律、執行政府政策。[49] 其二，行政長官於 2005 年發佈的行政命令旨在約束負責執法的公務

---

44. Ibid., para.31–33.

45. Ibid., para.15.

46. Ibid., para.39–42.

47. Ibid., para.16, 18.

48. Ibid., para.17, 19.

49. Ibid., para.136–137.

人員職責。它規定未經授權不得開展秘密監察，而且由政府內部更高層人員進行監督和定期檢討，但這種監督非獨立於政府。因此，該行政命令不過是由政府首長給予其僱員的一套行政指令，它並不約束香港普通居民，也不在於追求立法，因而不能代替立法、不具有立法效力。[50]其三，針對該行政命令的一個解釋性說明：「本命令是由行政長官根據《基本法》第 48（4）條設置的法律程序，承擔執法調查或實施的政府部門公職人員或其代表開展秘密監察時應當遵守。」[51]因而，它意在追求一套「法律程序」。這是一種非一般的純行政命令的描述，源於《基本法》第 30 條「法律程序」的內容，即授權依照「法律程序」秘密監察以保護公共安全和調查犯罪。[52]其四，政府方認為《基本法》第 30條「依照法律程序」應從廣義上理解，包括依據某一法規或其他合法權力、義務、職責合法地確立，並不等於「依照法律」或「由法律規定」。政府方還進一步援引 1998 年公務員案中主審法官 Keith. J 的觀點：「『依照法定程序』是一個寬泛和一般用語，在不同的語境中有不同的含義。……《基本法》第 48（7）條『依照法定程序』意思是『依照合法確立的程序以保持香港原有制度中的公務員招聘和紀律程序』……」對此，法院認為應當將《基本法》第 30 條作為一個整體進行理解，香港居民通訊自由和通訊秘密「受法律保護」，執行該條款對居民權利的任何限制應「依照法律程序」，這些法律程序應當是該權利保護的一部分，都應當由法律規定。這與第 48（7）條的語境有很大差別，因為本條作為賦予所有香港居民基本權利的一個開端，因而要求有不同的理解。因此，如果說《基本法》第 30 條所包含的基本權利要受法律保護卻只是約束公務員的一套純行政程序而非法律，即使權力濫用也僅受內部紀律程序約束，那麼這是一種形式主義產物，將實質性地減損本條權利保護的實際價值。它所說的「依照法律程序」應當是實證法的一部分，

---

50. Ibid., para.138–141.

51. Ibid., para.143.

52. Ibid., para.144.

符合法律所要求的確定性，屬於立法的範圍。[53]綜上所述，本案所涉的行政命令目的不在於任何類型的立法或有立法效力。更進一步而言，行政命令作為規制執法機構內部行為的一個管理工具，完全是合法和有價值的，但不能構成第 30 條要求的「法律程序」。[54]

　　由此可見，相較於公務員案，秘密監察案可以說是行政命令制度在適用範圍和效力上的一次突破性嘗試。它試圖從公務員案中的約束行政機關內部公職人員擴大到秘密監察案中的外部普通居民、規制內部事項延伸到外部居民基本權利、從行政性擴大到廣義的立法性效力，但遭到了法院的完全否定。值得注意的是，公務員案作為先例判斷其法律性質和效力的方法與觀點得到了秘密監察案的遵循，並在此基礎上進一步明晰其內涵外延的界定。儘管兩案結果截然相反，但事實上遵循着同樣的邏輯：（1）恪守《基本法》中的立法與行政分權原則和規定；（2）對《基本法》條文中「法律程序」、「法定程序」等關於「法律」的理解需要根據其所指涉的事項並結合具體情況來認定其性質和內容。換言之，在《基本法》下，香港的立法權屬於立法機關而非行政長官，行政長官負有執行權。[55]因而，對公務員案而言，「原有制度」和相關的「法律程序」表明，公務員的任免和紀律管理本來就屬於總督——回歸後的行政長官的職權範圍事項，而非立法權範圍——無需立法機關的制定或批准，作為與原有制度相似性頗高的行政命令當然合法並有溯及力；對秘密監察案而言，香港居民通信自由和通信秘密的基本權利受法律保護、依照法律程序限制，其中的「法律」均屬於立法權範圍，而非行政長官職權範圍事項，若通過約束內部公務員執法行為的行政命令來承擔保護香港居民基本權利的「法律」職能，顯然僭越了立

---

53. Ibid., para.145–150.

54. Ibid., para.151.

55. Peter Wesley-Smith, supra note 1, pp. 188–190; Simon N.M. Young, supra note 2, pp. 265–276.

法權，是違憲的。[56]至此，行政命令制度的兩次實踐運用和司法覆核明確肯定地將其限定為：由行政長官發佈的，形式上以《基本法》第 48 (4) 條為制定依據，實質上適用於行政機關內部公務人員，具有行政性而非立法性效力的行政管理工具。

　　同時，這兩次司法實踐還表明，前述淵源中提及的總督職權的具體類別及其行使方式，就是《基本法》中「原有制度」和相關「法律程序」分析追溯的主要對象，儘管二者具體所指在形式上的名稱不盡一致，但實質上的內涵密切關聯；而可能的大陸法模式中「發佈決定和命令」只是表述上的借鑒，但事實上二者在具體的內涵外延和效力上迥然不同。在起草過程中討論的「制定政府政策」與「發佈行政命令」可能的前後序位關係在這裏也並不成立，二者不直接必然地相連，而且是否在諮詢行政會議下發佈也非制約行政權力、影響行政命令效力的重要因素。事實上，它的有效與否除依賴於形式上的法律依據和具體條文所涉事項外，還取決於《基本法》中的「原有制度」的權力接替與轉移情況，以及普通法的繼承與實施情況。某種程度上可以說，該制度起草過程中的明顯內地行政權立法思維痕迹在行政命令實踐運用中已被普通法重新塑造和界定，與起草過程中爭議和關注的焦點幾無關聯。制度的流變已經發生但遠未成熟定格。它是否可能隨着普通法的進一步發展，逐步突破這種嚴格適用限定，或者漸次回歸到制度設計之初的軌道上來，則有待於更深入的嘗試。

四、制度反思：法律保留原則與適用範圍和效力的檢討

　　儘管香港法院判決兩宗行政命令案的內在邏輯一脉相承，嚴格遵循《基本法》中關於行政權的規定和行使界限，將行政命令限定為適用於行政機關內部公務人員的純行政行為。那麼，我們應當進一步追問

---

56. 與行政命令相關的性質界定標準，即立法行為與行政行為的區分，Peter Wesley-Smith 教授有過詳細的討論，詳見 Peter Wesley-Smith, supra note 1, pp. 199–204.

的是，促使法院作出這樣判決和認定的理論基礎何在呢？目前對行政命令制度的這種性質界定是否妥當，符合立法初衷或者適應當下特區政府執政的需要麼？

（一）法律保留原則：行政命令制度的理論基礎

法律保留原則發端於法國的《人權宣言》，[57]但直到 19 世紀末才作為一個概念為德國行政法學大師奧托・邁耶首創闡述。[58]根據奧托・邁耶的表述，法律保留的基本內涵是指在特定範圍內對行政自行作用的排除。具體而言，特定領域的國家事務應保留由立法機關以法律規定，行政權依法律規定才能行為；在法律保留範圍之外，行政權可以自行為之。它以議會民主、法治國家和人權保障原則為根據，[59]是在民主政治建立過程中，作為民意代表的立法機關與以君主為首的行政專斷權力不斷鬥爭發展的產物。[60]因而，它首先是一項憲法原則，[61]其基本功能在於劃分立法機關與行政機關的許可權範圍，確立立法權與行政權的憲政秩序，以避免行政權的任意專斷而侵犯立法權或者防止立法權的怠於行使而放任行政權。其次，它也是一項行政法原則。[62]對行政領域而言，它意味着凡屬於法律保留事項，行政行為不能僅以不違反法律規定為準則，而應有明確的法律規定為依據，也就是我們熟悉的行政法上的「法無明文規定不得行」的法諺，因此成為行政法治或依法行政下的核心原則。從原初意義上說，法律保留主要強調行政機關

---

57. 《人權宣言》第 4 條規定：自由就是指有權從事一切無害於他人的行為。因此，各人的自然權利的行使，只以保證社會上其他成員能享有同樣的權利為限制。此等限制僅得由法律規定之。

58. 〔德〕奧托・邁耶：《德國行政法》，劉飛譯，商務印書館，2002 版，第 72 頁。

59. 參見〔德〕哈特穆特・毛雷爾：《行政法學總論》，高家偉譯，法律出版社 2000 年版，第 104 頁；許宗力：〈論法律保留原則〉，《法與國家權力》（一），台灣元照出版公司，2006 年版，第 15–25 頁。

60. 〔德〕奧托・邁耶，見前注 58，第 75 頁。

61. 參見楊登峰：〈行政法定原則及其法定範圍〉，《中國法學》2014 年第 3 期，第 91–92 頁。

62. 同上注。

未經法律明確授權不得侵犯私人的財產和自由權利。但是，20世紀以來，特別是二戰後，隨着國家形態從自由資本主義時代的員警國向福利主義的法治國轉變，積極行政漸次成為常態，行政立法、給付行政日益普遍，法律保留理論也相應地發展變化。這主要表現為，保留事項從德國傳統的侵害行政擴大到涵蓋內部行政和給付行政行為，保留之「法律」從議會立法延展到行政立法，保留密度從純粹的行為法增容至組織法，[63]同時與保留標準相關的各種重要性判斷學說和實踐也隨之出現，[64]甚至有中國學者針對這種變化在法律保留原則的基礎上進一步提出了「行政法定原則」。[65]然而，無論是已成共識的絕對保留還是內容各異、程度不一的相對保留，法律保留已成為現代行政法治的重要內容和依法行政的理論基礎。

目前，除了德國，法律保留原則還在日本、中國台灣地區在內的眾多國家和地區得到承認和應用。[66]在英美國家，雖未明確使用法律保留這一概念，但其法治概念或分權原則已包含了該思想，而司法實踐中的「越權無效」原則更是與之有異曲同工之妙。[67]在香港，行政法治是其憲政運行的基礎性原則，早在港英政府引進英國法治時就已逐步確立並嚴格遵守。其中，總督權力與英國皇室特權之間的關係及其日常行使都充分體現了法律保留原則。總督所有的權力都源於英國皇室的特權授權，均有明示或暗示的憲政文件權力來源，包括上文所述的《英皇制誥》、《皇室訓令》、《殖民地規例》等，而且這些授權並非國王特權的完全授予而是具體的、有範圍的界定。例如總督在《香港政府憲

---

63. 參見黃學賢：〈行政法中的法律保留原則研究〉，《中國法學》2004年第5期，第45–49頁。

64. 參見葉海波、秦前紅：〈法律保留功能的時代變遷 —— 兼論中國法律保留制度的功能〉，《法學評論》2008年第4期，第3–8頁；胡榮：〈論法律保留的價值〉，《政治與法律》2010年第9期，第67–74頁。

65. 參見楊登峰，見前注61，第91–110頁。

66. 參見〔日〕鹽野宏：《行政法》，楊建順譯，法律出版社，1999年版，第51–56頁；翁嶽生編：《行政法》（上），中國法制出版社2002年版，第178頁以下。

67. See Peter Wesley-Smith, supra note 27, pp. 113–120, 210–213, 226–311.

報》上發佈的每項委任令和通告都會載明具體的、明確的效力依據。以
1970 年《香港政府憲報》的為例，關於最高法院人事任命載明是總督根
據《最高法院條例》第 14 條的授權，[68]關於《一九六九年人民入境（管
制及違例事項）（修訂）條例》獲得「免受駁覆之條例事」的告示載明是
總督奉英國政府的訓示，[69]關於醫務衛生處《海港檢疫及防疫條例》通
告載明根據《海港檢疫及防疫條例》第 18 款所賦予之權力，等等。[70]

　　一旦總督違反皇室授權規定，行為超越職權範圍，將受到司法覆
核，面臨着被法院否決或推翻的後果。比如在 Cameron v Kyte 案中，被
上訴人是公開拍賣代理人，可以依據 1803 年的法律規定獲得所有出售
所得的 5% 的傭金。但是上訴人於 1829 年購買土地但只付了 1.5% 的傭
金，依據 1810 年殖民地總督發佈的一份旨在減少傭金的通知。被上訴
方認為總督的通知是無效的。法院在審查了總督的委任狀和訓令後，
發現並沒有授予相關的權力，並且這種權力也無法從他的職責性質中
推導論出來，因為「……總督是一個官員，僅僅從國王那裏獲得有限
的授權，對他的主權行為的推測超越了授權範圍，將是完全無效的，
他所主持的殖民地法院並不能給予它任何法律效力。……我們認為總
督職能是後一種描述，因為在我們面前沒有授權或法官的附帶意見被
引用顯示一個總督可以被看作擁有整個皇家權力的授權，在任何殖民
地，在他與臣民之間，當它沒有被他的委任狀明確授權時。」[71]

　　回歸後的香港特區繼承了原有的法律制度，不僅《基本法》明確
劃分了立法權與行政權的各自範圍，以成文的形式確立了法律保留原
則，而且在實踐中通過普通法的先例制度和成文法的適用使法律保留
原則得以嚴格遵循。這實際上巧妙地融合了大陸法通常意義的法律保
留原則與香港原有普通法實踐中對應的「越權無效」原則。行政命令制

---

68. *112 Hong Kong Government Gazette*, Janurary 1970, p. 6.

69. Ibid., p. 9.

70. Ibid., p. 12.

71. (1835) 3 Kapp332; 12 ER 678. See Peter Wesley-Smith, supra note 27, pp. 114–115.

度的兩次司法實踐就彰顯著法律保留原則的理論根基。無論是公務員案行政命令發佈的權力繼承與來源追溯、《基本法》第 103 條「原有制度」的解釋和第 48 (7) 條「依照法定程序」的理解，還是秘密監察案中對先例原則的遵循和第 30 條「依照法定程序」的具體有差別的解釋，以及法官在兩案判詞中反覆強調的行政權與立法權的範圍區分與行政長官職權行使，都表明了行政權運行中「法無明文規定不得行」的嚴格法律保留原則和行政法治要求，以防止行政權的擅斷專橫侵犯公民的基本權利。更進一步，從法律保留原則的具體範圍和密度來看，公務員案中的行政命令體現了擴大的「法律」保留，而秘密監察案中的行政命令則屬於傳統的絕對立法保留範圍，總體上屬於絕對保留與相對保留的結合，符合法律保留原則發展的普遍趨勢。

（二）行政命令制度適用範圍和效力的檢討

儘管行政命令制度的司法實踐嚴格遵循着法律保留原則，表面上看似乎符合香港既有的法治傳統並因此具有無可厚非的正當性，但法院僅憑此有限的個案就將行政命令制度限定為適用於行政機關內部行政管理的行政行為，則值得商榷和斟酌。

首先，無論法律保留原則歷經時代變遷，其內涵要義如何發展演變，但不可忽視的背景和現實是這些國家和地區行政權的普遍擴張和強大。香港情形正好相反，行政權實際上極為虛弱，色厲而內荏。由於這裏主要涉及行政命令制度的適用範圍和效力的討論，意即它的性質是立法性行為還是純行政性行為的判斷，因此在談到法律保留原則的發展時重點是其中「法律」範圍的擴大 —— 行政立法的出現與普遍。從縱向的歷史比較來看，港英政府時期的總督儘管沒有明文為發佈「行政命令」的權力，但他根據英國王室的授權可以便捷地實現廣泛的立法目的，其方式包括直接依據法律授權而制定的附屬法規，以及通過立法局同意和英王室訓令後批准的各種條例，特別是由於立法局議員由他直接任命而事實上極為方便地推動法案在立法局的通過。儘管行政長官在很大程度上繼承了總督的職權，例如提案權，但由於立法會議

員通過選舉產生而無法獲得他們的當然支持，因而沒有政黨背景的行政長官事實上處於孤立無援的境地，行政立法顯然大不如港督時期的便捷高效。與橫向的內地比較來看，無論是行政立法中的依職權立法還是授權立法，根據《立法法》第 8-11 條的規定，法律保留之「法」的範圍已經擴及到法規和規章了，行政長官在這方面的許可權更是望塵莫及。特別是從回歸後逐步惡化的政治生態環境來看，行政立法關係對立，行政權不斷受到立法的拉布拖扯和司法覆核的威懾，政府施政處處受挫，腹背受敵，處境艱難被動。[72] 如 1999 年提高路邊泊車收費案的否決、高鐵工程專案中「一地兩檢」方案反覆撕扯艱難通過、故宮西九博物館專案施行中的受阻，等等。因此，在香港目前行政權事實上弱勢的情況下，將行政命令制度嚴格限定為管理內部公務員的行政手段，從根本上否決其可能的影響普通居民權利義務關係的准立法效力，無疑是進一步束縛行政長官施政權能，雪上加霜。

其次，從立法初衷和意義來看，將行政命令制度嚴格限定為適用於行政機關內部的行政行為完全抹殺了其可能的目的與作用。從現有的司法實踐來看，它僅被限定於行政機關內部人事管理的行政工具，純屬行政性效力，而不可能有任何約束外部社會公眾的普遍規則的立法性效力。聯繫上文關於淵源的追溯和起草過程的討論，「發佈行政命令」如果僅限於行政機關的內部人事管理，排除了其他適用範圍的可能性，而與政府管理社會的政策決定毫無關聯，那麼隨之而來的問題便是：（1）「決定政府政策」很顯然包括了行政機關管理社會、作出影響普通居民權利義務關係的外部行政行為，而其後與之相連的「和發佈行政命令」卻僅僅限定為針對行政機關內部公務員的行政行為，並且排除了任何影響外部相對人的權利義務關係的可能性，這在邏輯上和事實上如何成立？（2）如果「發佈行政命令」僅僅是管理內部公務員的行政手段而無關其他外部居民，那麼本條第（六）、（七）兩項以及第四章第六

---

72. 更詳細的論證可進一步參考姚秀蘭：〈「普選」目標下香港行政主導體制的發展分析〉，《兩岸及港澳法制研究論叢》（第一輯），廈門大學出版社，2011 年版，第 155-156 頁。

節「公務人員」已有專門的行政管理手段和方式，從條文之間的邏輯來看，「發佈行政命令」放在行政長官職權專門條款中再次重申，是否有此必要？（3）按照法院在秘密監察案中的判定，行政長官發佈行政命令僅適用於內部行政管理，但意在「實施法律和執行政府政策」，[73]那麼如果僅將其界定為目前的純粹內部行政管理工具而絲毫不能影響到外部相對人的權利義務，無論其結果是否有侵害的可能抑或事實上的保護，這將如何達成？很可能事實上否定了其實施法律和執行政府政策的價值與功效。

再次，從實際後果來看，法院這種嚴格形式主義的界定幾乎架空了行政命令可能的執行權能，不利於行政權正常、獨立地運作和立法、行政、司法三權的和諧發展與社會的有效治理。行政權的首要職責在於執行，而發佈行政命令作為行政長官職權的重要組成部分，無疑應是協助執行法律和政府政策的主要方式和手段。糟糕的是，自從秘密監察案後，行政長官在發佈行政命令方面似乎就止步了，近十多年來再也沒有出現一件行政命令。法院僅憑一兩個個案就將行政命令定性為純粹的內部行政管理工具，行政長官則憚於再次被司法覆核的風險而長時期不行使發佈行政命令權，二者事實上不自覺的合力造成了《基本法》重要條文被束之高閣甚至某種程度上效力損抑的惡果。再加之近年來立法會對行政權施政的竭力牽制，行政命令的這種嚴格形式主義界定就進一步壓縮了行政權的權能空間，加劇了目前行政機關的積弱困勢，嚴重影響了行政權正常、獨立地運作和三權關係的良性塑造，以及政府政策的推行和社會的有效治理。由此，值得我們進一步反思的是，如果行政長官主動打破這種沉默，積極大膽地運用行政命令制度於法律實施和政策執行中，是否可能在將來多次反覆的實踐中，在與法院不斷博弈和社會大眾心理逐步調整適應中，漸次摸索出行政命令新的適用範圍和邊界，累積而成新的慣例與制度呢？

---

73. Supra note 42, para.137.

　　最後，如果有可能在法院現有認定的基礎上嘗試將其適用範圍和效力突破，並不當然違反法律保留原則或者必然侵犯居民的基本權利。對此，美國總統的行政命令制度也許可以提供一個更為開闊的視角。美國行政命令制度就是為執行憲法、法律、國際條約而發佈的具有法律效力的指示，不需要國會的批准。美國憲法沒有規定總統發佈行政命令的權力。但憲法規定總統有保障法律忠實執行的義務。總統根據這項規定，認為為了執行法律有發佈行政命令的權力。這是根據憲法具有的默示的權力，不需要國會特別的授權。實踐中的案例非常多，比如二戰結束後初期杜魯門總統 1947 年發佈第 9825 號行政命令，建立聯邦官員的忠誠宣誓制度，防止共產黨的滲透；雷根總統 1981 年的 12291 號行政命令規定行政機關制定法規必須送管理和預算局審查，評價法規得到的效益是否大於付出的代價；詹森總統 1965 年的 11246 號行政命令，規定和聯邦政府簽訂合同的工作必須建立一個僱傭少數民族的計畫，等等。[74] 當然，美國總統發佈的行政命令制度仍然受到來自國會和法院的事後監督，比如因為違憲而被撤銷。同樣的，香港法院的司法覆核和相關制度細化完善也能保障突破後的行政命令制度正常運轉，防止其姿意任為、侵犯居民基本權利和自由。

　　當然，由於香港特殊的法治發展歷史和《基本法》中「原有制度予以保留」的基本規定以及普通法遵循先例原則，短時間內突破實踐中已確立的嚴格行政命令制度範圍和效力，似乎很難實現。這還有待於實踐的長期發展演變，特別是行政、立法與司法三權的運作與關係的進一步形塑，以及香港社會內外環境的變遷。

五、結語

　　《香港基本法》是個雜糅體，它是兩大法系、不同法治歷史背景相互碰撞融合的產物，帶有鮮明的「回歸時代」烙印。它既有「原有法律

---

74. 更詳細的內容請見王名揚，見前注 4，第 47、140 頁。

制度」的移植繼承，又有現實大陸法治模式的參照滲透，同時又在普通法為主的司法實踐中不斷發展演化。行政命令制度就是典型的例證。

因此，儘管行政命令制度設計初衷在形式上帶有明顯的大陸法印跡，立法表述上也將其與涵蓋行政機關內外的政策決定內容並行放置，但它在實踐中仍是按照普通法思維和「原有制度」在演變和界定，與總督原有職權的實質內涵密切關聯，而受大陸法的影響甚微。這樣，行政命令制度在很大程度上出現了立法初衷與實踐發展的背離流變，效力發揮的可能性空間大大受限。它背後遵循的仍然是自港督時代就逐步確立起來、而後又通過《基本法》進一步明確和統一的法律保留原則，具體表現為實踐中的嚴格行政法治和越權無效原則。

然而，在《基本法》的框架下，特別是在目前行政權相對弱勢和被動的情況下，行政命令制度在香港普通法司法實踐下的這種解釋、演繹和限定，卻並非當然合理，也並未妥當地發揮制度可能的立法價值與功效。它不僅不利於緩解目前行政執行權和社會治理的困境，而且負面雪上加霜地限縮了行政權的可能執行空間，難以促進行政、立法、司法三權之間的動態平衡和香港政制體制的良性發展，與《基本法》設計的行政主導體制初衷更將愈離愈遠。從長遠來看，行政命令制度能否突破目前司法實踐對其嚴格界定的困局，逐步擴大其適用範圍和效力，則有待行政長官積極主動的實踐應用與普通法的回應、解說和演化以及社會公眾的心理調整、回饋和接受程度，而權力分立與權利保障仍將是其中基本準則。但是，若行政長官繼續怠於行使這一權力，行政命令制度的應用止步於此，則目前行政命令制度的這種嚴格形式主義界定將難以撼動，也無濟於三權關係的良性形塑與平衡協調。

第十章

試論香港特別行政區行政長官的赦免權

❧ ❧ ❧ ❧ ❧ ❧ ❧ ❧ ❧ ❧ ❧ ❧ ❧ ❧ ❧

羅沛然

英格蘭及香港大律師

背景及引言

香港特別行政區行政長官的職權,按《中華人民共和國香港特別行政區基本法》第 48 條第 (12) 款,包括「赦免或減輕刑事罪犯的刑罰」。這是繼受先前總督恩赦權(prerogative of mercy)之概念,以文字描述並規定權限。香港特首另外也獲香港特區的成文法授予對於刑事案或對於被刑事調查或控告的人員的若干權限。

自 2019 年「反修例」社會運動開展以來,輿論常常要求赦免涉事的人員,游説每每提及香港特首的權限,而學者實已對這個泛稱 "Amnesty" 的課題含英咀華,多面探討。[1] 本文從《基本法》條文出發,討論香港特首獲賦予的法定權力,以確定香港特首的「赦免權」的規範,並觸及幾個與「赦免權」有關的問題。

---

1. 見 Anna Dziedzic 及 Julius Yam. "Amnesty in Hong Kong: Preliminary Discussion Paper"(淺論香港特赦),2019 年 12 月。網址:https://ccpl.law.hku.hk/content/uploads/2019/12/CCPL%20 Amnesty%20-%20Discussion%20Paper%20(Chinese).pdf;Esther Mak 及 Jason Fee, "Amnesty in Hong Kong". *49 HKLJ* 851, 2019; Johannes Chan(陳文敏),"The Power of the Chief Executive to Grant an Amnesty: A Possible Solution to the Extradition Bill Controversies". *49 HKLJ* 865, 2019。

《基本法》的赦免及減刑權

《基本法》第 48 條第（12）款説明香港特首的「赦免或減輕刑事罪犯的刑罰」的職權，按照草擬《基本法》時延續在港英政府行之有效的職權的主題，可以説是參照港英時代的總督的恩赦權，但並不是完全挪用。

港英時代的總督的恩赦權的主要説明在《英皇制誥》第 15 條的英皇授權。該條的原文如下：

15. Grant of pardon. Remission of fines. Proviso. Banishment prohibited. Exception. Political offences

When any crime or offence has committed within the Colony, or for which the offender may be tried therein, the Governor may, as he shall see occasion, in Our name and on Our behalf, grant a pardon to any accomplice in such crime or offence who shall give such information as shall lead to the conviction of the principal offender, or of any one of such offenders, if more than one; and further, may grant to any offender convicted of any crime or offence by any court of law in the Colony (other than a court martial established under any Act of Parliament), either free or subject to such conditions as the Governor may think fit to impose, a pardon or any remission of the sentence passed on such offender, or any respite of the execution of such sentence for such period as the Governor thinks fit, and may remit any fines, penalties, or forfeitures due or accrued to Us. Provided always that the Governor shall in no case, except where the offence has been of a political nature unaccompanied by any other grave crime, make it a condition of any pardon or remission of sentence that the offender shall be banished from or shall absent himself or be removed from the Colony.

這條文的文本以二十世紀初的草擬風格製作，同一條文說明多項權力。首項赦免權是給予能提供資料情報使嫌犯得以定罪的從犯。另外的赦免權是無條件或有條件地給予已定罪的人士赦免定罪、減免刑罰、暫緩執行刑罰及免除罰款、判罰、充公等處分。這條文也設有限制，不得以命令或要求有關人士離開香港作為赦免或減刑的條件，但政治性質的犯罪除外。這種由總督發出的赦免一般稱為經公印作出的赦免（pardon by public seal）。

與此同時，香港的成文法也授權裁判官或法庭經律政司書面同意後可對被被控或懷疑犯了任何可公訴罪行的人或就任何可公訴罪行被交付審訊的人授予性質和效力類似上面首項赦免權的有條件赦免，而條件是須在任何初級偵訊或任何審訊中提供全面及真實的證據。如果該人被證明隱瞞證據或提供虛假證據，裁判官或法庭可撤回該赦免。[2]

可能是由於上文所述的情況，《基本法》在草擬、定稿時沒有把《英皇制誥》第 15 條的所有赦免權力的內容和行使的規定都複製或保留在《基本法》關於特首的職權的條文，只是寫下「赦免或減輕刑事罪犯的刑罰」。

1997 年 7 月 1 日香港特別行政區成立和《基本法》生效後，有個別要求獲得特首赦免的人士就以特首名義拒絕其要求赦免的呈請的決定提起司法覆核。當中以 2003 年高等法院原訟法庭法官夏正民就《莊寶案》的判案書對《基本法》第 48 條第（12）款的內容和規範有清楚的說明。[3] 莊寶是一名商人，他在 1994 年在高等法院被陪審團裁定串謀詐騙及發佈虛假聲明控罪罪成，後來在 2000 年以有新證據為理由呈請特首要求赦免，但在 2002 年 7 月被特首拒絕，有關通知不說明理由。莊寶提起的司法覆核指稱特首就其呈請作決定的過程並不公平。代表特首的大律師則陳詞說《基本法》第 48 條第（12）款的特首職權性質上等同

---

2. 見現行的《刑事訴訟程序條例》（香港法律第 221 章）第 115 及 116 條。

3. 見 Ch'ng Poh v Chief Executive of the Hong Kong Special Administrative Region（HCAL 182/2002，2003 年 12 月 3 日，未經彙編）。

普通法下的恩赦權，不受司法覆核。夏正民法官否定這說法。夏正民法官指出，應從《基本法》而非相關的皇家特權的歷史來確定特首的有關權力。《基本法》在賦予特首有關權力時並不把他放置於法律之上，所以，特首的權力是由《基本法》確定並由《基本法》規限。從這個總體地對特首權力的理解，夏正民法官就指出《基本法》第 48 條第（12）款的特首職權並不是一種可以任由個人喜惡而私人發放的恩惠，而是特首作為首長在保障個人權利的憲制內行事的權力。是故，夏正民法官判斷，雖然不能對特首就某一呈請赦免的決定的是非對錯進行司法覆核，可是能對特首作有關決定的過程，包括交給特首供其作出決定的報告的內容和意見，進行司法覆核。

另外，2002 年的《邱廣文案》，夏正民法官處理有關《刑事訴訟程序條例》第 67C 條由特首決定少年謀殺犯人的最低刑期的權力是否符合《基本法》的司法覆核。[4] 代表政府一方的大律師指該成文法的權力並不是決定懲罰，而是《基本法》第 48 條第（12）款的特首職權中「減輕刑事罪犯的刑罰」的組成部分。夏正民法官否決了這說法，認為《刑事訴訟程序條例》第 67C 條給予特首一項本質為司法權的權力，並不符合《基本法》由法院處置犯罪人士判刑的權力分立。這裁斷包含了對《基本法》第 48 條第（12）款的特首職權屬於對象是已經定罪判刑的罪犯的行政權的理解。

「特赦」與「赦免」的區別

自 2019 年 6 月起關於「反修例」的討論常常談及對涉案人士的「特赦」，而特區政府的反應是兩方面：第一、特首的「赦免」只限於已定罪人士，前提是必須完成整個司法程序，也要審視每一個個案個別情

---

4. 見 *Yau Kwong Man v Secretary for Security* [2002] 3 HKC 457。

況。第二、特首要尊重《基本法》第 63 條下由律政司主理，不受任何干涉的檢控權。[5]

　　學者每每談論的「特赦」，看來是廣義的概念，包含不單是已定罪判刑的人士，也包括被控告的人士。被拘捕的人士，甚至被嫌疑的人士。廣義的「特赦」概念也看來是配合其他用來恢復地方和平，促進社群和解的方法，以化解衝突，甚至達致公義。廣義的「特赦」概念亦經常受到質疑，有論者指這是不懲罰犯法人士，有違法治精神，又指這做法令致犯事沒有後果，等同鼓勵犯罪和暴力。

　　對於廣義的「特赦」概念引起的各種爭議，看來是討論的各方對問題的設定各異，也對「特赦」的設計和涉及項目有不同的想法，所以有個別論者就在討論的初期就已經否定一個可以按個別社會狀況和需要而協商組成，具有多個單元的「特赦」機制。[6]

　　然而，不能把廣義的「特赦」等同特首的「赦免」職能而就此否定討論和設計廣義的「特赦」機制對社會和解及恢復公義可帶來的裨益。

犯罪人士死後的「赦免」

　　特首行使「赦免」職能有的時候是因犯罪人士年老重病而施恩減免餘下監禁刑罰讓他提早出獄。這是有關的犯罪人士在生時的「赦免」。然而，可否對去世的犯罪人士「赦免」其生前的罪名？

　　對此，可參考英國近年的一個例子。這是關於已故的英國科學家圖靈（Alan Turing）的事情。圖靈是二戰時出色的德軍密碼破解工作者，以及電腦科技的其中一個開拓者，可是在 1952 年因違反當時禁止男同性戀的行為的法律被判有罪而失去繼續從事尖端科技研究的

---

5. 例如，香港電台：〈特首回應有否研究特赦　稱不接受違背法治社會價值做法〉，2019 年 11 月 5 日。網址：https://news.rthk.hk/rthk/ch/component/k2/1490262-20191105.htm；香港電台：〈消息指政府內部曾思考特赦反修例被捕人士可行性〉，2019 年 11 月 5 日，網址：https://news.rthk.hk/rthk/ch/component/k2/1490136-20191105.htm。

6. 這裏可以包含對現有的法定酌情權的適當行使，以至立法處理某些類別的個案。

資格。他後來在 1954 年去世。其後，他的家人以及不同的團體為他爭取撤銷他的定罪，清除對這一個可說是「天才」的人的一項「不名譽」。到了，2013 年 12 月，英國政府宣佈給予圖靈一個死後英皇赦免（posthumous royal pardon）。[7]

其實，類似對已去世的各種「被定罪人士」的做法在中國古代及近代都可見，用詞甚至可以用「五花八門」來形容。

如上所述，特首的「赦免」職權被司法機構認為是特首作為首長在保障個人權利的憲制內行事的權力。從這一觀點看，把有關的條文解釋為包含對不在世的定罪人士施行赦免，應是合理和符合《基本法》框架的內在價值取向。

國家大赦與特區「赦免」

現行《中華人民共和國憲法》第 67 條第（17）款授權全國人民代表大會常務委員會決定特赦。最近的一次特赦決定是 2019 年 6 月 29 日第十三屆全國人大常委會第十一次會議通過的《全國人民代表大會常務委員會關於在中華人民共和國成立七十周年之際對部分服刑罪犯予以特赦的決定》。[8] 此前，中華人民共和國曾決定了八次特赦，其中有一次是在 1997 年 7 月 1 日後的 2015 年決定。[9]

全國人民代表大會常務委員按照《憲法》所作的特赦，是對因有效判決而正在服刑的特定類別的罪犯的特赦，從 2015 年及 2019 年的特赦

---

7. 見 BBC: "Royal pardon for codebreaker Alan Turing"，2013 年 12 月 24 日，網址：https://www.bbc.com/news/technology-25495315。

8. 見新華網：〈全國人民代表大會常務委員會關於在中華人民共和國成立七十周年之際對部分服刑罪犯予以特赦的決定〉，2019 年 6 月 29 日，網址：www.npc.gov.cn/npc/c30834/201907/d0ef8b8d5bae4a728d3bfa3ccc658e0c.shtml。這決定同日由中華人民共和國主席頒佈《中華人民共和國主席特赦令》。

9. 見新華社：〈新聞鏈接：回顧新中國成立後的特赦〉，2019 年 6 月 30 日，網址：http://www.gov.cn/xinwen/2019-06/30/content_5404561.htm。

決定的內容來看，有以下特徵：第一、特定類別的特赦對象主要有兩個不同面向，就是之前對國家有立功貢獻的和現在情況適合恩恤的；第二、即使某罪犯符合成為特赦對象，可以因為他所犯罪行嚴重、剩餘刑期較長、曾被特赦而再犯罪、不認罪悔改或經評估具有現實社會危險性這等因素而不得特赦；及第三、由法院操作特赦，確定某人是否應予釋放。

　　這樣看來，由於制度的不同，雖然國家決定的特赦與香港特區的赦免都可以以正在服刑的罪犯為對象減免刑期而釋放，可是香港特區如要按照中央的意思實行類似的特赦會帶出一些具體問題。首先是如何將中央的意思傳來香港特區。這可能可以通過中央人民政府向特首發出指令。當然，由於中國內地與香港的社會制度和生活方式不同，所以不能排除發出這個可能對只是「極少數」在港服刑人員有利的指令會造成爭議。如可克服發出指令的關口，接着是，該如何具體執行中央指令的特赦。對此，看來還是有特首運用《基本法》第 48 條第（12）款的職權作出有關個別人士的赦免決定，只是有關的決定過程需要頗多的行政支援，特別是找出那些之前對國家有立功貢獻的人員的過程或需要和內地當局聯繫，但這等問題不應是操作不來的合適理由。

總結

　　香港特別行政區行政長官依據《香港特別行政區基本法》第 48 條第（12）款的赦免減刑的職權，是繼受港英時代總督獲授予的恩赦權，但是也不是全盤繼受。《基本法》第 48 條第（12）款的職權來自《基本法》，也受《基本法》的制約，不是純粹的特首個人專斷。行政長官的赦免減刑的職權具有多元可能。它看來可用來赦免已去世人士。它看來可用來貫徹中央當局對國家行大赦的意思。它看來可作為社會復和過程的一環。

第十一章

行政長官的行政特權
《香港基本法》第48條第11項的分析

~~~~~~~~~~~~~~~~~~~~~~~~~~~~~~~

葉海波
深圳大學法學院教授

行政特權（executive privilege）是美國政治體制的「直接產物」，[1]根植於憲法確立的三權分立政治體制之中。[2]在 1792 年眾議院對克萊爾將軍遠征印第安部落戰敗原因予以調查時，[3]華盛頓總統便主張，如果總統認為公開相關資訊有損公共利益，有權予以保密。華盛頓總統的理據有二：一是根據三權分立的原則，任何其他機構均不能強迫總統公開通信，二是保密對總統履行管理國家和外交事務的憲法職責極為重要。[4]華盛頓總統創造了行政特權的先例，並為其他美國總統所援用。[5]不過，直到 20 世紀 50 年代的艾森豪政府時期，「行政特權」一詞

---

1. J. Richard Broughton. "Paying Ambition's Debt: Can the Separation of Powers Tame the Impetuous Vortex of Congressional Investigations?" *21 Whittier L. Rev.* 797, 2000, p. 814.

2. *United States v. Nixon*, 418 U.S.683, 1974, p. 708.

3. See Kalah Auchincloss. "Congressional Investigations and the Role of Privilege". *43 AM. CRIM. L. REV.* 165, 2006, p. 167.

4. See J. Richard Broughton. "Paying Ambition's Debt: Can the Separation of Powers Tame the Impetuous Vortex of Congressional Investigations?" *21 Whittier L. Rev.* 797, 2000, pp. 815–817.

5. See Kalah Auchincloss. "Congressional Investigations and the Role of Privilege". *43 AM. CRIM. L. REV.* 165, 2006, p. 188.

才正式出現。[6] 行政特權與國會調查權的衝突在 1976 年 United States v. Nixon 一案中全面爆發。[7] 其時，美國國會對「水門」事件展開調查，要求尼克森總統交出其與幕僚談話的錄相帶，尼克森總統認為，總統享有「行政豁免權（executive immunity）」，[8] 總統亦應擁有行政特權，以使總統擺脫個人責任的壓力，圓滿履行總統的憲法職責。另外，基於保護國家安全的需要，總統亦負有對政府資訊保密的義務。尼克森總統還認為，相關爭議屬於政府內部事務，法院無權管轄。[9] 美國聯邦最高法院確認了總統特權及其憲法依據，並認為總統特權源於總統作為總司令而享有的憲法權力，旨在保護軍事和外交秘密。聯邦最高法院明確指出，「無論總統行使憲法第二條授予的權力時所享有的保密特權是什麼性質，這一特權源於每一分支機構在其憲法職責範圍內具有最高地位的原理。如同某些權力和特權源於憲法列舉的權力一樣，對總統通信秘密的保護亦具有相類似的憲法基礎。」[10] 聯邦最高法院亦指出，當總統一般性地主張其特權時，行政特權並不具有壓倒性的正當性，但當其主張涉及軍事或者外交秘密時，其正當性將會強化，法院亦會依其傳統最大程度地尊重總統的職責。[11] 總體上，United States v. Nixon 一案的判決基本上延續了 1953 年 United States v. Reynolds 一案判決的立場。在 United States v. Reynolds 的判決中，美國聯邦最高法院指出，「如

---

6. 這一用語源自眾議院非美活動調查委員會（House Un-American Activities Committee）以麥卡錫命名的聽證會。See J. Richard Broughton. "Paying Ambition's Debt: Can the Separation of Powers Tame the Impetuous Vortex of Congressional Investigations?" *21 Whittier L. Rev*. 797, 2000, p. 817.

7. See Kalah Auchincloss. "Congressional Investigations and the Role of Privilegez". *43 AM. CRIM. L. REV*. 165, 2006, p. 186 .

8. 行政豁免是指為避免在任總統因陷入訴訟而背上沉重的負擔，以致無法正常履行總統職責，在任總統在就任之前免於法院審判。*Clinton v. Jones*, 520 U.S. 681, 1997, pp. 704–706.

9. *See United States v. Nixon*. 418 U.S. 683, 1974, pp. 705–706.

10. Ibid., at pp. 706–707.

11. Ibid., at pp. 710, 713.

果法院認為公開將導致軍事秘密處於險境，即便具有最迫切的需要，亦不能推翻總統對行政特權的主張。」[12]

在理論上，行政特權是指「為了執行實施法律的憲法職責，總統必須對一定類型的文件和通訊予以保密。」[13]行政特權首先被用來抵制國會的調查，故 Raoul Berger 教授簡潔地將之定義為「總統拒絕向國會公開信息的憲法權力。」[14]尼克森政府國務卿威廉·羅杰斯（William Rogers）則認為，「行政特權是總統封鎖消息的一種行為，也是總統出於維護總統權力的憲法完整性的一種需要。如果總統將一切情況公諸於眾的話，這不僅妨礙行政部門執行公務，而且也有損於公共利益」。[15]作為三權分立的產物，行政特權源於憲法至上和權力分立原則，意味着憲法機構依據憲法享有的權力在憲法規定的範圍內具有獨立性和至上性，憲法機構在行使其憲法權力時，有義務尊重其他機構對其憲法職責的履行，不得僅以本方權力行使的需要否定其他憲法權力的正當性。

《香港基本法》第 48 條第 11 項明確規定了行政特權，[16]賦予行政長官及其領導的政府對某些資訊予以保密的權力。依此規定，行政長官可「根據安全和重大公共利益的考慮，決定政府官員或其他負責政府公務的人員（以下稱「政府官員」）是否向立法會或其屬下的委員會作證

---

12. *United States v. Reynolds*, 345 U.S. 1, 1953, p. 11.

13. The 1992–93 Staff of the Legislative Research Bureau, An Overview of Congressional Investigation of the Executive: Procedures, Devices, and Limitations of Congressional Investigative Power, 1 *Syracuse J. Legis. & Poly* 1, 1995, p. 16.

14. Raoul Berger, *Executive Privilege: A Constitutional Myth*, Cambridge: Harvard University Press, 1974, p. 1.

15. 江心學：〈行政特權：美國總統的護身符〉，《解放軍外語學院學報》1993 年第 3 期。

16. 在《香港基本法》起草過程中，第一稿規定了行政長官對政府官員作證和提供證據的否決權，但在立法會的職權中未有立法會可以傳召證人作證和提供證據的規定，這一內容是在第二稿時加入的。有意見認為第 48 條第 11 項並不是授予行政長官否決立法會傳召作證的權力。但在關於第 48 條第 11 項的討論中，有草擬委員會委員認為第 48 條第 11 項極大地超越了《立法會（權力及特權）條例》第 14 條（2）的範圍，表示反對。香港法院認為，第 48 條第 11 項授予行政長官否決立法會傳召政府官員作證的權力。LegCo Power Case, HCAL 79/2009, para.180.

和提供證據」。這項規定構成香港立法會調查權的限制。根據《立法會（權力及特權）條例》第 9 條、第 10 條、第 11 條、第 12 條和第 17 條的規定，香港立法會可以命令證人列席，訊問經宣誓的證人，發出手令強迫證人列席，處罰藐視立法會的證人。但若香港立法會在調查時要傳召政府官員出席作證和提供證據，必須獲得行政長官的同意，行政長官作出決定的依據是出席作證和提供證據是否會有損安全和重大公共利益。在美國的政治實踐中，行政特權主要適用於涉及外交和國防事務、總統與其幕僚的談話以及保證執法活動有效進行等領域。[17]與之相比，《香港基本法》第 48 條第 11 項對行政特權的規定在範圍上更為寬泛，「安全」和「重大公共利益」這兩個羅生門式的概念使得行政長官幾乎可以否決香港立法會任何傳召政府官員出席作證和提供證據的決定，對香港立法會的調查權構成重大的限制，從行政權這一方面設定了香港立法會調查權的法律界限。

《香港基本法》第 48 條第 11 項在規定行政特權時，對行政長官是否可以拒絕向香港立法會作證和提供證據未置一辭。香港特區政府與立法會在這一問題上的認識有明顯分歧。香港立法會調查政府與醫院管理局對嚴重急性呼吸系統綜合症爆發的處理手法專責委員會在充分考慮行政長官的憲制地位後，試圖採用一種柔和的方式來處理這一問題，即首先「邀請」行政長官在公開會議上作證，「無須宣誓」。[18]但是，行政長官辦公室認為，行政長官作為香港特區的首長，「若他受制於立法機關的程序，在『憲制上並不恰當』」。[19]對此回應，該專責委員會「堅決認為本身已獲賦權傳召任何人（包括行政長官）到其席前作

---

17. See Todd D. Peterson. "Prosecution Executive Branch Officials For Contempt of Congress". *66 N.Y.U. L. Rev.* 563, 1991, pp. 614–615.

18. 香港立法會：《調查政府與醫院管理局對嚴重急性呼吸系統綜合症爆發的處理手法專責委員會報告》，第 13 頁，《香港立法會網站》，網址：http://www.legco.gov.hk/yr03-04/chinese/sc/sc_sars/reports/ch1.pdf，2017 年 6 月 3 日訪問。

19. 同上。前行政長官董建華在與該專責委員會的座談會中表明：「行政長官以香港特區首長的身份接受立法會專責委員會研訊在憲制上並不恰當，是政府的意見而非他個人的意見。」（《調查政府與醫院管理局對嚴重急性呼吸系統綜合症爆發的處理手法專責委員會報告》，附錄 IV，第 321 頁）

證。」[20]最終，專責委員會先以書面形式要求行政長官回答調查涉及的問題，隨後則以座談會的形式、由議員詢問並由行政長官回答相關查詢的方式處理這一問題。[21]香港立法會以一種政治性的方式來處理傳召行政長官作證的問題，反映了雙方對行政特權認識的分歧，也與其時立法會與政府相對良好的關係有關。

根據行政特權理論，作為香港政府首腦和香港特區首長的行政長官當然可以拒絕向香港立法會作證和提供證據，但行政特權不是絕對的。[22]參照《香港基本法》第 48 條第 11 項的規定，行政長官在主張行政特權時，其前提條件應是作證和提供證據有損「安全」和「重大公共利益」。行政特權理論當然適用於行政長官的理據在於，「獲得授權的官員必須能夠充分地行使這些權力，授權者的利益和尊嚴亦要求這些權力得到充分運用以實現授權者的目的。」[23]當然，行政特權並非沒有界限。當行政特權的主張立基於維護政府的職權、權力分立以及設置行政長官及政府機構所要實現的公共利益時，行政特權的主張便具有極強的正當性。反之，若是為滿足一己私利，或者意圖逃避應負的法律責任，行政長官主張行政特權便是對行政特權的濫用，[24]其正當性亦會喪失。《香港基本法》第 73 條第 9 項規定香港立法會可以基於對行政長官提出彈劾案的需要而行使調查權，可以傳召政府官員作證並提供證據。在這種情況下，行政長官若主張行政特權，拒絕政府官員向香港立法會作證，便必須有可證明的安全理由和重大公共利益需要，否則便構成對行政特權的濫用，只會為其被立法會彈劾增加一項例證。另外，行政長官無端由地拒絕政府官員向香港立法會作證並提供證據

---

20. 同上。

21. 同上，附錄 IV。

22. See *United States v. Reynolds*. 345 U.S. 1, 1953; *United States v. Nixon*. 418 U.S.683, 1974, pp. 705–706; *United States v. American Telegraph & Telephone*. 567 F.2d 121, 128 (D.C. Cir. 1977).

23. *Anderson v. Dunn*, 19 U.S. 204, 1821, p. 226.

24. See J. Richard Broughton. "Paying Ambition's Debt: Can the Separation of Powers Tame the Impetuous Vortex of Congressional Investigations?" *21 Whittier L. Rev.* 797, 2000, p. 821.

的行為極可能構成第 73 條第 9 項中「嚴重違法」的證據，香港立法會可以此為據通過針對行政長官的彈劾案提案。在某種意義上，第 73 條第 9 項構成對行政特權的制約。

概而言之，《香港基本法》第 48 條第 11 項關於行政特權的規定，是對香港立法會調查權的直接限制，是確定香港立法會調查權法律界限的關鍵條款之一。鑒於香港立法會享有調查權是其履行法定職責的保證，[25] 行政長官對行政特權的主張若要獲得支持，必須通過「安全和重大公共利益」法則的檢驗。[26] 需要注意的是，《立法會（權力及特權）條例》第 14 條（2）規定，行政長官只能基於「海、陸、空軍事宜或與香港保安有關的任何其他事宜、中央人民政府所負的責任（該等責任是與香港政府管治香港無關者）」的理由否決政府官員向香港立法會作證，《香港基本法》第 48 條第 11 項將否決理由規定為「安全」和「重大公共利益」，二者並不一致。香港本地立法顯然對行政特權的範圍作了壓縮性的規定，因此，若行政長官以行政特權對抗香港立法會調查權時，「安全」和「重大公共利益」內涵的解釋極為關鍵。行政特權的範圍事關《香港基本法》確立的政治制度，因此第 48 條第 11 項的解釋當然屬於中央管理的事項，應當由全國人大常委會根據《香港基本法》第 158 條的規定明確其內涵。

從香港法院的典型判例可知，[27] 在「公共利益」這一點上，香港的司法立場遵循個案利益平衡檢驗法則，不會必然將某一類公共利益置於其他利益之上。《香港基本法》第 48 條第 11 項中的「安全」和「重大公共利益」這兩個概念，均可歸於「公共利益」這一範疇下。對「公共利益」加以「重大」的限定，更強調了行政長官行使行政豁免權的必要條件，即在具體案件中，要求保密所維護的公共利益超出政府官員向

---

25. 美國聯邦最高法院在 McGrain v. Daugherty 一案中指出，沒有掌握充分的資訊，國會不可能明智、有效地立法。*McGrain v. Daugherty*, 273 U.S. 135, 1927, p. 175.

26. 美國法院在司法審查中建立了利益平衡檢驗法則。*S. Select Comm. on Presidential Campaign Activities v. Nixon*, 498 F.2d 725, 730, 732 (D.C. Cir. 1974).

27. *HKSAR v Chan Kau Tai*, [2006] 1 HKLRD 400.

立法機關作證所維護的公共利益。需要注意的是，行政豁免權行使的事由首先應當構成「公共利益」，然後才能進行衡量。儘管「公共利益」並非一個封閉式的概念，但也不可任意附會，至少應當與公共事務有相對重要的聯繫。

　　至於《立法會（權力及特權）條例》第 14 條（2）對行政特權的範圍所作的壓縮規定，鑒於行政特權本就是權力分立原則下行政機關制衡立法機關的手段，以立法機關的通過的條例進行規定並不合適。根據憲法至上原則，應當適用《香港基本法》第 48 條第 11 項中的規定。

　　行政豁免權能否行使取決於對公共利益的衡量，而衡量利益輕重是一個涉及價值判斷的過程。香港的主權屬於中華人民共和國，其高度自治來自全國人大通過《香港基本法》的授權。全國人大常委會在根據《香港基本法》第 158 條的規定解釋第 48 條第 11 項內涵時，應體現出維護「一國兩制」的價值取向，合理界定行政特權範圍。如有必要可列舉一些絕對構成和絕對不構成「安全」和「重大公共利益」的情形，以彌補個案司法裁判中因公共利益比重的相對性和價值取向的不確定性而可能出現的疏漏。既防範立法濫權，又防範行政濫權。

第十二章

行政長官會同行政會議的權力

盧兆興

香港大學專業進修學院文理學院教授

洪松勳

香港教育大學社會科學系助理教授

引言

行政長官會同行政會議（Chief Executive-in-Council, CEIC）被認為是香港的最高行政機關，相當於國家政府制度中的內閣。一般情況下，香港法律的規定、附屬立法及重要行政決策必須由行政長官會同行政會議作出決定，這樣的展現出應有的權力內容和範圍。香港特別行政區的管治模式，主要沿於殖民地的管治的制度和法規，香港行政長官會同行政會議的制度亦有部分沿於港英時代，香港總督會同行政局的施政方針。理所當然，殖民地香港最終權力來自英國，特別行政區權力不會離開中央政府。[1] 本章節希望從香港的歷史及其發展角度，檢視香港現時行政長官會同行政會議的權力內容，從行政局到行政會議成員的組成，探討香港管治的權力情況。

---

1. 朱世海：〈中央與香港特別行政區的權力關係〉。朱國斌、朱世海：《中央與特別行政區關係專論》，香港：城市大學出版社，2019 年，第 77–96 頁。

一、香港殖民地時期的總督和行政局

　　眾所週知，近代香港的形成是基於滿清政府與英國所簽訂的三條條約，是分別於 1842 年、1860 年和 1898 年以割讓香港島、九龍半島和租借新界的形式而建立的殖民地，由英國管治的一個原本人口不多的移民社會。這個時期，英國君主是香港的最高統治者，香港總督則是英國君主的全權代表。其首份憲法是由維多利亞女皇 1843 年 4 月 5 日頒發的《英皇制誥》（Letters Patent），名為《香港殖民地憲章》（The Charter of the Colony of Hong Kong），[2] 並於 1843 年 6 月 26 日在總督府公佈，是香港政府成立的依據，總督藉此設立了議政局（the Executive Council, 戰後才稱行政局）、定例局（the Legislative Council，戰後才稱立法局）和最高法院（the Office of Chief Magistrate）。[3]

　　香港總督委任主要官員，最重要的官員組成了議政局，對港督施政提供意見和協助。[4] 早期的成員全部都來自官方，要到 1896 年才開始有非官守議員（unofficial member）席位，期間對於是否增加選舉產生的非官守成員和華人代表的問題上爭論不休，[5] 要到 1896 年張伯倫當上外務首相（Secretary of State）後批准了設立非官守議政局成員，而當時並沒有接受可以有華人作為代表。[6]

2. Tsang, Steve. *A Modern History of Hong Kong*. Hong Kong: Hong Kong University Press, p. 18.

3. 《立法會歷史》，立法會行政管理委員會，網址：https://web.archive.org/web/20150621155009/http://www.legco.gov.hk/general/chinese/intro/hist_lc.htm。

4. 可參考：Tsang, Steve. *Government and Politics: A Documentary History of Hong Kong*. Hong Kong: Hong Kong University Press, 1995, p. 19。

5. 其中定例局於 1880 年已有非官守的華人議員，1894 年時爭論還包括要求有選舉產生的定例局議員。丁新豹，〈歷史的轉折：殖民體系的建立和演進〉，王賡武編，《香港史新編（上冊）》，香港：三聯書店，1997 年，第 59–130 頁。

6. 可參考：Tsang, Steve. *Government and Politics: A Documentary History of Hong Kong*. Hong Kong: Hong Kong University Press, 1995, pp. 72–80。

　　1917 年《英皇制誥》有因應香港的情況有所修訂。[7] 而第一位獲委任的華人成員要到 1926 年，因應省港大罷工後華人團體與香港政府的合作，當時的周壽臣[8] 作為華人的重要代表人物。在香港政府增設議政局非首官守華籍成員時，成為第一位華人代表可以獲得加入議政局。而這種情形要到中日戰爭起始和太平洋戰爭爆發之間，香港政府的議政局有 7 名官守成員和 4 名非官守議員（表 12.1），當中只有 1 位華人代表，為羅旭龢，[9] 但實際上他乃是一名歐亞混血兒。

　　第二次世界大戰後英國復用戰前行政局的制度，但到了 1947 年已經將非官守議員的人數增加到六名，數量上同官守成員一樣（表 12.1）。當然，會議上華人向來是少數，但是面對人口眾多的華人代表和香港作為主要管治華人社區的地方，華人代表的角色尤其重要，並設有首席華人的行政局議員。但是，作為香港最高權力的組織，有關的華人代表要與洋人關係良好，亦要有良好的英語能力，基本上會議文件只有英文的。如果認真探討他們的身份地位，早期的華人代表都來自當時最顯赫的大家族，亦有一定的知識學歷程度才能擔當這個重要的職位。而戰後早期的行政局華人非官守議員長期由周氏家族壟斷，成為重要影響力的家族，出任眾多而重要的公職，為戰後華人的代表人物。

---

7. 強世功：《香港政制發展資料彙編（一）：港英時期及起草基本法》，香港：三聯書店，2015 年，第 5 頁。

8. 周壽臣（Sir Shou-son Chow，1861 年 3 月 13 日–1959 年 1 月 23 日）為香港島黃竹坑新圍人，屬清朝第三批留美學童之一，為袁世凱部下晚清高級漢族官員，最後在 1909 年調任「奉錦山海關兵備道兼山海關監督」，直到清亡。中國民華政府成立後拒絕任官回港，為 20 世紀初期香港政商界著名人物，曾於 1918 年參與創立東亞銀行，並長年擔任該銀行之主席達 30 多年。

9. 羅旭龢（Sir Robert Hormus Kotewall，1880 年–1949 年 5 月 23 日），是帕西華人混血兒，籍貫廣東省寶安，年少時肄業於拔萃男書院及皇仁書院，畢業後任警務處文員；1913 年，任裁判司署首席文案。1916 年創辦旭和洋行。1925 年，省港大罷工，羅旭龢竭力斡旋粵港政府之間，反對武力解決罷工風潮。1926 年獲委任為定例局議員，1927 年獲英國頒發 CMG 勳銜、獲香港大學法學博士學位，1936 年獲委任為議政局議員。

1966 年起，行政局的非官守成員增加至八，比政府官守成員人數還多，成員雖然全部都委任，開啓了更加注重民意的行政局。而非官守成員的委任可以是以角色功能的任命，而政府的本地化政策漸漸趨生政府施政的更多角色功能，雖然民主選舉的程度是十分有限的，[10] 但是政府轉向民意收集時會組織更多的諮詢委員會，由相關的利益群體組成聽取行業的意見，而參與的公眾人士和利益群體的代表，[11] 能夠在眾多工作小組中有所表現，會獲得爵位封號，或是太平紳士的委任，亦可以加入當時不同層級的議會，如委任市政局議員和立法局議員，而角色地位最重要的，可以委任入行政局成為香港最高權力機構的成員。所以，我們可以看見獲得委任入行政局的非官守議員之前，都是出任眾多公職的而又表現優秀的人士（表 12.2 和表 12.3）。

毫無疑問，行政局的組成以政府施政利益為最優先。而英國商人在爭取香港議政局非官守成員時明顯是要維護他們利益。所以，議政局傳統上就有英國在香港商人的代表，其中最重要的就是怡和集團和香港匯豐銀行，自 1896 年加入非官守行政局議員以來的一百年間，他們的代表都參與了立法局和行政局的會議。[12]

香港的管治，對於一個華人社會來說的兩個最重要概念是：管治行政吸納政治（administrative adsorption politics）和家族功利主義（family unitarianism）。香港主要是一個華人社會，當華人團體組織起來政府亦要預備和他們打交道。[13] 而華人在香港的商業角色愈來愈重要，而且好些家族成為重要而有影響力的人物，政府有見其地位的重要，便進

---

10. 參考：Hook, Brain. "From Repossession to Retrocession: British Policy towards Hong Kong 1945–1997". Li Pang-kwong (ed.) *Political Order and Power Transition in Hong Kong*. Hong Kong: Chinese University Press, 1997, pp. 4–19.

11. 黃湛利：《香港政府諮詢委員會制度》，香港：中華書局，第 7 頁。

12. 參考：Miners, Norman. *The Government and Politics of Hong Kong*. (5th ed.) Hong Kong: Oxford University Press, 1991, pp. 68–80.

13. 參考：Law, Wing-sang. *Collaborative Colonial Power: The Making of the Hong Kong Chinese*. Hong Kong: Hong Kong University Press, 2009.

行行政吸納，予以社會政治參與的機會，亦免於他們成為反對政府份子。如有民選的市政局議員，好些只會是提反對意見的議員會不為政府所接納；相反，政府認為那些能夠從民選進入參政渠道的成員，能夠多提重要意見，建設社區，政府的諮詢委員會就會向他們招手，表現出色的可以獲得嘉獎，授予太平紳士、勳章，或委任成為立法局和行政局的非官守議員。而行政局成員的委任可以是以香港商業社會為背景的大家族成員，和英資洋行為背景的大班董事成員，和好些表現極為出色的社會專業人士，對香港政府來說在華人社會裏挑選人材，能具有大家族背景的人士和專業資格兼備為最好不過。

香港總督具有全權統治香港的權力，政府透過行政局的組合，吸納英商和主要的華商，他們都具有雄厚的家族勢力，在華人社會中有崇高的地位，代表了華人社會。鄧蓮如認為行政局是港英政府醞釀政策的地方，香港總督在決定重要決策或向立法局提交法案前均先由香港總督會同行政局通過。成員雖然是政府委任的，但作為非官守成員，都要能夠真實的反映意見。政府會注重具影響力的商界利益，同時，爲了有效施政亦會顧及社會不同階層人士的意見，以免觸及社會廣泛的對香港政府的不滿。[14]

這個權力組合類似內閣制，但不能等同民主政治國家中的內閣制度。簡而言之，行政局的構成是英國殖民主義特殊形式，是對社會權力的組合不對稱的統治方式，在華人眾多的香港社會裏予華人社群提供一種有限度和受規約的渠道的政治參與。政府的內閣由港督領導主要官員負責，而香港的行政局是一個殖民政府的內閣，先照顧英商利益，再而予華人有參與的機會。這種華人社會的政治參與卻是在香港社會的形成過程中提供一個極為理想而和平的形式，予以華人精英有限度民主的政治參與，早期開啓的市政局選舉就是一個例子，加上團

---

14. 參考：Dunn, Lydia. "The Role of Members of the Executive and Legislative Councils". Kathleen Cheek-Milby and Miron Mushkat (eds.) *Hong Kong: The Challenge of Transformation.* Hong Kong: Centre of Asian Studies, University of Hong Kong, 1989, pp. 77–90.

防局和地方行政計劃的推行。香港政府可以清楚地在其建構的制度下挑選最合適的華人代表來參與這個有華人代表的最高權力的組織行政局，而行政局對華人的權力亦有足夠的限制，完全不害怕他們僭越英國人的權力，而英國人對香港華人的統治亦很少挑起華人及其群體的不滿，反而對應着香港這個移民社會英國人領導的香港經常能夠對應危機，解決或是舒緩了香港的社會問題。戰後香港的發展是一個重要的機遇，香港政府促進了工業的發展，同時面對香港眾多的房屋、教育、醫療和社會保障的問題，發展出華人可供參與的社區組織，和予華人社會代表為這些問題出來說項，爭取權益。在這殖民地內不民主的政治制度下提供了可行的方案，實施社會施政對應戰後的香港問題。

表 2 和表 3 發掘了行政局的組成狀況。而表 1 所表述了行政局的組成，官守成員和非官守成員的比例。行政局在 1966 年起的非官守成員就已經比官守成員多，而且華人的比例不斷的增加。而華人代表上漸漸由世家大族式的委任，在世襲制度的取向（ascription orientation）中世族精英主義制度（aristocratic elite system），漸漸增加了績效性的社會精英（meritocratic social elites），在專業社會中提拔參政的人才。香港政府一方面照顧利益群體的意見，與此同時建構了香港個人可以透過努力與才智而力爭上游的社會流動的成就取向（achievement orientation）的社會。這時候香港政府更願意委任社會精英是能夠透過學習知識而獲得專業資格而又能在社會服務的實踐上有所表現的專業人士出任行政局議員。

而這種情況在 1982 年發展代議政制政府產生了重要的轉變，這時候的香港開始發展開放的社會民主制度。[15] 這些政治改革中主要是1982 年起始有區議會的選舉，市政局選舉的普及化（即減少了選民的限制）和立法局 1985 年引入了極有限民主化的選舉議席而開啓的。這漸漸變成政府施政上的爭取民主的認受性（democratic legitimacy）認同

---

15. 可參考：Hong Kong Government. *Green Paper: The Further Development of Representative of Hong Kong*, July 1984.

的共識，行政局的結構進一步的改變。譚惠珠獲得委任成為行政局議員是基於她是民選的市政局議員，隨而立法局採用了選舉產生的席位後，行政局成員的委任內就有招顯洸、謝志偉透過選舉進入立法局的議員加入。行政局內的構成增加了選舉產生的成員，其中參與的成員必定要遵從兩個重要的原則，保密制（confidentiality regime）和集體負責制（collective responsibility）。保密制是指政策未決定前所有議員均需保密，而集體負責制是政策決定後各議員對外均需支持該政策。這幾年間，即 1991 年立法局部分議席改為直選前，立法局議員大多數均由香港總督委任或間接選舉產生，有部分立法局議員均兼任行政局議員，立法局實際只是很有限的民主制度，不會遇到多少阻力；而當時的行政局還算是社會上重要的代表，如果香港總督真的不同意行政局大多數人決議時，他需要把原因交往英國外交部備案，因此這在政治過渡期香港，行政局對香港總督決策還算有相當程度影響力。

香港立法局在 1991 年首次有直接選舉產生的十八個議席，佔議會的三成。而香港民主同盟作為一個政黨在該次選舉共得 19 個席位，成為最大的政黨。香港市民的印象仍是他們當選後遊行到港督府要求政府委任他們加入行政局的事。外界實在沒有注意到當時港督是極希望香港民主同盟的成員能夠加入行政局，但香港民主同盟拒絕了接受集體負責制的原則，結果政府只委任了黃宏發作為直選議員的代表，另外亦委任了何承天和許賢發成為行政局議員（表 12.3）。但當時港督衛亦信隨即被英國撤換，另委任彭定康來繼任，重新組成新的行政局，大量的委任了一群開明的建制人士，包括了後來當上香港特別行政區行政長官的董建華，亦基於集體負責制的原則，沒有公開的反對彭定康的政制改革方案。主權移交算是有點爭議，大體尚算順利。

二、董建華施政期時的行政會議

1993 年，在香港政制改革的中英雙方的爭議下，中方依然有計劃地部署主權的移交。外界所看見就香港政制改革問題的爭議並不代表

中雙方沒有就主權移交問題的協商。香港特別行政區籌備委員會組織的推選委員會選舉產生了特別行政區行政長官和臨時立法會議員，董建華[16]順利當選了首任的行政長官。而港英當局的主要官員都留任，這在沒有中英雙方的合作是沒有可能的。中方的動作比英方來得低調，但值得注意的是董建華早在 1992 年加入了行政局，另外的是特別行政區中所有主要官員都由港英的公務員系統過渡而只有律政司一職是例外，梁愛詩以一名律師的身份亦是香港民主建港聯盟的成員，破格成為特區的律政司司長。

而情況跟港英前朝十分相似，行政長官董建華組織了行政會議（Executive Council, ExCo），除主要官員外委任了非官方成員組成了新的最高權力中心。行政會議中的 3 位司長官方成員是陳方安生、曾蔭權和梁愛詩，非官方成員 11 人中的 6 人都是港英年代的行政局成員或官員。加上三位司長中兩位是陳方安生和曾蔭權，屬港英官員，即特區成立的行政會議中連董建華在內共 15 人中，8 人已屬港英年代的政治權力領導人，如果以此劃分已佔大多數（表 12.4 和表 12.5）。無論如何，一直掌握民意的民主派是沒有能力挑戰有關制度，雖然他們經常可以批評現有建制沒有反映民意；而且在基本法內可見的將來是留有空間發展民主政治的，民主派依然採取追求民主的主要策略而留在有限民主的議會內表述訴求。[17]

1990 年通過的《香港特別行政區基本法》有關行政會議的規定如下：

---

16. 董建華（Tung Chee-hwa, 1937–）籍貫寧波定海縣，寧波董氏世代簪纓，父親董浩雲是航海業巨擘，與中華民國關係密切，高調公開其親中華民國及中國國民黨之政治傾向。與美國關係更為良好，朝鮮戰爭與越南戰爭時其船隊大量運送美軍後勤補給物資。董建華上海出生，來港後就讀左派中華中學，與梁愛詩為校友。1960 年，畢業於英國利物浦大學（University of Liverpool），取得海事工程理學士學位。接手東方海外陷入財政困難，中華人民共和國政府透過霍英東出手幫助走出困境，亦間接令董氏家族改變政治立場。

17. Pepper, Suzanne. *Keeping Democracy at Bay: Hong Kong and the Challenge of Chinese Political Reform*. Maryland: Rowman & Littlefield, 2008, p. 390.

第五十四條　　香港特別行政區行政會議是協助行政長官決策的機構。

第五十五條　　香港特別行政區行政會議的成員由行政長官從行政機關的主要官員、立法會議員和社會人士中委任，其任免由行政長官決定。行政會議成員的任期應不超過委任他的行政長官的任期。香港特別行政區行政會議成員由在外國無居留權的香港特別行政區永久性居民中的中國公民擔任。行政長官認為必要時可邀請有關人士列席會議。

第五十六條　　香港特別行政區行政會議由行政長官主持。行政長官在作出重要決策、向立法會提交法案、制定附屬法規和解散立法會前，須徵詢行政會議的意見，但人事任免、紀律制裁和緊急情況下採取的措施除外。行政長官如不採納行政會議多數成員的意見，應將具體理由記錄在案。

資料來源：憲法及《基本法》全文第四章：政治體制，網址：https://www.basiclaw.gov.hk/text/tc/basiclawtext/chapter_4.html

　　在考量行政長官會同行政會議的權力時，就應注意《香港基本法》規定，行政長官在作任何重要決策前，均須徵詢行政會議的意見。而行政會議亦按照港英的行政局實行保密制及集體負責制。基本上可以理解香港特別行政區的成立初期，基本上遵照港英殖民地一套行之有效的施政管治方式，並沒有改變。而施政上亦能夠遵從港英原有建制人士的意見施政，未有作出重大的改變，沒有動搖原有管治系統的根基。但是，所認識的原屬港英建制再獲委任的成員的立場較為親北京的是另一回事。從所委任的人物中亦可以理解董建華所挑選的人物隨了作為權力的過渡外，亦為了未來權力的接班人計劃部署。事後我們就會明白在他所獨立挑選的 5 個人，梁振英、唐英年和梁錦松都成為後來的重臣，當上特別行政區極其重要的職位。鍾瑞明和譚耀宗屬於另有的代表性，其中譚耀宗屬於傳統親北京派系的基層代表的政治人

物，同屬於香港工會聯合會和香港民主建港聯盟的代表性政治人物，但在行政會議中只得一個人而已，影響力實在有限。而鐘瑞明跟梁振英是早認識的同學，雖然各有公職，但根據其政治綫路的瞭解他們的意見十分相似。董建華只當行政會議為執政聯盟的智囊團，行政會議失去廣納意見的原有作用。[18] 這時，香港特別行政區成立後的施政看來十分困難。特區成立之初即遇上了亞洲金融風暴，香港經濟大受打擊，香港市民生活大受影響。而特區政府面對深重的問題所推動的改革進步為艱。

董建華聲稱重點關注三項政策，教育、老人福利和房屋，還要加上留意經濟的問題，四個項目未見成功，反而引來極多的負面批評。其中指出重要的是特區的管治上實際是行政會議治港無方，高級官員缺乏問題，而施政和改革缺乏優先次序混亂不堪，更加深了政府與市民的鴻溝。[19] 特區施政舉步為難，促成董建華急於實施主要官員的改革，推行高官問責制（accountability system）。然而早於董建華宣佈實施高官問責制時，政務司司長陳方安生已於 2001 年 1 月 12 日宣佈辭職，[20] 事件逼使董建華要在獲得連任之後才能確實推行有關的高官問責制度，改變行政會議的架構。但是，董建華認為政令不行並非來自行政會議架構，而是公務員系統。而有 9 月國務院總理朱鎔基的批評認為香港議而不決，決而不行 [21] 的問題。

---

18. 可參考：Lau, Siu-kai. "Tung Chee-hwa's Governing Strategy: the Shortfall in Politics". *The First Tung Chee-hwa Administration: the First Five Years of the Hong Kong Special Administrative Region*. Hong Kong: The Chinese University Press, 2002, pp. 1–40.

19. 盧兆興、余永逸、鄺錦鈞、尹國輝和張逸峰：《董建華政府管治危機與出路》，香港：明窗出版社，2002 年。

20. BBC 中文網記者：〈香港政務司長正式宣佈辭職〉，《BBC 中文網》，2001 年 1 月 12 日，網址：http://kochhars.com/chinese/trad/hi/newsid_1110000/newsid_1113300/1113367.stm。

21. 美國之音記者：〈朱鎔基談香港經濟〉，《美國之音》，2001 年 9 月 5 日，網址：https://www.voachinese.com/a/a-21-a-2001-09-05-13-1-58393452/1080443.html。

　　2002 年 4 月 17 日行政長官董建華在獲得連位後，向立法會介紹了新的主要官員問責制的框架。[22]「推行問責制的主要目的是加強主要官員對其負責範疇的承擔；確保政府更好回應社會的需要；加強政策制定的協調；加強行政機關與立法機關的合作；確保有效推行政策和向市民提供優質的服務。」[23]應該注意「在新制度下，行政長官可從公務員隊伍內外物色才德兼備的人士，提名報請中央人民政府任命他們為主要官員。他們並非公務員」。[24]而「主要官員共有 14 位，即 3 名司長和 11 名局長。」[25]這制度下的「問責制主要官員須承擔全部責任，甚至在其負責範疇的事宜出現嚴重失誤時下台。他們也可能因嚴重的個人操守問題或不再符合《基本法》的有關規定而離職。」[26]

　　如果從增加人數的角度看，行政會議要增加多 11 位局長加入行政會議，即是將一整個公務員的決策體系納入行政會議中，將公務員政策集中的納入行政會議範圍，使到行政會議更有權力控制政府部門的政策。而《基本法》中說明：

> 第十五條　　中央人民政府依照本法第四章的規定任命香港特別行政區行政長官和行政機關的主要官員。

> 第四十五條　　香港特別行政區行政長官在當地通過選舉或協商產生，由中央人民政府任命。行政長官的產生辦法根據香港特別行政區的實際情況和循序漸進的原則而規定，最終達至由一個有廣泛代表性的提名委員會按民主程序提名後普選產生的目標。行

---

22. 立法會秘書處：〈會議過程正式紀錄〉，《立法會》，2002 年 4 月 17 日，網址：https://www.legco.gov.hk/yr01-02/chinese/counmtg/hansard/cm0417ti-translate-c.pdf。

23. 董建華：〈主要官員問責制的框架〉，《香港政府新聞公報》，2002 年 4 月 17 日，網址：https://www.info.gov.hk/gia/general/200204/17/0417253.htm。

24. 同上。

25. 同上。

26. 同上。

政長官產生的具體辦法由附件一《香港特別行政區行政長官的
產生辦法》規定。

第六十一條　香港特別行政區的主要官員由在香港通常居住連
續滿十五年並在外國無居留權的香港特別行政區永久性居民中
的中國公民擔任。

資料來源：憲法及《基本法》全文，第二章：中央和香港特別行政區的關
係，網址：https://www.basiclaw.gov.hk/text/tc/basiclawtext/chapter_2.html和
第四章：政治體制，網址：https://www.basiclaw.gov.hk/text/tc/basiclawtext/
chapter_4.html

　　從基本法條文可以更清楚認識到行政長官會同行政會議的權力關
係。按照基本法，基本上認同行政長官只是來自有限民主認受性的選
舉產生，而改善是要計劃達成民主提名和普及選舉產生的行政長官。
而行政會議是協助行政長官決策的機構。董建華與原有公務員系統不
協調基本上已是公開的秘密，實行高官問責制後，一方面董建華可以
從新挑選人選參與政府的司長和局長，脫離公務員體系，作為政策的
決定者，而各級公務員體系基本維持不變以維持工作團隊的穩定，協
助政府執行決策。結果，新的問責團隊在 2002 年 7 月 1 日出爐，司長
局長 7 名是原有公務員，7 名是由非公務員系統中委任，其中 3 人已
是原有行政會議非官方成員（表 12.6）。理應董建華可以理順其管治效
能了。

　　香港的高官問責制是當政策出現失誤時，首長必須向相關的官員
問責，犯錯官員將要離職以示向行政長官問責；有關官員亦應遵守〈問
責制主要官員守則〉。[27]有關改革是要將大部分行政會議成員都並非部
門首長的情況改變過來，問責官員成為行政會議的主體，官方成員由
3 增至 14 人。無論如何，有關問責制度的建立並非一種民主制度的政

---

27. 〈問責制主要官員守則〉，行政長官辦公室第 3845 號公告，立法會 CB（2）2462/01-02（01）號
　　文件，網址：https://www.legco.gov.hk/yr01-02/chinese/hc/sub_com/hs51/papers/hs51cb2-
　　2462-1c-scan.pdf。

治問責（political accountability），各界對政府施政的不滿，都改變不了這高官聘任的制度；[28] 高官問責制主要是建立由行政長官對主要官員進行政治任命的制度，[29] 有關的官員實情是只對行政長官一個人負責而已。[30]「主要官員須為行政長官所指派的政策範疇承擔責任，並統領有關政策範疇內的執行部門。主要官員負責制定、介紹政府政策及為政策辯護，以及爭取公眾和立法會的支持。他們須就政策的成敗向行政長官負責。」[31] 行政長官在作出重要決策、向立法會提交法案、制定附屬法規和解散立法會前，原須徵詢行政會議的意見；現時的情況是官員集體決定，成為行政長官的決策，而官員未能做好決策予行政長官可罷免其職位。

基本上說明，行政長官已能較大程度上控制政治任命的主要官員，削弱了政務司長的權力，公務員亦可繼續擔任政治任命的主要官員。[32] 而行政會議是以主要官員為主要的。表 7 列出董建華實行高官問責制之下的行政會議非官成員，最初的成員只有 5 人。除了原班子的梁振英外，增加了一名懂英式法律的廖長城，另外加入了 3 名的政黨代表。以往的譚耀宗可算是同時代表了民建聯和工聯會，現今民建聯和工聯會分別有了代表，再加上自由黨，組成了政府中與立法會的執政聯盟，祈望政府政策更能在立法會得到支持。「行政長官在作出重要決策、向立法會提交法案、制定附屬法規和解散立法會前，須徵詢行政會議的意見。」[33] 但是，如今的行政會議主要是政府任命的官員，而政

28. 馬嶽：〈有關高官問責制的意見〉，立法會 CB（2）972/00-01（04）號文件，網址：https://www.legco.gov.hk/yr00-01/chinese/panels/ca/papers/b972c04.pdf。

29. 鄧木佳：《興挑香港高官問責制》，香港：新城文化，2009 年，第 179 頁。

30. Cheng, Joseph Yu-shek. *The Hong Kong Special Administrative Region in its First Decade*. Hong Kong: City University of Hong Kong Press, 2007, p. 25.

31. 〈問責制主要官員守則〉。

32. 葛約翰（John P. Burns）著，鄺錦鈞譯：〈第五章 問責制與高級公務員〉，《政府管治能力與香港公務員》，香港：牛津大學出版社，2004 年（中文本 2010 年），第 79-216 頁。

33. 〈行政會議的職權〉，香港特別行政區行政會議，網址：https://www.ceo.gov.hk/exco/chi/。

黨代表只屬於極少數，行政會議已屬於以行政長官為首的執政聯盟的俱樂部。問責制後，所有問責司局長自動成為行政會議成員，行政會議作用減少。在國家協同主義（state corporatism）的政策下，反對派往往被排拒在這政治圍牆（political closure）之外。而這些不理會反對派的聲音的施政方針，只會招來一波又一波的反對派動員的民主運動，原因是早五年施政的失誤是政府自招的，根本沒有受到反對派很大的壓力。

制度上的成功並不代表能夠接得上民意，高官問責制甫實施就招來重大的失誤，當 2002 年 7 月 1 日的問責制官員剛上任，完全沒有官場經驗的財經事務及庫務局局長馬時亨就細價股除牌事件[34]觸礁，引發部分細價股票下跌總市值 109.1 億元，[35]輿論更指馬時亨應為事件引咎辭職，但馬時亨對細價股事件調查小組報告發表的回應聲明，指出會接受及支持各項建議，及承諾以後會做得更好，[36]但無從問責。到 2003 年 3 月任財政司的梁錦松財政預算提議增加車輛買賣的首次登記稅，[37]但早於政策出台前他卻買了新車。隨後政府施政的失誤更是劃時代的，董建華為《基本法》第 23 條所要求的國家安全立法，以組織動員民意的情況下，亦因應執政聯盟中的支持能夠有足夠票數通過法案，而沒有理會反對的聲音。與此同時，一種嚴重急性呼吸道症候群疫情在香港爆發，並傳播世界各地。香港首當其衝有近一千八百人染病，三百人死亡的過情中引發全城恐慌，亦是源於政府政策失誤沒有即時控制疫情。事件引發了市民的反對情緒，集中在 2003 年 7 月 1 日的集會遊行上爆發，劃時代的有 50 萬人反政府示威，嚴重挑戰特區政府的

---

34. 香港交易及結算所：《首次上市及持續上市資格及除牌程序有關事宜之上市規則修訂建議諮詢文件》，網址：https://www.legco.gov.hk/yr01-02/chinese/panels/fa/papers/fa0731cb1-2373-3c.pdf。

35. 羅正威和鄺志強：《細價股事件調查小組報告書》，2002 年 9 月 9 日，網址：https://www.info.gov.hk/info/pennystock/reportc_full.pdf。

36. 馬時亨：〈財經事務及庫務局局長就細價股事件調查小組報告發表回應聲明〉，2002 年 9 月 10 日，網址：https://www.info.gov.hk/gia/general/200209/10/0910252.htm。

37. 立法會秘書處：〈有關財政司司長梁錦松買車事件／發展摘要〉，2003 年 3 月 5 日－2003 年 3 月 12 日，網址：https://www.legco.gov.hk/yr02-03/chinese/sec/library/0203in16c.pdf。

管治認受性。[38]當時因應自由黨認為民意已後清楚表達反對國家安全立法表示不再在立法會內投票支持，田北俊辭去行政會議議員，政府被逼收回法案，隨後財政司梁錦松和保安局長葉劉淑儀作為問責官而辭職。10月有關《嚴重急性呼吸系統綜合症專家委員會報告》發表，認為政府體制上出現缺失，[39]而事件要到 2004 年 7 月立法會《調查政府與醫院管理局對嚴重急性呼吸系統綜合症爆發的處理手法專責委員會報告》[40]發表後，更在於輿論壓力下楊永強才願意辭去衛生福利及食物局局長一職。香港政府的管治依靠《內地與香港關於建立更緊密經貿關係的安排》[41]去改善香港經濟的情況，而在管治的威信盡失下，2005 年 3月董建華結果提出健康原因而辭去特首職位。

三、曾蔭權施政時期的行政會議

2005 年曾蔭權接任行政長官後，增加行政會議非官方成員的人數，非官守議員及官守議員達至一比一。行政會議的官守議員除了三位司長會出席所有會議外，其他官守成員可以選擇只在會議涉及本身負責的事務時才出席。而主要官員，除原任的非公務員出身的主要官員留任外，其餘全部的主要官員都由公務員系統出任（表 12.8）。十分

38. 張炳良：〈七一改寫特區管治〉，《公共管治策略：特區八年政策得失》，TOM（CUP Magazine）出版，2006 年，第 152–155 頁。

39. 錢卓樂（Cyril Chantler）和葛菲雪（Sian Griffiths）：《嚴重急性呼吸系統綜合症專家委員會報告》，香港特別行政區專家委員會，2003 年 10 月，網址：https://www.sars-expertcom.gov.hk/tc_chi/reports/files/report_c.pdf。

40. 調查政府與醫院管理局對嚴重急性呼吸系統綜合症爆發的處理手法專責委員會，《調查政府與醫院管理局對嚴重急性呼吸系統綜合症爆發的處理手法專責委員會報告》，香港立法會，2004 年 7月，網址：https://www.legco.gov.hk/yr03-04/chinese/sc/sc_sars/reports/sars_rpt.htm。

41. 《內地與香港關於建立更緊密經貿關係的安排》，香港特別行政區政府工業貿易署，網址：https://www.tid.gov.hk/tc_chi/cepa/cepa_overview.html。

明顯曾蔭權仍然信任公務系統的管治，[42]董建華期間辭任的高級官員都用公務員頂替上。

2002年董建華推行問責制後，所有問責司局長自動成為行政會議成員，行政會議作用減少。曾蔭權上任後，恢復行政會議功能，增加官守和非官守成員，不同主要的親政府黨派都獲委任加入行政會議，而成員亦廣泛納入不同的社會人士，其中最觸目的是首次委任了民主派成員早前已經退出民主黨的前副主席、香港教育學院院長張炳良加入了行政會議（表12.9）。政府的認受性大幅度的提高，剛上任的曾蔭權面對2005年的七一遊行人數亦大幅度減少，政府的壓力明顯舒緩了不少。

而曾蔭權接任行政長官的第一個重要任務是要推行人大已決定限制了普選可能的政制改革，這是一個艱難的任務。香港政府於2005年10月推動立法實行2007年和2008年行政長官和立法會選舉改進方案，被民主派批評為沒有實質民主進程的改革，拒絕接受。12月4日民主派籌辦大遊行反對行政長官曾蔭權提出的政改方案，參與者應有近十萬人，而最終方案在立法會被否決，一般民意調查認為支持政府的改革稍多於反對，事件未構成政府的危機，曾蔭權能保持支持度。[43]政改方案被否決應該是政府的重大挫敗，但政府並未因方案被否決而停止有關民意諮詢工作，普選的問題一直廣泛討論。[44]

曾蔭權在2007年5月3日於立法會答問大會上公佈重組政府架構方案，並於7月1日起正式運作。，政策局的數目因而由11個增至12

---

42. Tsang, Steve. *Governing Hong Kong: Administrative Officers from the 19th Century to the Handover to China, 1862–1997*. London: I.B. Tauris, 2007.

43. 〈特首民望〉，可參考《香港大學民意網站》，網址：https://www.hkupop.hku.hk/chinese/popexpress/ce2005/donald_new/poll/datatables.html。

44. 政制事務局：〈行政長官普選的可能模式表〉，立法會政制事務委員會，立法會 CB（2）630/06-07（02）號文件，2006年12月，網址：https://www.cmab.gov.hk/upload/LegCoPaper/ca1218cb2-630-2-c.pdf; 或政制事務局，〈行政長官和立法會普選模式、路綫圖及時間表〉，立法會政制事務委員會，立法會 CB（2）1858/06–07（01）號文件，2007年5月，網址：https://www.legco.gov.hk/yr06-07/chinese/panels/ca/papers/ca0521cb2-1858-1-c.pdf。

個，各由一位局長掌管，即 3 位司長及 12 位局長，共有 15 位主要官員（表 12.10）。2007 年 10 月，曾蔭權在施政報告中提及要在「不損害社會穩定及施政效率」的前提下發展民主。2007 年 12 月人大常委會全票通過《全國人民代表大會常務委員會關於香港特別行政區 2012 年行政長官和立法會產生辦法及普選問題的決定》。按照決定，2012 年的行政長官及立法會選舉，在不實行普選的前提下，可以作出符合循序漸進原則的適當修改。當中明確了 2017 年香港特別行政區行政長官選舉可以採用由普選產生的辦法，在行政長官由普選產生以後，立法會選舉亦可以採用全部議員由普選產生的辦法。形勢是政府已經能夠處理好主要的問題，一切管治上的工作漸上軌道，滿以為政治爭論應當減少，實則不然。

曾蔭權在 2007 年 10 月 23 日提出進一步發展政治委任制度，指出要提升市民對政治的參與，能讓有政黨、學術、專業、商界、公務員及其他背景的人士有機會擔任主要官員及政治任命官員，增設副局長和政治助理職位。[45]事件在一遍風暴之下實施，包括了眾多副局長擁有外國護照和委任政治助理太過隨便，只是擴大官僚體系。[46]管治的風暴隨着梁展文個案、進一步改組行政會議（表 12.11）和擴大官僚體系開展，跟着來緊的日子曾蔭權的管治班子機乎完全失去香港人的支持。

梁展文 2007 年 1 月從政府退休，在退休前夕的數年被批評有利益輸送及為自己進入地產發展商鋪路，2008 年 8 月 1 日，梁展文出任新世界發展的子公司新世界中國地產，任執行董事及副董事總經理，合約 3 年，年薪 312 萬港元，群眾嘩然。經過一段時間的爭議後，新世界中國地產在 2008 年 8 月 17 日宣佈與梁展文協議無條件提前解約。事後

---

45. 立法會秘書處：〈有關進一步發展政治委任制度的背景資料簡介〉，政制事務委員會，2007 年 10 月 23 日，網址：https://www.legco.gov.hk/yr07-08/chinese/panels/ca/papers/ca1023cb2-123-1-c.pdf。

46. 香港政府：〈立法會五題：委任副局長及局長政治助理〉，香港政府新聞公佈，2008 年 6 月 4 日，網址：https://www.info.gov.hk/gia/general/200806/04/P200806040154.htm。

立法會亦對事件展開調查，[47]顯然是利益輸送，批評公務員事務局審批梁任職私人公司的程序草率，政府威信成疑，認受性地位建立於浮沙之上。[48]

而行政會議建立在執政聯盟的問題在加入鄉議局的劉皇發事件上表露無遺（表12.11）。[49]事件的傳言是中聯辦以行會席位，來交換劉皇發放棄循立法會區議會界別出選，「讓路」給民建聯副主席葉國謙，而劉行政會議成員被指欠缺政治實力。[50]這種執政聯盟的結構性弱點顯現在隨後而來的政策施政上。[51]有見年青人吸毒問題，2009年政府推出強制校園驗毒計劃，縱使政府有關方面一再解釋有關計劃是要幫助吸毒的學生和阻嚇未曾吸毒的學生，[52]但引來很大反響，顯示出特區政府過度干預社會，反對者認為社區驗毒計劃的有效性低，不會達到打擊吸毒和預防吸毒的目的。在大埔區校園驗毒試行計劃順利完成[53]後，認

47. 立法會秘書處議會事務部：《調查有關梁展文先生離職後從事工作的事宜專責委員會報告》，香港特別行政區立法會，2010年12月，網址：https://www.legco.gov.hk/yr08-09/chinese/sc/sc_lcm/report/lcm_rpt-c.pdf。

48. 可參考：Fong, Brain Chi-hang. Chapter 5 "Political Marketing Campaigns of Chief Executive Donald Tsang-the Challenges of Managing Legitimacy Deficit under a Semi-democratic Regime", in Cheng Joseph Yu-shek (ed.) *The Second Chief Executive of Hong Kong SAR: Evaluating the Tsang Years 2005–2012*. Hong Kong: City University Press, 2013, pp. 113–138.

49. 香港政府：〈行政長官委任五位行政會議新成員〉，《香港政府新聞公報》，2009年1月20日，網址：https://www.info.gov.hk/gia/general/200901/20/P200901200079.htm。

50. 頭條日報記者：〈行會改組 許仕仁 out 劉遵義 in〉，《頭條日報》，2009年1月21日，網址：https://hd.stheadline.com/news_topic/nt_content.asp?sid=779&nt=np。

51. 可參考：Chan Chi-kit. Structural Weakness of the Executive-led Model-Governance and Party Politics of Hong Kong, in Cheng Joseph Yu-shek (ed.) *The Second Chief Executive of Hong Kong SAR: Evaluating the Tsang Years 2005–2012*. Hong Kong: City University Press, 2013, pp. 85–112.

52. 石丹理：〈校園驗毒 認清7大事實〉，《香港經濟日報》，2009年8月17日，網址：https://paper.hket.com/article/993659/校園驗毒%20認清7大事實。

53. 香港政府：〈大埔區校園驗毒試行計劃順利完成〉，《香港政府新聞公報》，2010年6月28日，網址：https://www.info.gov.hk/gia/general/201006/28/P201006280168.htm。

為計劃獲得的反應正面，毒品問題有所改善；[54] 但批評者認為實施社區驗毒計劃會使吸毒者吸毒隱蔽的情況惡化，提高社會公共醫療開支，為社會帶來沉重的負擔，和降低社會和諧度，得不到應有的效果。[55]

　　與此同時，曾蔭權的施政報告提出使用「慳電膽」計劃逐步限制銷售鎢絲燈泡，[56] 掀起軒然大波，被批評缺乏環保知識，飽受社會輿論抨擊，而被揭發計劃是利益輸送，[57] 釀成政治風暴，觸發特區政府的管治危機，事件充份顯現出政府管治的民粹主義 [58]（populism）缺憾，聲望急速走下坡。而這種民粹主義式的施政更在政府逼於向市民「派錢」的問題上顯露無遺。財政司司長曾俊華於 2011 年 2 月 23 日發表 2011 年至 2012 年度財政預算案，向所有市民的強積金戶口一次性注入 6,000 港元，[59] 而不選擇直接派給市民引起瘋狂的迴響。3 月 2 日，曾俊華宣佈改為直接派發現金予市民的計劃，乃香港開埠以來首次。[60]

---

54. 保安局和教育局：〈校園驗毒〉，立法會保安事務委員會，立法會 CB（2）197/10–11（01）號文件，2010 年 11 月 11 日，網址：https://www.legco.gov.hk/yr10-11/chinese/panels/se/papers/se1111cb2-197-1-c.pdf。

55. 韓連山：〈校園驗毒成效是零〉，《蘋果日報》，2010 年 9 月 27 日，網址：https://hk.appledaily.com/local/20100927/RBYSHNY7AFEJG5YB2ATE7KO5XU/。

56. 曾蔭權：《二零零九至一零年施政報告：羣策創新天》，2009 年 10 月 14 日，網址：https://www.policyaddress.gov.hk/09-10/chi/docs/policy.pdf。

57. 石國威、鍾健國和劉志城：〈慳電膽大醜聞 曾蔭權益親家〉，《東方日報》，2009 年 10 月 16 日，網址：http://orientaldaily.on.cc/cnt/news/20091016/00174_001.html。

58. 郭志：〈民粹主義是什麼和不是什麼〉，《明報》，2019 年 2 月 11 日，網址：https://news.mingpao.com/ins/ 文摘 /article/20190211/s00022/1549800451870/ 民粹主義是什麼和不是什麼（文一郭志）。

59. 曾俊華：〈注資強積金〉，《2011 年至 2012 年度香港政府財政預算案》，網址：https://www.budget.gov.hk/2011/chi/budget69.html。

60. 姚國雄：〈薯片叔 2011 年「被迫」回水 6 千蚊　前後花咗 7 個半月〉，《蘋果日報》，2020 年 2 月 26 日，網址：https://hk.appledaily.com/local/20200226/UEA43VJ3UPJ3DMIEGCRBWMFWEY/。

　　在這樣的情況下政府所推出政制改革方案境況堪憂。[61] 2009 年 11 月 18 日，港府發表《2012 年行政長官及立法會產生辦法諮詢文件》收集民意，當中不少地方均參照 2005 年被否決的政改方案，被嚴厲批評。民主派經過一輪內部紛爭後，公民黨與社會民主連線正式啟動五區總辭，試圖通過 2011 年香港立法會地方選區補選爭取民意，達成「盡快實現真普選、廢除功能組別」的目標。民主黨明顯不願意參與。結果補選的投票率不理想，整個民主運動變成民主派的嚴重分歧，到 2011 年 5 月底民主黨提出改良方案而最終獲得中央政府接納，政改方案予以通過，挽救了政府聲望。但這時卻發生了高官僭建風波，一整個問責團隊聲望無可挽回，直到 2012 年 3 月更發展到曾蔭權貪腐的問題上，特區已無可作為。

　　2011 年香港樓宇僭建風波是發生於 2011 年 5 月的香港，多個知名人物被揭發於他們的住所有僭建物（表 12.12），捲入其中的不僅有特首、高官、議員、富豪、鄉紳，連僭建上訴委員會主席和屋宇署署長居然也捲入僭建風波。[62] 涉嫌違反法律比比皆是，香港特區政府處理這連串事件的手法亦引起公眾關注。這反映高官個人操守有問題，富有卻貪小便宜，明知有政治後果卻心存僥倖。情況一直延伸到新一任的特首選舉。

　　而管治班子最後發生了曾蔭權涉貪風暴，2012 年 2 月下旬，報章披露香港特首曾蔭權偕妻子及權貴出席名人飲宴，其後牽引出他多次乘坐富豪的私人飛機及游艇，與及由國內富豪提供退休豪華居所等事件，當中被指涉嫌收受利益，以及有官商勾結之嫌。[63] 2012 年 3 月 29 日，廉政公署拘捕新鴻基地產董事局聯席主席郭炳江、郭炳聯、執行

61. 曾蔭權：〈政改再被否決香港將停滯不前〉，《BBC 中文網》，2010 年 5 月 29 日，網址：https://www.bbc.com/zhongwen/trad/china/2010/05/100529_reform_hk。

62. 劉夢熊：〈如何拆除僭建風波炸彈〉，《文匯報》，2011 年 6 月 7 日，網址：http://paper.wenweipo.com/2011/06/07/PL1106070001.htm。

63. 立法會秘書處：〈會議過程正式紀錄〉，香港立法會，2012 年 2 月 29 日，網址：https://www.legco.gov.hk/yr11-12/chinese/counmtg/hansard/cm0229-translate-c.pdf。

董事陳鉅源和前政務司司長許仕仁，以及另外 4 人，指涉嫌觸犯《防止賄賂條例》的事件。曾蔭權時期的管治進一步滑落，管治的後期社會運動激進化的問題十分明顯，七一遊行人數開始逐漸增多，對社會公義問題有不同的訴求。

四、梁振英時期的行政長官會同行政會議

　　新一屆特首選舉中，原被看高一線的熱門人物唐英年在提名前被揭發住宅僭建。事件影響到選情而使梁振英得到選委的支持，後來居上。當時的大熱門唐英年受僭建風波影響，立法會主席曾鈺成表示考慮參選，顯出他對梁振英不滿意。但消息發表翌日，多家傳媒收到一個匿名短訊，指稱「特首參選人梁振英及其團隊正搜集與曾鈺成有關的黑材料，以掃除當選阻礙」。[64] 曾鈺成透露梁振英曾經特意兩度來電，聲稱無他的黑材料。[65]

　　當梁振英正在等待就任行政長官時亦被發現住所僭建物（表 12.12），受醜聞困擾，2012 年 7 月 1 日上任的首天的「七一遊行」就有近二十萬參與遊行，口號是要求他下台。而《蘋果日報》於 7 月 5 日起，一連三天刊登有關新任發展局局長麥齊光早年與公務員同事互租單位的報道。[66] 7 月 12 日廉政專員公署採取拘捕行動，[67] 麥同日主動辭

---

64. 蘋果日報記者：〈培僑任教時有黑材料傳梁握曾鈺成痛腳〉，《蘋果日報》，2012 年 2 月 24 日，網址：https://hk.appledaily.com/local/20120224/Y5AF77SS7X5X2UUWTGK7FPC5XI/。

65. 立法會秘書處：〈會議過程正式紀錄〉，香港立法會，2012 年 2 月 29 日，網址：https://www.legco.gov.hk/yr11-12/chinese/counmtg/hansard/cm0229-translate-c.pdf。

66. 鄭啟源和張文杰：〈發展局長麥齊光操守劣〉，《蘋果日報》，2012 年 7 月 5 日，頁版存儲於網址：https://2013.sopawards.com/wp-content/uploads/2013/06/55-Apple-Daily-發展局局長麥齊光呃租津系列報道.pdf。

67. NOW 記者：〈廉署拘捕麥齊光曾景文〉，《NOW 新聞》，2012 年 7 月 12 日，網址：https://news.now.com/home/local/player?newsId=39512。

職。[68]梁振英所委任的新政治問責班子，原得 5 名為外攬者，後增補與他關係密切的陳茂波為發展局局長。就陳任的第二天，2012 年 7 月 31 日，《蘋果日報》即揭發他在 1994 年和 1995 年間，透過當時任職董事的景捷發展有限公司購入多個大角咀單位作「劏房」出租牟利，涉嫌違反《建築物條例》。[69]8 月 1 日，《蘋果日報》再揭發其妻子許步明旗下的景捷發展，涉嫌與田生集團合謀隱瞞買賣的大角咀海安樓一個住宅單位近六成樓價，結果令其少交數十萬元利得稅，被指有避稅之嫌。[70]

梁振英在當選特首前，長期都是行政會議非官方成員，而除了首兩年，由 1999 年 7 月 1 日起至 2011 年 10 月 3 日為止更是行政會議召集人；如果個別成員違反這些原則，行政長官會決定如何處理。行政長官可視乎情況採取適當行動，包括勸喻、警告、公開譴責、免除成員的職務或採取法律行動。[71]他指出行政會議的功能在回歸前和回歸後基本上沒有甚麼變化。基本法規定行政會議大多數都不贊同行政長官的個做法，行政長官仍然可以執行，但要將具體理由記錄在案。他認為行政會議非官守成員就不應阻礙官員議案，問責官員就需要為的決定負政治責任。行政會議的非官守成員，要從整個社會的整體利益出發，根據他對某個背景、行業的認識和經驗，提供他的意見和建

---

68. 黃偉駿：〈租津醜聞——發展局局長麥齊光十二日下台〉，新聞教育基金，網址：http://jefbooks. com.cuhk.edu.hk/602-2_mak/。

69. 東方日報記者：〈陳茂波：對劏房全不知情〉，《東方日報》，2012 年 8 月 4 日，網址：https:// orientaldaily.on.cc/cnt/news/20120804/00176_027.html。

70. 香港 01 記者：〈陳茂波出身清貧一圓司長夢　局長任內捲入多宗醜聞惹爭議〉，《香港 01》，2017 年 1 月 16 日，網址：https://www.hk01.com/ 社會新聞 /60503/ 陳茂波出身清貧一圓司長夢 - 局長任內捲入多宗醜聞惹爭議。

71. 林鄭月娥：〈立法會六題：行政會議成員〉，香港政府，2012 年 11 月 7 日，網址：https://www. info.gov.hk/gia/general/201211/07/P201211070400.htm。

議。【72】在他的行政長官競選政綱中特別指出：行政會議每週開會一次，每年不到 40 次，每次不超過一個上午。此外，行政會議非官守成員角色被動。再者，政府提交行政會議討論的法律草案及政策，基本上已經成形，非官守成員修改的空間有限。他肯定並進一步發展政治任命和問責制，提高政府的認受性。要提高行政效率，促進行政和立法機關的合作關係。【73】

實際上，他在未上任時建議加設創新科技局和文化局的計劃就未能成功。【74】建議的重組方案不單於 2012 年 7 月 1 日上任時無法通過，而且在第四屆立法會終止運作前無法通過。梁政府最終在第五屆立法會開始會期後宣佈放棄架構重組方案。他對任命的官員影響力十分有限。任命的官員仍依賴公務員系統，他能委任自家班子的人數很少，非公務員出身的主要官員大多都是續任的（表 12.13）。其中只有吳克儉和張炳良是新委任的。張炳良是行政會議共事的成員，為展示向民主派招手而獲得委任，而吳克儉是梁振英競選辦主任羅范椒芬所推薦的。他希望增加自家班子的主要官員舉步為艱，估計是自來北京的壓力。【75】

情況十分近似，梁振英似乎不可以隨便委任自家班子加入行政會議。曾經被婚外情醜聞辭去公務員職務的林煥光被重新委任為行政會議召集人。【76】而政治權力的新結構構成了，表 14 分列了立法會上的

72. 劉乃強：〈行政會議的實際運作模式 ── 訪香港行政會議召集人梁振英〉，《中國評論》月刊 2007 年 6 月號，總第 114 期，網址：http://hk.crntt.com/doc/1003/9/1/2/100391232.html?coluid=19&kindid=0&docid=100391232&mdate=0618182806。

73. 梁振英：《行政長官競選政綱》，2012 年，網址：https://www.ceo.gov.hk/archive/2017/sim/pdf/manifesto.pdf。

74. 頭條日報記者：〈葛珮帆盧偉國聯署 促設科技通訊局〉，《頭條日報》，2012 年 10 月 11 日，網址：https://hd.stheadline.com/news_topic/nt_content.asp?sid=11013&nt=np。

75. Goodstadt, Leo F.（顧汝德）：《失治之城：掙扎求存的香港》，香港：天窗出版，2018 年，第 15–38 頁。

76. 立法會秘書處：〈會議過程正式紀錄〉，香港立法會，2012 年 11 月 14 日，網址：https://www.legco.gov.hk/yr12-13/chinese/counmtg/hansard/cm1114-translate-c.pdf。

建制派陣型成為了民聯聯、工聯會、自由黨、經民聯，新民黨和鄉議局的支持執政聯盟，行政會議作為他們權力的瓜分，等同具有代表加入行政會議。好些傳統的親政府智囊團和商業利益群體都加入了行政會議，包括更多的成員具有人大代表和全國政協的身份。十分明顯，梁振英就算是當選了行政長官，不同的親執政政治群體和利益團體的更有力量的聯合，為免上任曾蔭權管治時出現的最大問題，當社會輿論轉向時變成執政聯盟的瓦解。梁振英時期的行政會議明顯要加強團結，而要避免政策施行時要堅持政府推行的政策，再不可有政黨團體容易脫離大隊的情況。這種結合，正正是對應着香港漸漸興起的社會運動，挑戰政府的形勢逾來逾明顯，這尤其是北京更加要求香港的執政聯盟有這個程度上的團結。

思考梁振英管治時期的行政會議，是伴隨着激烈的社會運動下的管治情況，同時亦是梁振英管治班子的貪污醜聞。2012 年 7 月 1 日上任的第一天的示威遊行，除了因為他非法僭建問題要求也下台外，有一群不太為人注意的學生在參與要求政府撤回已通過撥款實行的國民教育科，隨後發展成為大規模的社會運動。9 月份經過大量學生參與包圍政府總部行動，逼使政府決定撤回有關科目。這個時候新上任的班子發展局局長麥齊光就因為欺騙房屋津貼問題而辭去職務，而接任的陳茂波亦隨即爆出違例建築的醜聞。2012 年 10 月 26 日，特區政府宣佈加強遏抑樓市措施，增加住宅物業的特別印花稅及延長適用期限。10 月 31 日即發生行政會議非官守成員林奮強售樓風波，疑政策出台前賣樓圖利，11 月 3 日被逼辭去職務。[77]

而實際的衝突在於政制改革。2007 年人大常委會決定 2017 年可以實行特區行政長官選舉普選，民主派認為中央政府無心實施普及平等的選舉，2013 年初起計劃「佔領中環」運動，要求落實真正的普

---

77. 岑逸飛：〈從林奮強事件看管治危機〉，《經濟通》，2012 年 11 月 6 日，網址：http://www.etnet.com.hk/www/tc/lifestyle/internationalaffairs/culture/13853。

選。【78】2013 年 3 月 27 日，香港中聯辦發稿引述人大常委法制工作委員會主任委員喬曉陽，「中央政府落實 2017 年普選的立場是堅定不移的，是一貫的，絕無拖延之意」；「前提就是不能允許與中央對抗的人擔任行政長官。」【79】事件形成了民主派與政府的嚴重衝突，在社會爭論的過程中激化了支持和反對的矛盾，爭持不下。這時候社會氣氛緊張，不同的訊息很多，香港的管治問題成疑，國內的媒體亦經常報導香港的事情。眾所周知反對派以民主之名主導這場運動，而對抗這場民主運動的當然權力是誰成為問題的核心，衝擊了「一國兩制」。香港特區政府聯同社會各界於 2013 年 4 月至 12 月舉辦「家是香港」運動，【80】旨在為香港注入正能量，加強香港社會的凝聚力，並且喚起香港市民對香港這個家庭的關愛和承擔，作為社會運動員對抗「佔領中環」運動。

行政會議再有醜聞。2013 年 4 月 26 日，香港政府刊憲行政會議成員張震遠繼續擔任市區重建局董事會主席兩年，超越同一公職任期不超過 6 年的指引。但 5 月 21 日，獲知證監會與商業罪案調查科聯手調查香港商品交易所，而大股東正是張震遠，涉嫌串謀行騙，隱瞞商交所財務狀況，和拖欠員工薪金，【81】24 日迅即辭去所有公職，事件再次受質疑。【82】

正當「佔領中環」運動爭議火熱之際，2013 年 10 月 15 日行政會議審批發免費電視牌照，只同意批予奇妙電視和香港電視娛樂，拒絕批發免費電視牌照予香港電視網絡而沒有原因，事件激發香港社會強烈

78. 戴耀廷：〈「佔領中環」行動的目標與時機〉，和平佔中網站（原刊於 2013 年 2 月 23 日《明報》），網址：http://oclp.hk/index.php?route=occupy/article_detail&article_id=21。

79. 文匯報記者：〈喬曉陽在香港立法會部分議員座談會上的講話〉，《文匯報》，2013 年 3 月 28 日，網址：http://paper.wenweipo.com/2013/03/28/HK1303280004.htm。

80. 香港政府新聞公報：〈「家是香港」運動在熱鬧氣氛中結束〉，香港政府，2013 年 12 月 29 日，網址：https://www.info.gov.hk/gia/general/201312/29/P201312270717.htm。

81. 黃雪盈：〈張震遠被捕 田少嘲：做細嘅只會俾人祭旗〉，《iMONEY》，2017 年 7 月 21 日，網址：http://imoney.hket.com/article/1877301/張震遠被捕 %20 田少嘲：做細嘅只會俾人祭旗。

82. 林鄭月娥：〈立法會二題：本屆行政會議〉，《香港政府新聞公報》，2013 年 6 月 5 日，網址：https://www.info.gov.hk/gia/general/201306/05/P201306050291.htm。

迴響，引發 12 萬人遊行及包圍香港政府總部的事件，成為社會運動的預演，批評政府強行否決香港電視網絡的申請。10 月 17 日，梁振英宣佈成立政改諮詢專責小組，啓動 2016 年香港立法會選舉產生辦法及 2017 年香港行政長官選舉產生辦法的諮詢，口號是為「有商有量 實現普選」。[83] 政制改革和「佔領中環」運動隨即成為最重要的議題，各方爭辯可行方案，而民主派就「佔領中環」運動推行不同的預演工作。

　　2014 年 6 月 10 日國務院發表了《一國兩制在香港特別行政區的實踐》白皮書，[84] 提到「全國人大常委會擁有香港基本法的解釋權，對香港特別行政區行政長官產生辦法和立法會產生辦法修改的決定權，對香港特別行政區立法機關制定的法律的監督權，對香港特別行政區進入緊急狀態的決定權，以及向香港特別行政區作出新授權的權力。」但是，對香港人來說中央實施有關管治權時，實際上對香港原有的權力增加了新的限制，這些「中央對香港直接行使的管治權」和「授權香港特別行政區依法實行高度自治」[85] 都削弱了香港人權利上的自治權力。

　　7 月 15 日，政府公佈首輪諮詢的報告，並同時向中央提交報告，十分明顯民主派的意見被邊緣化。8 月 31 日，全國人民代表大會常務委員會通過《全國人民代表大會常務委員會關於香港特別行政區行政長官普選問題和 2016 年立法會產生辦法的決定》，決定行政長官候選人以「提名委員會按民主程序提名後普選產生」，「人數規定為二至三名」，和「每名候選人均須獲得提名委員會全體委員半數以上的支持」。「行政長官必須由愛國愛港人士擔任」，「方針政策的基本要求，是行政長官

83. 〈2017 年香港行政長官及 2016 年香港立法會產生辦法諮詢文件〉，香港特別行政區政府，2013 年 3 月，網址：https://www.legco.gov.hk/yr13-14/chinese/panels/ca/papers/ca1209-cdoc20131204-c.pdf。

84. 國務院新聞辦公室：《一國兩制在香港特別行政區的實踐》，國務院，2014 年 6 月 10 日，網址：http://www.scio.gov.cn/tt/Document/1372801/1372801.htm。

85. 強世功：〈香港白皮書——被誤讀的「全面管治權」〉，《BBC 中文》，2014 年 6 月 13 日，網址：https://www.bbc.com/zhongwen/trad/china/2014/06/140613_qiangshigong_hk_white_paper。

的法律地位和重要職責所決定的，是保持香港長期繁榮穩定，維護國家主權、安全和發展利益的客觀需要。」[86]

這個決定是嚴格規限參選，不為民主派所接受，他們反對有關政改決議，要重啟政改諮詢、重交政改報告。當 9 月 28 日警方發射催淚彈意圖驅散群眾不果後，結果發生了「佔領運動」，群眾主要在金鐘、銅鑼灣和旺角集結，高峰時有 20 萬人，部分交通工具要改道行駛。行政會議成員羅范椒芬說警方的處理方法激發民憤，相信警方亦要向行政會議交代。[87]但隨後政府態度轉強硬，並謠言四起，不斷的批評示威者引起社會的不便。

2014 年 10 月上旬，澳洲傳媒《Fairfax Media》報道，時任香港特區行政長官梁振英參選特首後，以戴德梁行董事身份與一澳洲企業簽訂秘密協議，透過提供顧問服務、協助挽留員工、不作競爭等安排，換取 400 萬英鎊報酬。事件發生時正值「佔領運動」，引發香港社會討論的同時，亦引起中央的關注。在 2014 年 10 月 15 日《人民日報》發表文章《堅決支持特區政府依法施政》，指組織者以香港特區政府為靶子，不斷製造議題、挑起紛爭，極力打擊行政長官威信、阻礙特區政府施政。[88]對於梁振英面對群眾的情況，身為全國政協委員自由黨的田北俊認為特首工作不稱職，公開要求他下台。[89]但全國政協常委會表決通過了田北俊撤銷全國政協委員資格。認為田北俊不聽勸告，公開發表不

86. 全國人民代表大會常務委員會：《全國人民代表大會常務委員會關於香港特別行政區行政長官普選問題和 2016 年立法會產生辦法的決定》，人大常委會，2014 年 8 月 31 日，網址：http://www.2017.gov.hk/filemanager/template/tc/doc/20140831a.pdf。

87. 羅范椒芬：〈警方處理方法激發民憤要向行會交代〉，香港電台，2014 年 9 月 29 日，網址：https://app3.rthk.hk/special/pau/article.php?aid=597。

88. 魯珊珊：〈堅決支持特區政府依法施政〉，《人民日報》，2014 年 10 月 15 日，轉載網址：http://pinglun.sdnews.com.cn/mp/201410/t20141015_1752875.htm。

89. 星島日報要聞：〈促梁振英主動辭特首職 田北俊被撤政協資格〉，《星島日報》，2014 年 10 月 29 日，網址：https://hk.finance.yahoo.com/news/ 促梁振英主動辭特首職 - 田北俊被撤政協資格 -215519004.html。

利於香港特區行政長官，及特區政府依法施政的言論，嚴重違反政協章程及有關政治決議。[90]這種執政聯盟不協調情況持續發生。

「佔領運動」後，社會陷入前所未有的撕裂局面，年青人面對制度的不公平受到了極大的壓抑。特區政府於 2015 年 1 月 7 日發表《行政長官普選辦法諮詢文件》，[91]認為選舉辦法必定要按照人大常委的決定進行；亦評估政改方案不獲立法會通過的後果，包括會否出現管治危機，以及行政立法關係會否惡化。[92]經過三個月，在 2015 年 4 月政府總結《行政長官普選辦法公眾諮詢報告及方案》，[93]等待立法會審議。而民主派從根本的反對全國人大常委會的決定，杯葛公眾諮詢，有關方案引起了嚴重分歧。6 月 17 日特區政府提出修改行政長官產生辦法的議案在立法會審議，[94]根據《香港基本法》，需要香港立法會超過三分之二的議員支持才能通過有關政改方案。由於民主派在立法會 70 個議席中佔有 27 席，超過了三分之一，成為關鍵的少數派，否決了由中央支持和制訂政策的政制改革方案，投票過程中更是戲劇性以 8 票支持、28 票反對大比數否決。[95]執政聯盟對於缺席投票的事有感震動中央，中聯辦亦被受牽連，歸咎協調混亂。

---

90. 東方日報記者：〈田北俊被踢出全國政協〉，《東方日報》，2014 年 10 月 29 日，網址：https://orientaldaily.on.cc/cnt/news/20141029/00174_001.html。

91. 《行政長官普選辦法諮詢文件》，香港特別行政區政府，2015 年 1 月，網址：https://www.gov.hk/tc/residents/government/publication/consultation/docs/2015/2017Phase2.pdf。

92. 香港政府新聞公報：〈立法會六題：政制發展第二輪公眾諮詢〉，香港政府，2015 年 1 月 7 日，網址：https://www.info.gov.hk/gia/general/201501/07/P201501060742.htm。

93. 《行政長官普選辦法公眾諮詢報告及方案》：香港特別行政區政府，2015 年 4 月，網址：http://www.2017.gov.hk/filemanager/template/tc/doc/report_2nd/consultation_report_2nd.pdf。

94. 譚志源：〈政制及內地事務局局長就特區政府提出修改行政長官產生辦法的議案的開場發言全文〉，立法會，2015 年 6 月 17 日，網址：https://www.info.gov.hk/gia/general/201506/17/P201506170536.htm。

95. now 新聞台：〈政改方案以 28 票反對 8 票贊成遭否決〉，《now 新聞》，2015 年 6 月 18 日，網址：https://news.now.com/home/local/player?newsId=140063。

　　面對這個亂局，政府於 7 月 21 日突然作出人手調動，民政事務局局長曾德成和公務員事務局局長鄧國威離職。[96]對於兩位高官的離職沒有提供任何合理的原因，[97]但應絕對是特首梁振英作的決定。事件震動官場，表現出最為不滿的是曾德成的兄長任立法會主席的曾鈺成，後來承認特首梁振英促使曾德成離任，並說明不應為「佔領運動」負責。[98]而梁振英參選政綱要加強問責制度，希望增加文化局和創新及科技局拖延了 3 年多，[99]最終於 2015 年 11 月成立，將原委任入行政會議的楊偉雄轉任局長。藉此，梁振英增加行政會議成員，鞏固自己的力量（表 12.13 及表 12.14）。要增加的文化局最終要放棄。政府的改組未能為政府增強管治能力，[100]11 月的區議會選舉，執政聯盟雖然獲勝，但未能進一步壓制民主派的席位。

　　結果青年受到的壓抑爆發了。2016 年 2 月 8 日夜晚，導火綫是食物環境衛生署取締街上熟食小販，與在場人士發生衝突，因而向警方求助，激發示威者對抗，高峰時有 700 多名示威者結集，變成與警員的暴力衝突，事件至早上 8 時，旺角街道上四處有被縱火的痕跡，130 名傷者中超過 90 人為警員。梁振英隨即就衝突事件會見記者，將事件定性為「暴亂」，成立執政聯盟聯合譴責暴徒目無法紀，促成警方事後全

---

96. 立場報道：〈曾德成、鄧國威齊離職　劉江華接掌民政事務局　海關關長張雲正　任公務員事務局長〉，《立場新聞》，2015 年 7 月 21 日，網址：https://www.thestandnews.com/politics/now 消息 - 曾德成 - 鄧國威離職 /。

97. 立場報道：〈鄧國威：因預計不到的家庭理由　曾德成：樂意現在退休〉，《立場新聞》，2015 年 7 月 21 日，網址：https://www.thestandnews.com/politics/ 辭局長 - 鄧國威 - 因預計不到的家庭理由 - 曾德成 - 樂意現在退休 /。

98. 巴士的報記者：〈曾鈺成：好肯定並非曾德成主動提出離職〉，《巴士的報》，2015 年 7 月 22 日，網址：https://www.bastillepost.com/hongkong/article/ 745919- 曾鈺成好肯定並非曾德成主動提出離職。

99. 新傳網記者：〈財委會拒絕創科局申請插隊〉，《新傳網》，2015 年 6 月 8 日，網址：https://www.symedialab.com/talk/ 財委會拒絕創科局申請插隊 /。

100. Wong, Wilson Wai-ho and Yuen, Raymond Hau-yin. "Politicisation of the Civil Services under the C. Y. Leung Administration: Unprecedented Control". Joseph Yu-shek Cheng. *Evaluation of the C. Y. Leung Administration*. Hong Kong: City University of Hong Press, 2020, pp. 61–98.

力緝拿凶徒歸案。分析認為事件是對社會、政治雙重不滿的徵兆，是對北京、港府作為，發出的強烈警訊。高失業率及高房價、香港高鐵爭議、銅鑼灣書店股東及員工失蹤事件、真普選被否決令香港人對港府的積怨加深，也對未來的民主自由前途疑慮日深，已到了對制度失去信心的地步。政府未有理會社會積聚民怨，如設立獨立委員會認真徹查事件，檢討施政是否激發矛盾的工作一點也不處理，只在激化社會分歧。

這種激化分歧的不單是回應社會的問題上，而採取行動卻在政治上的。這年的選舉政府首次引入身分確認書的制度，受到民主派的杯葛，但政府的權力卻膨脹在取消參選人資格上，首次有 6 名參選人參選資格被取消。但民主派在有限民主制下立法會選舉總共取得 30 席，比上一屆 27 席增加 3 席，相對於立法會一半席位的 35 席尚欠 5 席。這無疑是對政府的嚴重挑戰。2016 年 10 月 12 日，其中 15 名民主派議員，在宣讀誓詞[101]時前後增加內容，或以不同道具、形式等表達政治理念、訴求等，使到政府難以接受，並引來社會反響。11 月 7 日全國人大常委會審議並通過《基本法》第 104 條的解釋，對宣誓的形式或要求作出清楚的界定，延展至參選權。[102]政府認為人大釋法有利於解決香港立法會部分候任議員宣誓違法引起的爭議，有利於維護國家安全，打擊和遏制港獨勢力，有利於確保一國兩制在港實踐。但民主派認為人大變相解釋本地法律，而非解釋《基本法》，架空了本地法院及立法會，收回部分自治權，連香港本地的行政權與立法權，都可能因為不符合北京政治意志

---

101. 立法會秘書：〈作出立法會誓言〉，立法會，2016 年 9 月 20 日，網址：https://www.legco.gov.hk/general/chinese/procedur/matters/yr16-20/procb3-2-1617-c.pdf。

102. 端傳媒記者：〈「宣誓風波」終釀人大釋法，鐵腕打擊「港獨」會否衝擊法治？〉，《端傳媒》，2016 年 11 月 7 日，網址：https://theinitium.com/article/20161107-dailynews-NPCSC-basic-law/。

而遭單方面改變。【103】政府引入人大常委會權力的結果有 6 名當選的成員
被取消了立法會議員資格，民主派受到了嚴重的打擊。

　　而有關特首選舉的問題社會正推動 "ABC" 行動（即 Anyone But
CY，任何人除了梁振英），要求推倒梁振英連任，正在選委會競選中
動員。任期只是餘下七個月，梁振英突然宣佈委任自由黨主席張宇人
和香港中華總商會推薦商界功能界別議員廖長江為行政會議非官守成
員，尋求連任訊號明確。【104】但是，梁振英 12 月 9 日召開記者會，宣佈
因為家庭原因而放棄連任。雖然特首選舉委員席位偏重於團體和商業
界別代表，但當時民主派能夠在 1200 名額中歷史性獲得 300 百多個席
位，好幾個專業中都能夠全取選委席位。特首當選人最少要求獲得 601
票的門檻，上次梁振英只能獲得 689 票，成為中央政府能否協調選舉的
警號。

五、林鄭月娥時期的行政會議

　　林鄭月娥【105】（Carrie Lam Cheng Yuet-ngor, 1957-）原為政務司司長，
在梁振英任期中主力協助其政策執行，由於她已有 30 年的公務員經
驗，而殖民政府與特區各佔 15 年，亦工作於不同的政府部門，對條例
的熟識無人能及，估計梁振英的施政方針不少出自她手。梁振英管治
的警號對林鄭月娥來說最清楚不過，由她來競選連任是要穩定上次選

---

103. Tang, Matthew Chuen Ngai. "The Implications of the Legislative Oaths Cases on Hong Kong's Rule of Law." Joseph Yu Shek Cheng, *Evaluation of the C. Y. Leung Administration*. Hong Kong: City University of Hong Press, 2020, pp. 61–98.

104. 立場報導：〈只餘七個月任期　突委張宇人、廖長江為行會成員　梁振英首次讓自由黨入行會〉，《立場新聞》，2016 年 11 月 25 日，網址：https://www.thestandnews.com/politics/ 只餘七個月任期 - 突委張宇人 - 廖長江為行會成員 - 梁振英首次讓自由黨入行會 /。

105. 林鄭月娥生於基層家庭，父親是上海移民，母親生於香港，其母親的堅毅，是她學習的榜樣。入讀香港大學社會科學學院，1980 年取得學位，即加入港英政府成為政務主任，在擔任助理保安司期間曾負責就香港主權移交後香港永久居民以及英國海外國民問題參與與北京政府的談判。其後在 2000 年 8 月出任社會福利署署長，任內推行社福機構一筆過撥款；2007 年因擔任發展局局長，而放棄英國國籍。2012 年 6 月 28 日，根據梁振英的提名，成為政務司司長。

舉中因為唐英年參選而失去的票。同樣道理競爭者曾俊華原意是由唐英年上屆得票，加上民主派的 300 票以上來作競爭。結果是在民主派有比上屆多 100 票的進賬情況下，林鄭月娥仍能穩住主要票源得 777 票當選，比上屆梁振英稍多 88 票。【106】

2017 年 3 月 26 日，林鄭在 2017 年香港特別行政區行政長官選舉中當選後即發表勝選宣言，指自己上任後首要工作將會是修補社會撕裂和解開鬱結，團結香港市民。她又提出透過尊重不同聲音，讓政府、公民社會和民間力量合力解決香港的各種問題，逐漸修補香港社會撕裂。7 月 1 日行政長官在香港特別行政區第五屆政府就職典禮致辭：

「加強市民對特區政府的信任是本屆政府的施政重點。……提出以管治新風格，重建和諧社會，恢復市民大眾對政府的信任。……承諾政府會以『創新』『互動』『協作』的原則，為市民解決問題。」【107】

林鄭月娥主要官員的任命來自公務員系統，而非公務員任用的四位是原任，包括了陳茂波、袁國強、劉江華和楊偉雄，四位原局長不續任（表 12.15）。惟一例外的是招攬民主黨的羅致光成為勞工及福利局局長，這是充份肯定林鄭女娥對人的挑選。除了對不同力量的比例以外，主要官員的工作能力是極重要考量。基本上她不相信一般以外來的專長人士能夠學懂政府部門的運作，所以高官問責班子都是以公務員系統為核心。

而她公佈行政會議的非官方成員名單時，原有的成員包括香港金融發展局主席史美倫、港大校委會主席李國章、香港交易及結算所主席周松崗、香港科技園公司董事局主席羅范椒芬、經民聯立法會議員

106. 凱瑞（Carrie Gracie）：〈林鄭月娥：「我不是北京手中的木偶」〉，《BBC 中文網》，2017 年 6 月 21 日，網址：https://www.bbc.com/zhongwen/trad/chinese-news-40351458。

107. 林鄭月娥：〈行政長官在香港特別行政區第五屆政府就職典禮致辭全文〉《香港政府新聞公報》，2017 年 7 月 1 日，網址：https://www.info.gov.hk/gia/general/201707/01/P2017070100319.htm。

林健鋒、民建聯成員葉國謙、自由黨立法會議員張宇人、商界立法會議員廖長江和新民黨立法會議員葉劉淑儀都繼續留任。5 位新成員中，有 3 位是延續回歸後行會的建制聯繫，他們分別為代表工聯會的黃國健、代表民建聯的張國鈞及代表鄉議局的劉業強。新路綫加入的成員只有前金管局總裁任志剛、民主思路召集人湯家驊。（表 12.16）

首先，加入民主派成員入行政會議形成慣例，實際作用不是加入民主派的聲音，而是所加入者都都改變了自己原先的立場，包括了梁智鴻、廖秀冬、張炳良、胡紅玉、陸恭蕙、羅致光和湯家驊，問題只在程度上的改變而已。其次，行政會議逐漸變成市民眼中一個政治酬庸的機制。根據《基本法》，特首有全權委任行會成員，毋須中央批准。但有政黨背景的成員有 6 位，其中兩人屬民建聯。這些政黨成員本身沒有出色或令市民欽佩的成就，也從來不保證自己的政黨會支持行會通過的政策。聲稱會為政府帶來管治新風格的林鄭月娥決定讓大多數舊行會成員留任，導致新行會成員的平均年齡為 62 歲。在 16 名成員中，有 10 名是年逾 65 歲。[108]

評論認為「林鄭月娥完全可以透過委任新一屆行會成員，體現她在競選特首時承諾的管治新風格，並藉此讓市民看到一番新景象。根據《基本法》協助特首施政的行政會議繼續維持梁振英班子，在市民心中的地位每況愈下，跟回歸前的行政局有天淵之別。主要原因包括成員的個人質素大幅下降；因建制政黨背景獲委任的成員表明不保證其所屬政黨一定會支持政府政策；非政黨的獨立成員在具爭議的政策上很多時明哲保身或變身中立評論員。此外，一些成員的個人操守也惹市民非議。」[109]

---

108. 王永平：〈令人打呵欠的行會新班子〉，《am730》，2017 年 6 月 23 日，網址：https://www.am730.com.hk/column/ 新聞 / 令人打呵欠的行會新班子 -83798。

109. 王永平：〈新班子多梁朝人 林鄭能否有作為〉，《信報財經新聞》，2017 年 6 月 28 日，網址：https://www.master-insight.com/ 新班子多梁朝人 林鄭能否有作為。

但是，認為林鄭月娥是在緊跟梁振英路綫的實在是大錯特錯。實際梁振英執行的強硬路綫政策推手是林鄭月娥，以其對政府法例的熟稔推行很多專政的政策。對林鄭月娥自己執政的時候手段只會更加強硬，而且得勢不撓人。而整個高官問責制成為她專政的制度，行政會議成員只能附和和支持她推行的強硬路綫。在她上任的第 14 天，2017 年 7 月 14 日，高等法院原訟庭裁定，梁國雄、姚松炎、羅冠聰及劉小麗 4 名議員全部宣誓無效，自 2016 年 10 月 12 日起已喪失議員資格。13 名示威者於三年前衝擊立法會財委會東北撥款會議，被裁定非法集結罪名，判處社會服務令。律政司以刑期過輕，申請加刑，要求法庭改判眾人監禁刑期。再一個月後，8 月 14 日上訴庭裁定，13 名被告全部改判入獄，除黃根源認罪，被判 8 個月外，其餘全部要入獄 13 個月。羅冠聰、黃之鋒、周永康重奪「公民廣場」案，經審訊後分別被裁定參與非法集結及煽惑他人參與非法集結等罪名成立，被判社會服務令或緩刑。律政司司長認為刑罰明顯太輕，申請覆核刑期，要求改判即時監禁。8 月 17 日上訴庭接納律政司一方的申請，改判羅冠聰入獄 8 個月，周永康入獄 7 個月、黃之鋒入獄 6 個月。律政司的涉入是不尋常的，明顯干涉法院判決，一年後兩宗覆核案件均由最高法院推翻，維持原判。這正正不是「管治新風格，重建和諧社會」要說明的。

香港特別行政區第五屆政府就任首 100 天作了工作進展報告。[110]「報告表示行政長官先後召開兩次政治委任官員的集思會，強化團隊協作精神。」「設立行政會議政策小組，加強各政策局在政策醞釀期間徵詢行政會議非官守議員的意見。」「積極改善行政立法關係，要求所有政治問責官員多與立法會議員互動，認真聆聽議員的意見，遊說工作要親力親為。」「行政長官和問責團隊廣泛接觸社會各界，聆聽各方意見。」事後亦證明政府對自己承諾的事完全辦不到。11 月有前民政事務

---

110. 〈香港特別行政區第五屆政府就任首 100 天工作進展〉，行政長官辦公室，2017 年 10 月 10 日，網址：https://www.ceo.gov.hk/chi/pdf/100days.pdf。

局局長何志平在美國被捕，涉及跨國行賄。[111]香港的事情開展到外國層面。

律政司袁國強在完成一地兩檢法案後離職。2018 年 1 月 5 日任命鄭若驊為新任律政司司長，[112]隨即被傳媒揭發屯門大宅有僭建物，事件再次衝擊了管治班子。[113]2018 年更是對反抗者更強硬的鎮壓。因為 2014 年旺角清場期間，涉嫌違反禁制令，2018 年 1 月 17 日法官認為黃之鋒及黃浩銘在案中扮演重要角色，判他們入獄 3 個月及 4 個半月，亦拒絕他們申請暫緩執行判決，需要即時服刑。2018 年 6 月 11 日，梁天琦就 2016 年暴動及襲警罪被判入獄 6 年，盧建民入獄 7 年，黃家駒則入獄 3 年半。7 月 17 日香港保安局局長公佈香港警方建議「維護國家安全或公共安全、公共秩序或保護他人的權利和自由」為由禁止「香港民族黨」運作，[114]並引發起 8 月 14 日陳浩天在香港外國記者會演講風波。[115]一連串打擊言論、表達自由的事件，引發外界關注，包括 11 月英國《金融時報》亞洲新聞編輯馬凱（Victor Mallet）被拒入境、流亡中國作家馬建在文學節講座被主辦場地取消、居於澳洲的中國藝術家巴丟草的展覽，主辦單位稱因為中方威脅擔心「安全」問題取消。[116]香港問題進展到外國間的角力，爭議的焦點在於國家安全，結社自由，新

111. 蘋果日報記者：〈基金會幕後推手疑似董建華　神秘巨富任新民黨顧問〉，《蘋果日報》，2017 年 11 月 21 日，網址：https://hk.appledaily.com/local/20171121/EOMPALSV5QVXXBFTIVBRXUOELA/。

112. BBC 記者：〈袁國強辭任香港律政司司長：盤點他任內的五件法治大事〉，《BBC 中文網》，2018 年 1 月 5 日，網址：https://www.bbc.com/zhongwen/trad/chinese-news-42575263。

113. 林國立：〈鄭若驊夫婦大宅共九處僭建　林鄭指不涉誠信問題〉，自由亞洲電台，2018 年 1 月 9 日，網址：https://www.rfa.org/cantonese/news/htm/hk-sj-01092018063634.html。

114. BBC 記者：〈引用社團條例打擊港獨　香港民族黨存亡引爭議〉，《BBC 中文網》，2018 年 7 月 18 日，網址：https://www.bbc.com/zhongwen/trad/chinese-news-44869972。

115. 香江霧語：〈公開談論港獨是應有的自由嗎？你如何看陳浩天演講風波？〉，《端傳媒》，2018 年 8 月 15 日，網址：https://theinitium.com/roundtable/20180815-roundtable-hk-andy-chan-ho-tin/。

116. BBC 記者：〈馬凱 馬建 巴丟草 香港言論自由「受制」的三件事〉，《BBC 中文網》，2018 年 11 月 9 日，網址：https://www.bbc.com/zhongwen/trad/chinese-news-46148737。

聞和言論自由的問題上。美國「美中經濟與安全審查委員會」向國會提交年度報告，提及香港人權、法治、言論自由等正被中國政府持續蠶食，香港正逐漸喪失獨有法制，漸漸成為中國一般城市，令香港失去作為美國重要夥伴的特點。【117】而立法會補選，這年的 3 月及 11 月九龍西選區的議席民主派兩次分別被擊敗，使到民主派和支持民主的人士氣大受打擊。中國科技公司華為副董事長兼財務總監孟晚舟，12 月 1 日持香港特區護照過境加拿大溫哥華轉機時，被當局拘捕，更被揭發持有 3 本香港特區護照，保安局回應不評論個別個案。【118】

2018 年 5 月至 8 月，傳媒揭發一連串沙中線沿線建築工程問題，包括紅磡站擴建工程有鋼筋被剪短；連接牆駁位滲水、土瓜灣站月台牆身被移除鋼筋、會展站的挖掘工程未按程序要求設深層支架、土瓜灣站及會展站周邊樓宇及地下設施沉降標準超出容許上限等問題。【119】2019 年 3 月 18 日凌晨發生兩列不載客列車相撞事故，兩輛列車均嚴重損毀。9 月 17 日早上 8 時半，東鐵綫一列 12 節載客列車從旺角東站駛入紅磡站一號月台期間突然脫軌，受影響乘客自行落車或由消防協助離開車廂，徒步往紅磡站。港鐵公司成立以來未有發生這麼嚴重的問題，一連串事件引發注意公共工程質素走下坡，而運輸及房屋局未能保障工程質素，問題甚具挑戰。無論如何，事件的發生政治上都迅速反應，成立調查組織跟進問題。

但林鄭月娥的政策問題，相信最嚴重的是逃犯修訂條例，草案允許將香港的犯罪嫌疑人引渡至中國大陸司法管轄區受審。政府就有關送交疑犯問題引來極大反響，包括了本地社會和國際的反對，引發到 2019 年 6 月大規模的社會運動，和社會不同陣型的暴力衝突升級，警

117. 端傳媒記者：〈晚報：美國會報告指中國蠶食香港法制自由，建議審視香港獨立關稅區地位〉，《端傳媒》，2018 年 11 月 15 日，網址：https://theinitium.com/article/20181115-evening-brief/。

118. 湯惠芸：〈香港各界關注孟晚舟護照風波 質疑特區護照被濫發〉，《阿波羅新聞》，2018 年 12 月 11 日，網址：https://hk.aboluowang.com/2018/1211/1216566.html。

119. 丘翠紅：〈千億鐵路醜聞：五問讀懂香港沙中線事件〉，《端傳媒》，2019 年 1 月 8 日，網址：https://theinitium.com/article/20190108-hongkong-mtr-scl-construction-1/。

方處理事件的手法和政府不願意去調查事件，將一整個政府聲望都壓注下去，而行政會議能夠產生的作用少之又少，完全失去作用，只由政府主要官員處理事件，只是希望將民意壓下去，利用警方的武力來對付示威活動，變成香港社會前所未有的衝突。行政長官無法在立法會宣讀《施政報告》的情景，行政與立法的關係何等惡劣可想而知。2019 年 11 月，政府賠上了的政治後果是區議會選舉向來有優勢的親政府派系大比數落敗，失去絕大多數區議會的控制權，議會由民主派控制。

　　2020 年 4 月，在大批民主派人士被捕後，[120]香港政府撤換財經及庫務局局長劉怡翔，創科局局長楊偉雄和民政事務局局長劉江華。《逃犯條例》修訂主力由鄭若驊和李家超，往後牽涉警隊執法爭議，他們卻仍然留任，相信主要應付修例工作的官員沒有被調走，是中央不希望給予外界覺得修例是錯誤，或是示威者示弱。分析認為被調走的人主要是被視為，在反修例風波中不夠強硬，部分人要為建制派在去年區議會選舉大敗而負責。[121]而 10 月曾鈺成透露民建聯未能為政府培養人材，林鄭月娥根本無視其政治聯盟。[122]政府利用 2020 年 1 月發生的流行肺炎傳染，才能壓止持續的反抗活動，加上 7 月 1 起實行的《香港國家安全法》，才能暫時平定社會的反抗活動，但是賠上了國際社會的反對，從而對中國的人權情況和香港的管治提出更多的質疑。隨後她以中央政府之名宣佈了延後立法會選舉和取消了四名立法會議員資格。政府施政的聲望直走下坡。2020 年 11 月林鄭月娥在接受訪問時表示：

　　「我只能說我已經恢復了信心。經歷了如此痛苦的時期之後，整個社會似乎都在說政府做錯了事，而周圍的人甚至朋友和同事都在逼我

---

120. BBC 記者：〈李柱銘、黎智英等民主派人士被捕，香港政治風暴再起〉，《BBC 中文》，2020 年 4 月 19 日，網址：https://www.bbc.com/zhongwen/trad/chinese-news-52342515。

121. BBC 記者：〈香港「反送中」示威以來首次高官大洗牌傳遞的三種信號〉，《BBC 中文》，2020 年 4 月 22 日，網址：https://www.bbc.com/zhongwen/trad/chinese-news-52378595。

122. 香港電台記者：〈曾鈺成引述林鄭月娥稱民建聯多年來未能為政府培養人才〉，香港電台，2020 年 10 月 9 日，網址：https://news.rthk.hk/rthk/ch/component/k2/1553775-20201009.htm。

做我不覺得的正確事情。香港已經改變了。香港現在有一個國家安全法這確保了安全，不會使香港成為中華人民共和國國家安全方面的空白。」[123] 在 2019 件 6 月 18 日她面對 200 萬人遊行時表示向市民真誠道歉、有認真反思及反省；一年半後她就表示自己「不感到內疚」，「我做錯了甚麼？我出於非常良好的原因而提出一項法案。唯一一件事可能是我和我的團隊未就此充分表達和解釋，與此同時我們的公關機制也非常差，令市民都感到困惑，以及不清楚。」

12 月 2 日法院對 2019 年 6 月 21 日對包圍警總行動控以煽惑、組織及參與未經批准集結等罪名。三人認罪，黃之鋒入獄 13 個半月、周庭入獄 10 個月、林朗彥則囚 7 個月，[124] 在修訂事件一年半以來，警方拘捕超過 1 萬人，被檢控超過 2 千人，政府對示威者的檢控仍然持續。而對抗疫情問題上，政府把關不力，使到疫情一次又一次的爆發，政府亦未能問責。

總結

香港行政長官會同行政會議源於港英殖民地時代總督會同行政局制度。總督會同行政局由英國政府控制，但行政長官會同行政會議沒有太明確的受控制範圍，主要官員要由中央政府來任命；非官方成員卻沒有這個限制，雖然成員的組成逾來逾可見中聯辦協調的影子，部分成員來自執政聯盟的政黨代表。香港的種種問題，皆可歸咎於此城的深層次矛盾，而其中被忽略了的是「官民矛盾」：在民眾眼中，官員

123. SCMP reporter, "Carrie Lam interview: Hong Kong's leader in her own words on protests, political turmoil and what next for the city", *South China Morning Post* (30 November 2020). Website: https://www.scmp.com/news/hong-kong/politics/article/3111857/carrie-lam-interview-hong-kongs-leader-her-own-words.

124. 蘋果日報記者：〈學民三子判刑 | 煽惑圍警總 周庭囚 10 個月 黃之鋒囚 13 個半月 林朗彥囚 7 個月〉，《蘋果日報》，2020 年 12 月 2 日，網址：https://hk.appledaily.com/local/20201202/5R5KFOT6CJEYVH2Z7QGCD5234Y/。

永遠只會服侍「中央」，卻似乎忘記了管治香港的根基乃在於民眾。行政與立法機關成員各自由不同程序產生，有不同權力來源。將行政會議改組為政府內閣，落實集體負責在沒有民主制度下實際不可行。回歸以來，政府只強調行政主導，但基本上從沒有成功建立分享權力的機制。沒有出現佔大多數的執政黨，以內閣作為決策和集體負責的中心。【125】如果要問主要官員或行政會議是否問責，更重要的問題是行政長官是否問責。沒有普選行政長官始終沒有向市民大眾問責的機制。張德江強調中央對香港擁有全面管治權，全面總結了回歸二十年「一國兩制」在港的實踐，特區管治團隊必須由愛國者組成，中央有責任監督公職人員是否擁護《基本法》、效忠國家。特首，必須符合愛國愛港、中央信任、有管治能力、港人擁護的標準。【126】今天的情況，香港人明白特別行政區首長連中央設定下來的標準也無沒達成，而行政會議承擔不了有關責任。

2002 年，時任特首董建華推行對主要官員的問責制。即是將政府最高層的官員，包括政務司司長、財政司司長和律政司司長，以及所有政策局局長，全部列入「問責制」範圍。這些官員將不會是公務員，而是以合約方式聘用的問責主要官員，一般期為五年。通過行政長官的領導，每個問責官員要為自己的政策範疇承擔責任，履行對市民的責任，加強同市民溝通，以及與立法會和傳媒的工作關係。問責制推行的原意，是為了讓行政長官建立施政理念相近的政治團隊，並讓主要官員更積極回應社會需要。當日官方明言目的是強化行政領導，包括加強政策協調，改善行政與立法機關的關係；另外要加強主要官員的政治問責，讓政府更好地回應公眾的需要。問責制的原意是讓官員多聽民意，可是，即使民意希望有關高官下台，市民也無權干預。撤

125. Bush, Richard C. *Hong Kong in the Shadow of China: Living with the Leviathan*. Washington: Brookings Institution Press, 2016, pp. 187–208.

126. 柴逸扉和張慶波：〈香港各界熱議張德江涉港講話〉，《人民網－人民日報海外版》，2017 年 5 月 31 日，網址：http://cpc.people.com.cn/BIG5/n1/2017/0531/c64387-29307968.html。

換官員往往只是「部長問責」最後手段（表 12.17）。問責制本身能促進但不足以產生政治聯盟。沒有民主化的結果是很多香港人認為中央政府違背承諾，沒有依據《基本法》的規定讓香港落實民主。而行政會議非官方成員，角色更是可有可無，所承擔聲稱的集體負責制沒有什麼真的責任要承擔。

如果個人作風也確是進一步加深了現屆政府的施政困難，更是社會嚴重分化的一個主要原因。林鄭月娥對問題的深化更是前所未有。特首要對中央政府和特區雙重負責，是連結中央和特區、一國和兩制的重要樞紐，必然要在特區政權機構運作中處於主導地位，與此同時，行政和立法機關之間相互制衡又相互配合，司法機關則獨立行使審判權。而這種情況逾來逾使人擔憂。

附表

表12.1 香港殖民地時期行政局的官守成員與非官守成員的人數轉變

年份	官守議員人數	非官守議員人數
1842	3	0
1873	4	0
1875	5	0
1883	6	0
1896	6	2
1926	6	3
1938	7	3
1939	7	4
1946	6	4
1947	6	6
1966	6	8
1978	6	9
1983	6	11
1984	6	10
1985	6	8
1986	6	10
1987	5	9
1989	5	10
1991	5	9
1992	7	9
1993	4	9

資料來源：不同年份的（二戰前）《香港政府憲報》和（二戰後）《香港年報》（*Hong Kong Government Gazette* and *Hong Kong Government Annual Report*）。

表12.2　香港殖民地時期華人首席非官守行政局議員

姓名	任期	代表性職務	分析上的角色 *
周壽臣 （Shouson Chow, 1861– 1959）	1926–1936	創立東亞銀行	原屬香港島黃竹坑新圍人，11 歲入讀中央書院，為清朝第三批留美學童，同期同學有唐紹儀、詹天佑。晚清任職漢族官員，後為袁世凱部下。民國時期不留任選擇回港。1918 年參與創立東亞銀行，長年擔任銀行主席。 於 1921 年 12 月被委任為定例局官員。作為華人領袖，省港大罷工爆發時穿梭兩地調停。
羅旭龢 （Robert Hormus Kotewall, 1880– 1949）	1936–1941	創辦旭和洋行	羅旭龢就讀拔萃男書院及皇仁書院，後任警務處文員。1913 年，任裁判司署首席文案。1916 年創辦旭和洋行，開拓留聲機出入口貿易。當年與何東、伍才、羅文錦和曹善允等是為上流社會成員，在香港社會上地位超然，省港大罷工期間竭力斡旋粵港政府之間。1927 年就任定例局議員、獲英國頒發 CMG 勳銜、獲香港大學法學博士學位。
周埈年 （Tsun-Nin Chau, 1893–1971）	1946–1959	廣東信託銀行董事長	周埈年族系屬於香港四大家族之一的周永泰家族，父親為富商周少岐，亦曾任立法局非官守議員。周埈年早年入讀聖士提反書院，1914 年英國牛津大學修讀法律畢業，考取得執業大律師資格，並在多間公用事業任職。 在 1922 年獲港府委任為非官守太平紳士，1929 年獲委任為潔淨局局紳，1931 年立法局非官守議員，1937 年成為立法局首席華人非官守議員。周埈年在 1945 年接受軍政府臨時委任為副華民政務司，維持二戰後的政治局面。1946 年 5 月 1 日民政恢復後，重新擔任立法局首席華人非官守議員。

（表 12.2 下頁續）

姓名	任期	代表性職務	分析上的角色 *
周錫年 （Sik-Nin Chau, 1903–1985）	1959–1962	香港工業總會 與貿易發展局 主席	周錫年父周卓凡，伯父周少岐，即為周埈年堂弟。幼年入讀聖士提反書院，1918 年畢業後進入香港大學，修讀醫科。畢業後到英國倫敦大學深造，1925 年取得英格蘭喉科及耳科文憑。1927 年返港行醫，成為香港首位華人耳鼻喉科醫生，獲選為香港醫學會會長。 自 1936 年至 1941 年任市政局非官守議員。在 1955 年，周錫年創立華人銀行，自任董事長兼總經理，並經營多所公共服務公司。1946 年 5 月 1 日起出任立法局非官守議員，1953 年擔任立法局首席非官守議員。自 1947 年起，周錫年亦為行政局非官守議員。
利銘澤 （Richard Charles Lee, 1905–1983）	1962–1966	希慎興業 董事局主席	利銘澤父親為利希慎，是殖民地時代的香港四大家族之一。12 歲到英國讀書，獲牛津大學工程系學士和碩士學位。1937 年擔任中國紅十字會海南島大隊隊長。1950 年起，他先後擔任香港稅務檢討委員會委員、反貪污委員會主席等職，家族的投資涉及地產、貿易、紡織、旅游業、酒店、航運、銀行、石油、電子等行業。
關祖堯 （Cho-Yiu Kwan, 1907–1971）	1966–1971	關祖堯律師事 務所高級 合夥人	關祖堯祖籍廣東開平，入讀拔萃男書院，英國倫敦大學取得法律學位。1945 年，臨時軍政府任命為軍事法庭副庭長，專門審訊日本戰犯。1948 年參與創立香港房屋協會，1961 年任香港中文大學籌備委員會主席及首任校董會主席。1956 年獲委到市政局出任非官守議員；1959 年 7 月出任立法局非官守議員；1961 年 5 月，關祖堯獲港督委任為行政局非官守議員。

（表 12.2 下頁續）

姓名	任期	代表性職務	分析上的角色 *
馮秉芬 （Kenneth Fung Ping-fan, 1911–2002）	1971–1972	啟祥洋行創辦人	父親馮平山，1918 年參與創辦任東亞銀行。馮秉芬早年肄業於官立漢文中學，其後就讀香港大學中文學院。在 1931 年，馮秉芬遂接掌家族事業。第二次世界大戰後，1951 年至 1972 年歷任市政局首席非官守議員和行政立法兩局非官守議員。
簡悅強 （Yuet-Keung Ka, 1913–2012）	1972–1980	香港律師會主席 東亞銀行主席	簡悅強香港望族簡東浦家族成員，於拔萃男書院、香港大學和英國倫敦政治經濟學院畢業，並考取得執業律師資格。在 1949 年與貝納祺等人組織香港革新會，在 1957 年任香港律師會主席和獲港府委任為市政局非官守議員。1961 年改任立法局非官守議員，後於 1968 年任該局首席非官守議員，又在 1966 年任行政局非官守議員。1963 年至 1983 年在家族有份創辦的東亞銀行出任主席。
鍾士元 （Sze-Yuen Chung, 1917–2018）	1980–1988	崇佳實業公司董事局主席	鍾士元出生於一個香港中產階級家庭，在英皇書院和聖保羅書院肄業，1941 年畢業於香港大學。1951 年取得謝菲爾德大學工程博士學位，在美資工廠永備製造廠當工程師。1960 年起出任多項公職服務，1965 年被委為立法局非官守議員，1972 年為行政局議員。
鄧蓮如 （Lydia Selina Dunn, 1940– ）	1988–1995	太古集團董事	鄧蓮如父親為茶商，早期入讀聖保祿學校，後前往美國入讀聖名學院，又在加州大學柏克萊分校取得理學士資格。 1964 年在太古貿易有限公司的採購部任職，後升任出口部經理。1978 年，她已經成為太古集團之董事。在 1976 年為立法局非官守議員；1982 年，她又獲港督尤德爵士委任為行政局非官守議員；1985 年，鄧蓮如接替羅保爵士，成為立法局首席非官守議員。

（表 12.2 下頁續）

姓名	任期	代表性職務	分析上的角色 *
王葛鳴 （Rosanna Wong Yick-ming, 1952）	1995–1997	香港青年協會總幹事	在 1980 年以年僅 28 歲之齡，出任香港青年協會總幹事一職。1981 年獲委任為香港社會服務聯會的執行委員會成員。 王葛鳴曾在 1985 年至 1991 年出任立法局非官守委任議員，1988 年至 1991 年任行政局非官守議員，於 1992 年重返行政局，並於 1993 年起兼任房屋委員會主席。

資料來源：不同的人物傳記和政府報告，憲報和年報。

註：* 所提供的背景主要是在獲得委任為行政局成員前的履歷（以下同）。

表12.3　香港政治過渡期間行政局非官守議員

人物	任期	代表性職務	分析上的角色
鍾士元	1972–1988	崇佳實業公司	參考表 12.2；首席非官守議員 1980 年–1988 年。
沙魯民 （Gerald Mordaunt Broome Salmon, 1921–2002）	1971	麥建郎（the Mackinnon, Mackenzie & Co.）公司 主席	沙魯民英國出生，有一個軍事家庭背景而到印度參軍，半島和東方蒸汽輪船（the Peninsular and Oriental Steam Navigation Company）後成為董事長，同時亦成為和記（the Wharf Company）、香港電燈（the Hong Kong Electric Company）和麥建郎（the Mackinnon, Mackenzie & Co.）公司主席。1969 年獲委任為立法局議員，1970 年為香港總商會（the Hong Kong General Chamber of Commerce）主席。
安子介 （Ann Tse Kai, 1912–2000）	1974–1978	南聯實業 董事會主席	生於上海。早年就讀上海聖芳濟學院經濟系。於 1941 年到西南大後方重慶。1942 年，任職於國民政府中央信託局。1950 年，跟周文軒、周忠繼兄弟及唐翔千等人先後參與創辦華南染廠、中南紡織廠、永南紡織廠。1965 年任香港棉紡業同業公會主席。1970 年任香港立法局非官守議員。

（表 12.3 下頁續）

人物	任期	代表性職務	分析上的角色
沙雅 （Guy Mowbray Sayer, 1924–2009）	1974–1977	香港上海匯豐銀行董事長	沙雅出生於英國倫敦，童年時曾居於香港，父親是前香港教育司佘義（Geoffrey Robley Sayer）。第二次世界大戰時在英國皇家海軍服役，曾參加諾曼第戰役。復員後加入滙豐銀行，曾派駐北京、天津、亞庇、仰光、大阪等地。1969年任總經理，1971年任副董事長。1972年任董事長。
張奧偉 （Oswald Victor Cheung, 1922–2003）	1974–1986	大律師	張奧偉中學就讀於拔萃男書院，在香港大學修讀數學及化學，1942年成為英國駐印度聯絡官。1946年香港曾代理拔萃男書院校長一職。1951年在香港獲取大律師執業資格，1965年成為御用大律師。1952年擔任香港大律師公會義務秘書，並在1966年擔任公會主席，有香港法律界教父之稱。1970年為立法局議員。
利國偉 （Quo-wei Lee, 1918–2001）	1983–1988	恆生銀行董事長	祖籍廣東開平赤水鎮，生於澳門。父親為利樹培1946年，在港經商，是香港著名鴉片煙商利希慎的堂弟，因此利希慎也是利國偉的堂伯。名人利銘澤與利孝和為利國偉之疏堂兄。利國偉在何添招攬下加入恆生，1964年當上副總經理，後於1967年和1983年分別獲委任為總經理和董事長。1968年和1976年先後獲香港政府委任為行政及立法兩局非官守議員。
西門士夫人 （Catherine Joyce Symons, 1918–2004）	1976–1978	教育家	上海出生，安德森（Charles Graham Anderson, 1892–1979）和佩利（Lucy Elanor Perry, 1884–1983）的女兒，三歲時到香港，入讀拔萃女學校（Diocesan Girls' School, DGS）。1939年香港大學畢業後回校任教，經日佔時期的香港，1953年成為學校校長，1972獲委任為立法局議員，1976年成為行政局議員，亦是首位女性行政局議員。

（表 12.3 下頁續）

人物	任期	代表性職務	分析上的角色
彭勵治 （John Henry Bremridge, 1925–1994）	1977–1980	太古集團主席	彭勵治二戰時期服務於英軍，後於牛津大學修讀法律，1949 年起始職於英國投資的太古集團和施羅德集團，成為太古集團主席。在行政局非官守議員後，1981 年至 1986 年以非公務員出身擔任香港財政司。
羅保 （Rogerio Hyndman Lobo, 1923–2015）	1978–1985	商人、 市政局議員	香港澳門人，葡萄牙與蘇格蘭血統，曾在澳門就讀，及後在香港的喇沙書院繼續學業。1945 年他學成後，參與了其父親的生意，1954 至 1955 年間任國際青年商會香港總會會長。羅保於 1965 年 4 月 1 日獲委任為市政局議員，1972 年至 1985 年間擔任立法局議員。
李福和 （Li Fook-wo, 1916–2014）	1978–1985	東亞銀行 董事局主席	李福和是香港望族李佩材家族的成員，1940 年自美國學成返回香港後，即加入家族參與經營的東亞銀行任職，日佔時為日軍服務。1958 年加入董事局，1972 年擔任總經理。於 1977 年至 1985 年兼任香港工業村公司主席，在 1984 年出任東亞銀行董事局主席。
方心讓 （Harry Fang Sin-yang, 1923– 2009）	1978–1983	醫生	祖籍安徽壽縣，生於南京，父親為著名抗日名將方振武將軍，日軍進軍香港期間，方心讓曾在香港保衛戰中加入義勇軍團。1949 年於港大畢業，取得內外全科醫學士學位。1958 年獲港府聘用為首位骨科專科醫生，為開拓香港復康服務先驅，着力於發展香港的復康服務。1974 年委任為立法局非官守議員，成功於 1977 年推動政府首次就復康服務發出諮詢文件。

（表 12.3 下頁續）

人物	任期	代表性職務	分析上的角色
沈弼 （Michael Graham Ruddock Sandberg, 1927–2017）	1978–1986	香港上海滙豐銀行	出生於薩里郡，於牛津的聖愛德華學校就學。1945 年入軍伍，並自告奮勇參加印度陸軍。 1949 年沈弼加入香港上海滙豐銀行，並於 1977 年至 1986 年成為匯豐銀行執行主席。
羅德丞 （Lo Tak-Shing, 1935–2006）	1980–1985	律師	父親羅文錦爵士是執業律師，母親是何東爵士長女何錦姿。香港四大家族之一，羅文錦家族為香港歐亞混血兒家族。羅德丞早年入讀廣州的嶺南小學、香港的嶺南中學和皇仁書院，其後入讀英國牛津大學瓦德漢學院。1960 年畢業返港，在羅文錦律師樓擔任律師兼高級合夥人，分別在恒基兆業和太古集團出任董事會副主席和董事一職。1969 年出任香港律師會會長。1970 年任市政局議員，1974 年獲委任立法局議員，自 1980 年兼任行政局議員，成為最年輕的行政立法兩局議員。
孟家華 （Patrick Terence McGovern, 1920–1984）	1980–1982	神父	生於愛爾蘭都柏林，1947 年來到香港。1953 年晉鐸。在不同的志願機構工作，到 1965 年成為堅島明愛社區中心主任，並創立勞資關係協進會（Industrial Relations Institute），並在電台節目反映勞工問題，當時港督麥理浩為其聽眾，結果孟神父 1976 年起出任香港立法局非官守議員。 1978 年獲頒授 OBE 勳章。
紐璧堅 （David Newbigging, 1934–）	1980–1984	怡和洋行	紐璧堅生於中國天津，曾加入英皇直屬蘇格蘭邊疆居民軍團，從 1954 年開始在香港發展，任職於怡和洋行，在 1967 年晉身怡和董事局，1970 年再升任怡和董事總經理，同時兼任怡和旗下的九龍倉主席，1975 年起擔任怡和主席，任內兼任匯豐銀行等多間英資機構大班，亦曾任香港總商會主席。

（表 12.3 下頁續）

人物	任期	代表性職務	分析上的角色
鄧蓮如	1982–1995	太古集團	參考表 12.2。首席議員 1988 年－1995 年。
陳壽霖（Chen Shou-lum, 1925–2018）	1983–1987	工程師	陳壽霖是帝國理工學院院士、英國電機工程師學會院士、香港工程師學會名譽院士和美國電機及電子工程師學會高級會員。曾任香港電燈公司常務董事兼總經理、恒生銀行董事及城市理工學院校董會主席。1976 年至 1987 年出任香港立法局議員。
譚惠珠（Maria Tam Wai-chu, 1945–）	1983–1991	大律師、市政局議員	於荷李活道警察小學肄業，其後就讀聖保羅男女中學。1973 年獲倫敦大學榮譽法學士學位，後獲英國格雷氏法律學院法學士學位和檢定大律師資格。1979 年參選市政局當選，並倡議注重女性權利，後獲委任入立法局和行政局。
李鵬飛（Allen Lee Peng-fei, 1940–2020）	1985–1992	工業界商人	祖籍山東，在抗日戰爭時期淪陷的煙台出生，於上海及香港長大，在美國密西根大學取得理學⊥，並於 1966 年加入洛克希德公司成為測試工程主管。1972 年返回香港發展。1978 年，李鵬飛被港督麥理浩委任進入立法局，1982 年獲委任為香港生產力促進局主席。1985 年被港督尤德委任為行政局議員。
王澤長（Peter Wong Chak-cheong, 1922–1989）	1986–1988	律師	祖籍廣東潮陽，生於香港，英國及香港律師，英國管理學會高級會士，任職律師、公證人、仲裁人及中國公證人。1973 年至 1975 年出任香港律師會主席，於 1976 年至 1988 年出任香港立法局議員。
招顯洸（Chiu Hin-kwong, 1928–）	1986–1988	醫生	香港醫生。1985 年至 1988 年任醫學界功能界別立法局議員。

（表 12.3 下頁續）

人物	任期	代表性職務	分析上的角色
謝志偉 （Daniel Tse Chi-wai, 1934–）	1986–1991	香港浸會學院校長	謝志偉生於澳門，父親謝再生從事珠寶、百貨、米業等生意，家境相當富裕。在澳門培正中學畢業後，謝獨自來港繼續升學，入讀浸會書院。1968年，出任浸會書院物理系主任，1971年香港浸會大學校長，委任為九龍城區議員，1985年透過選舉團進身立法局。
浦偉士 （William Purves, 1931–）	1986–1993	香港上海滙豐銀行	英國人，生於蘇格蘭，1954年士加入香港上海滙豐銀行，1979年他升任為國際業務部的總經理，主管中國業務，之後於1982年成為執行董事。1986年，他接替退休的沈弼爵士，成為香港上海滙豐銀行主席，並於1991年出任滙豐控股有限公司首任主席。
施偉賢 （John Joseph Swaine, 1932–2012）	1988–1991	大律師	中學就讀於聖若瑟書院，於香港大學取得文學士學位，1960年取得大律師資格。1975年獲委為御用大律師，1980年獲委任為立法局非官守議員，1985年獲連任。
王葛鳴	1992–1997	香港青年協會總幹事	參考表12.2。首席議員1995年–1997年。
鄭漢鈞 （Cheng Hon-kwan, 1927–）	1988–1991	立法局議員	在北京及天津長大，獲台灣國立北洋大學工程學學士，英國倫敦帝國學院深造文憑，香港工程師學會會長及英國結構工程師學會副會長。1985年當選工程界功能組別立法局議員。
范徐麗泰 （Rita Fan Hsu Lai-tai, 1945–）	1989–1992	理工學院助理院長	生於上海，父親徐大統是為「上海紙業大王」，青幫人物杜月笙的得意門生及得力助手，幫助過國民黨。從上海跟隨杜月笙到香港。 在1952年入讀聖士提反女子中學附屬小學，並於1964年在般含道聖士提反女校預科畢業入讀香港大學理學院。1974年加入香港理工學院出任學生輔導處主任，1987年范徐麗泰再度獲擢升為理工學院助理院長。1983年起獲委任為立法局議員。

（表 12.3 下頁續）

人物	任期	代表性職務	分析上的角色
王賡武 （Wang Gungwu, 1930–）	1990–1992	香港大學校長	王賡武祖籍河北正定，其祖父為官而南遷江蘇泰州，後遷上海，其父則到南洋教中文。 1955 年獲碩士學位。1957 年獲英國倫敦大學博士學位。1957年起先後任馬來亞大學歷史系講師、教授兼系主任、文學院院長。1968 年任澳大利亞首都坎培拉的澳洲國立大學遠東歷史系主任與太平洋研究院院長。王賡武在 1986 年至 1995 年期間擔任香港大學校長。
周梁淑怡 （Selina Chow Liang Shuk-yee, 1945–）	1991–1992	亞洲電視 行政總裁	廣東番禺人，成長於香港。周梁淑怡是香港第一代管理層的資深電視人，為香港電視界、電影界、樂壇培育了台前幕後的多位人才。後於 1987 年被林百欣邀請出任亞洲電視行政總裁，到 1991年任董事及顧問。 在 1981 年獲委任加入香港立法局，開啓了其從政之路，並出任眾多的政府公職。
何承天 （Edward Ho Sing-tin, 1938–）	1991–1992	建築師	何承天中學時期就讀聖若瑟書院，並在香港大學建築學系畢業，1969 年加入於王董建築師事務所。 1987 年任建築界香港立法局議員。
許賢發 （Hui Yin-fat, 1936–2016）	1991–1992	香港社會服務 聯會總幹事	年少時於喇沙書院及英皇書院就讀，其後入讀香港大學。1967年，許賢發在美國俄亥俄州克里夫蘭西部儲務大學取得社會服務行政碩士，返港後加入香港社會服務聯會，1973 年任社聯的總幹事。 1991 年，許賢發循社會服務界當選立法局議員進入立法局。

（表 12.3　下頁續）

人物	任期	代表性職務	分析上的角色
黃宏發 （Andrew Wong Wang-fat, 1943–）	1991–1992	立法局議員	1943 年生於上海，其後移居香港九龍大磡村。在香港華仁書院就讀期間，跟隨該校神父唐安石學習。香港大學一年級時選修英文、中國文學史及翻譯。曾於 1970 年代主持時事討論節目《觀點與角度》及《針鋒相對》。香港中文大學政治及行政學系講師。1985 年香港立法局選舉當選，1991 年香港地區直接選舉立法局議員。
張健利 （Denis Chang Khen-Lee, 1944–）	1992–1997	大律師	香港資深大律師，畢業於布里斯托大學，1968 年在英國取得大律師資格。1981 年獲委任為御用大律師。香港大律師公會主席及基本法諮詢委員會執委會成員。 擔任證監會非執行董事、稅務上訴委員會、廉政公署事宜投訴委員會委員、投訴警方獨立監察委員會主席等公職。
陳坤耀 （Edward Chen Kwan-yiu, 1945–）	1992–1997	大學教授	廣東增城縣人，於香港出生，先後畢業於皇仁書院，香港大學文學士，社會科學碩士，英國牛津大學博士。1979 年至 1995 年任香港大學亞洲研究中心主任、於 1986 年獲授講座教授銜。
錢果豐 （Raymond Chien Kuo Fung, 1952–）	1992–1997	公營機構 行政人員	生於日本東京，籍貫中國江蘇蘇州，其父錢明年為前中華民國空軍、聖公會牧師及前香港戒毒會總監。1978 年，錢果豐於美國賓夕法尼亞大學取得經濟學博士學位。地鐵有限公司任董事局非執行主席，香港上海匯豐銀行有限公司，以及恒生銀行董事長。

（表 12.3 下頁續）

人物	任期	代表性職務	分析上的角色
李國能 （Andrew Li Kwok Nang, 1948-）	1992-1997	暫委高院 大法官	李國能在 1948 年 12 月生於香港，祖籍廣東鶴山，為香港名門李佩材家族後人，父親是李福逑。考入劍橋大學，獲文學碩士及法學碩士，1970 年獲英國大律師執業資格。1973 年成為香港執業大律師。曾於英國及香港擔任大律師，及後於香港擔任法官。1982 年 8 月任地方法院暫委法官。1986 年 8 月任稅務上訴委員會副主席。1988 年任御用大律師。1991 年 6 月任暫委高院大法官。
麥列菲菲 （Felice Lieh Mak, 1941-）	1992-1997	醫學院院長	於菲律賓聖湯瑪斯大學醫科畢業，曾在英國執業，香港大學李嘉誠醫學院精神科醫生。1989年，麥列菲菲當選世界精神病學聯合會主席，1991 年升任香港大學醫學院院長。
董建華 （Tung Chee- hwa, 1937-）	1992-1996	東方海外商人	籍貫寧波定海縣，寧波董氏世代簪纓，航業董浩雲長子。1960 年畢業於英國利物浦大學，取得海事工程理學士學位。1981 年董建華主理東方海外，東方海外在 1985 年瀕臨破產，中華人民共和國政府透過霍英東注資使其渡過難關。
葛賚 （John Malcolm Gray, 1934- 2009）	1993-1995	香港上海滙豐 銀行	家族四代都曾於滙豐工作，早在 1883 年已在杭州的匯豐銀行工作。父親及伯父分別於 1914 年和 1920 年加入匯豐銀行。1952 年加入滙豐，先後在汶萊、德國、印度及馬來西亞等地工作。1979年升任總會計師，1992 年任香港上海匯豐銀行主席。

（表 12.3 下頁續）

人物	任期	代表性職務	分析上的角色
鄭海泉 （Vincent Cheng Hoi-Chuen, 1948–）	1995–1997	香港上海匯豐銀行亞太區主席	1970 年代，鄭海泉考入香港中文大學新亞書院經濟學系，其後往紐西蘭奧克蘭大學修讀經濟學系哲學碩士學位。1978 年，鄭海泉加入香港上海匯豐銀行集團財務部，曾出任首席經濟研究員、經濟及業務策略研究部高級經理、財務主管及總經理等職位。 1988 年 10 月 9 日，獲委任為立法局委任議員。1995 年，獲委任為匯控集團總經理及香港上海匯豐銀行執行董事，是首位出任該職位的華人。
麥理覺 （James David McGregor, 1924–2014）	1995–1997	香港總商會	愛丁堡出生，1951 年，他隨皇家空軍來到香港，及後加入香港政府，擔任行政主任，其後被升至政務主任職級。六七暴動時，麥理覺正任工商署助理署長，同時秘密在心戰室工作打擊中共宣傳。在 1975 年至 1988 年間擔任香港總商會總裁。1988 年立法局選舉，在總商會所擁有的商界功能界別中參選，當選立法局議員。

資料來源：不同的人物傳記和政府報告、年報和憲報。

表12.4 董建華首任行政長官時期的三司官員

人物	原職位	分析上可注意的角色功能
陳方安生 （Anson Maria Elizabeth Chan Fang On Sang, 1940-）	布政司	安徽省壽縣人，1940 年 1 月 17 日生於上海，信奉天主教。祖父方振武是國民黨抗日名將，父親方心誥是紡織品商人，母親方召麐是國畫大師，叔父是著名骨科醫生方心讓爵士。1959 年進入香港大學文學院，主修英文及英國文學。 1962 年大學畢業後加入政府，出任政務主任；1970 年，陳方安生獲升任為助理財政司；1979 年升任社會福利署副署長，1984 年獲擢升為社會福利署署長，1993 年至 1997 年在港英政府出任首位華人布政司。
曾蔭權（Donald Tsang Yam-kuen, 1944-）	財政司	籍貫中國廣東南海九江鎮上西鄉龍迴新基村，其父曾雲是香港警務人員，服務達 30 年。1964 年於香港華仁書院預科畢業，惟家貧而放棄升學，在 1967 年 1 月加入香港政府，成為二級行政主任。在 1985 年至 1989 年，曾蔭權任職副常務司期間，曾經統籌落實《中英聯合聲明》的事宜；後在 1989 年至 1991 年，出任行政署長，亦曾負責向英方及香港市民推廣居英權計劃。在 1991 年，曾蔭權改任貿易署署長，主理貿易談判及有關貿易的行政事宜。到 1993 年 5 月，曾蔭權獲擢升為庫務司。1995 年 9 月，曾蔭權獲時任香港總督彭定康委任為財政司。
梁愛詩 （Elsie Leung Oi-sie, 1939-）	律師	祖籍廣東佛山，香港出生，就讀中華中學，為外祖父黃蘭坤所創立的。1968 年在香港大學完成律師課程，取得律師資格。1993 年當選為廣東省第八屆全國人大代表。

資料來源：不同的人物傳記和政府報告、年報和憲報。

表12.5 董建華第一任期委任的非官方行政會議成員，1997-2002年

人物	所任公職	分析上可注意的角色功能
鍾士元 （1917–2018）	召集人*	參考表 12.2。曾任行政立法兩局首席非官守議員，直到末任香港總督彭定康上台為止。
梁振英 （1954–）	臨時立法會議員	籍貫山東省威海市，荷李活道警察小學讀小學，中學就讀於英皇書院，1974 年考獲香港理工學院建築測量高級文憑，後於英國布里斯托理工學院攻讀估價及地產管理學位。1977 年回港加入仲量行，1982 年擢升為仲量行合夥人，香港測量師學會前會長及戴德梁行亞太區前主席，基本法諮詢委員會秘書長。1993 年創立梁振英測量師行。
楊鐵樑 （1929–）	前首席大法官	26 歲定居香港執大律師業，1956 年加入香港司法部。出任首席大法官前，他歷任裁判司、高級裁判司、地方法院法官、高等法院和上訴法院按察司，以及在 1987 年出任上訴法院副庭長等職。1988 年至 1996 年成為首位擔任香港首席大法官的華人。
王葛鳴	房屋委員會主席	參考表 12.2。香港青年協會總幹事，前行政局首席議員。
方黃吉雯	香港明天更好基金行政總裁	生於香港，祖籍廣東省新會。英格蘭及威爾斯特許會計師協會會員、香港會計師公會會員及英國稅務特許協會會員。在 1981 年成為安達信會計師事務所（Arthur Andersen）的其中一個合夥人。丈夫為方正，擔任會計師。李柱銘的妻子方綺娥則是方正的妹妹。在 1983 年至 1989 年間是市政局及區議會的議員，以及在 1988 年至 1991 年間為立法局議員。1993 年至 1997 年間，方黃吉雯為香港特別行政區籌備委員會預備工作委員會、香港特別行政區籌備委員會及香港特別行政區第一屆政府推選委員會委員，為香港的政權交接擔任主動角色。1995 年，她創立香港明天更好基金，並擔任行政總裁一職。
錢果豐	地下鐵路公司董事	參考表 12.3。前行政局議員。

（表 12.5 下頁續）

人物	所任公職	分析上可注意的角色功能
李業廣	香港交易所主席	早年就讀上海協和小學和九龍華仁書院，後來在倫敦政治經濟學院取得法律碩士學位，並是胡關李羅律師行的創辦人之一。1988 年至 1991 年，李業廣出任香港聯合交易所理事會理事，1992 年至 1994 年，擔任聯交所主席。
唐英年（1952–）	立法會議員	生於香港，籍貫江蘇無錫，早於其曾祖父年代已從事紡織廠，1949 年中華人民共和國建立後不久，其父唐翔千移民到香港經營紡織業。1975 年，美國完成大學學士學位後，回香港打理生意，在父親唐翔千開辦的「半島針織廠」工作。1991 年，唐英年成為功能組別香港立法局議員，開始踏上政壇。後組織自由黨。
梁錦松（1952–）	教育統籌委員會主席	祖籍廣東順德，考進香港大學社會科學學院，主修經濟及統計學，並被選中參加董建華父親董浩雲創辦的「海上學府」，乘坐郵輪遨游四海長達整個學期，足迹遍佈世界各地，而在同期剛接掌父業的董建華，已對梁錦松留有印象。梁錦松 1973 年加入花旗集團，曾出任銀行多個地區業務的主管，1992 年被委任為香港區行長。1990 年代初，梁錦松開始擔任大學教育資助委員會主席，為期八年。後任教育統籌委員會主席。
譚耀宗（1949–）	立法會議員	廣東惠州市惠陽人，1980 年為香港工會聯合會工人俱樂主任，隨後出任理事長。1985 年至 1995 年任勞工界立法局議員，1992 年組織香港民主建港聯盟，為最主要親北京政黨。
鍾瑞明（1952–）	房屋協會主席	1973 年於香港大學畢業，獲社會科學學士學位。當時正值「火紅的年代」，而他亦是港大學生會內「國粹派」的代表人物之一，和梁錦松是同期的港大學生，曾積極參與保釣運動、中文運動。1994 年任港事顧問。

註：＊鍾士元只任召集人兩年，1999 年梁振英成為行會召集人。
資料來源：不同的人物傳記和政府報告、年報和憲報。

表12.6 董建華第二任期中非原公務員的主要官員
（2002年7月1日至2005年3月12日）

人物	職位	分析上可注意的角色功能
梁錦松	財政司司長	參看表12.5。自1997年7月至2001年4月期間出任行政會議的非官方成員。在香港多間大規模的國際銀行擔任高層管理職位、教育統籌委員會主席、大學教育資助委員會主席、外匯基金諮詢委員會委員、香港機場管理局及臨時機場管理局董事及香港期貨交易所董事。
梁愛詩	律政司司長	參看表12.4。1998年在任期間引起最大爭議的否決起訴胡仙一案。
李國章 （Arthur Li Kwok-cheung, 1945–）	教育統籌局局長	廣東鶴山人，香港成長，李佩材家族成員，李國寶胞弟。1982年起加入香港中文大學，先後出任外科學系創系外科講座教授、系主任、醫學院院長。於1992年及1995年兩度當選醫學院院長。李國章於1996年出任香港中文大學校長。
廖秀冬 （Sarah Liao Sau-Tung, 1951–）	環境運輸及工務局局長	廖秀冬於1988年創立環境顧問公司，為政府、學校及建築師、發展商等私人機構提供對環保事項的專業意見。1997年公司發展開始涉及中國內地和台灣方面的範疇。2001年北京申辦2008年奧運會，廖秀冬獲聘為奧運會申辦委員會的環保專家及代表，負責為北京申辦奧運陳述環保狀況的部分，有不少功勞。
楊永強 （Yeoh Eng-kiong, 1946）	衛生福利及食物局局長	出生於馬來西亞怡保，成長於以英文及馬來語教育為主的環境，後入讀香港大學醫學院。加入伊利沙伯醫院成為駐院醫生，1979年升任為顧問醫生，在愛滋病和肝炎研究方面享譽國際。 1990年12月加入臨時醫院管理局，出任執行總監一職。1994年1月，醫院管理局改組，獲委任為首任行政總裁。1999年9月出任衛生福利局局長。
何志平 （Patrick Ho Chi-ping, 1951–）	民政事務局局長	生於香港，籍貫廣東佛山市順德，為一名眼科醫生。全港首位眼外科教授，本地眼科專科培訓的宗師。何志平歷任香港藝術發展局主席、香港管弦樂團監察委員會委員、港區全國政協委員、市政局議員、特區籌備委員會委員、第一屆政府推委會委員。
唐英年	工商科技局局長	參看表12.5。1997年香港特別行政區成立後，唐英年出任行政會議成員。

（表12.6 下頁續）

人物	職位	分析上可注意的角色功能
馬時亨 （Frederick Ma Si-hang, 1952–）	財務事務及 庫務局局長	生於香港，祖籍廣東潮陽，1973 年香港大學文學院畢業，修經濟及歷史。畢業後，加入美國大通銀行擔任分析員，後亦曾在海外工作，任職過加拿大多美年證券公司等機構。1987 年為證券經紀，1990 年出任熊谷組董事。後成為摩根大通私人銀行亞太區行政總裁，並與梁錦松成為同事。2001 年轉到電訊盈科出任財務總裁及執行董事。

資料來源：不同的人物傳記和政府報告、年報和憲報。

表12.7　董建華第二任期中非官方行政會議成員

人物	所任公職	分析上可注意的角色功能
梁振英	召集人	參看表 12.5。續任。
曾鈺成 （Jasper Tsang Yok-sing, 1947–）	立法會議員	父親為中華總商會秘書曾照勤，弟妹於 1967 年暴動時被捕，香港大學數學系畢業後在香港培僑中學任教，於 1985 年出任校長。民建聯創黨主席，1998 年香港立法會選舉，九龍西選區奪得一席。2000 年香港立法會選舉成功連任。
廖長城 （Andrew Liao Cheung-sing, 1949）		生於香港，籍貫廣東五華，曾就讀英皇書院及英華書院。執業資深大律師，1990 年，獲委任為高等法院暫委法官、2000 年至 2002 年獲委任為高等法院原訟庭特委法官。2000 年至 2002 年獲委任為高等法院原訟庭特委法官。第十屆全國政協委員（2003–2008）。
鄭耀棠 （Cheng Yiu- tong, 1948–）	工聯會	於香港出生，在兩歲時隨父母回鄉生活，十歲時才返回香港，後進入了香港牛奶公司工作。1964 年加入華潤公司。在 1971 年到 1974 年間，鄭由香港洋務工會宣傳教育部副部長、常務委員兼宣傳教育部部長升任為副主席。1974 至 2004 年期間，曾兩次出任香港工會聯合會副理事長及一次工聯會會長。及後於 1988 年起長期當選為全國人大代表。1995 年 9 月，他競選立法局議員，並成功獲得議席。1996 年參加臨時立法會，但沒有參加 1998 年香港立法會選舉。

（表 12.7　下頁續）

人物	所任公職	分析上可注意的角色功能
田北俊 (James Tien Pei-chun, 1947–)	立法會議員	出生於上海，成長於香港。1964 年在拔萃男書院中學畢業，之後留學美國，獲化學工程碩士學位。他是萬泰集團主席。 田北俊 1985 年獲委任為葵青區議會議員開始踏足政界，1988 年被委任為立法局議員。1993 年補選重返立法局，參組自由黨，後為臨時立法會議員，並於 1998 年參加立法會功能組別選舉，成功當選功能組別議員。
查史美倫 * (Laura Cha Shih May-lung, 1949–)		上海史姓名人同族之後，丈夫為查濟民次子查懋成。於嘉諾撒聖方濟各書院畢業後，赴美國留學，獲得美國威斯康辛大學麥迪遜分校文學士及美國聖塔克拉拉大學法律博士。並於 2002 年獲香港科技大學頒授榮譽博士學位。是中國證監會副主席、香港證監會副主席及前大學教育資助委員會主席。
陳智思 * (Bernard Charnwut Chan, 1966–)	立法會議員	泰國華僑陳弼臣家族成員，陳有慶的次子，泰國盤穀銀行是其祖業。 天主教徒，廣東潮陽人，成長於香港，商人，亞洲金融集團和亞洲保險有限公司總裁。1998 至 2008 年間，他是代表保險界的立法會議員。

註：* 在 2004 年 10 月 12 日才獲得委任行政會議成員。參考：行政長官宣佈委任行政會議新成員，網址：https://www.info.gov.hk/gia/general/200410/12/1012174.htm

資料來源：不同的人物傳記和政府報告、年報和憲報。

表12.8 曾蔭權首任任期任命非公務員主要官員
（2005年7月1日至2007年6月30日）

人物	職位	分析上可注意的角色功能
唐英年	財政司司長	2002 年 7 月，唐英年正式加入香港政府的決策部門，出任工商及科技局局長，2003 年 8 月 5 日，唐英年接替梁錦松出任財政司司長。2005 年 5 月 25 日，因曾蔭權辭去政務司司長的職務參選行政長官，財政司司長唐英年出任署理行政長官，直至 6 月 21 日曾蔭權就任行政長官止。
李國章	教育統籌局局長	參看表 12.6。2002 年 7 起為教育統籌局局長。
廖秀冬	環境運輸及工務局局長	參看表 12.6。2002 年 7 起為環境運輸及工務局局長。
何志平	民政事務局局長	參看表 12.6。2002 年 7 起為民政事務局局長。
馬時亨	財務事務及庫務局局長	參看表 12.6。2002 年 7 起為財務事務及庫務局局長。

資料來源：不同的人物傳記和政府網站、報告、年報和憲報。

表12.9 曾蔭權首任任期任命非官方的行政會議成員
（2005年7月1日至2007年6月30日）

人物	所任公職	分析上可注意的角色功能
梁振英	召集人	參看表 12.5。
曾鈺成	立法會議員	參看表 12.7。民建聯成員。
鄭耀棠		參看表 12.7。工聯會成員。
廖長城		參看表 12.7。
周梁淑怡	立法會議員	參看表 12.3。為行政局議員和立法局議員。出任極多公職，2000 年任香港旅游發展局主席。2003 年，代表自由黨於新界西參與地區直選而當選。
史美倫		參看表 12.7。2004 年，史美倫出任香港上海滙豐銀行非執行董事，2007 年起兼任副主席。
陳智思	立法會議員	參看表 12.7。

（表 12.9 下頁續）

人物	所任公職	分析上可注意的角色功能
夏佳理 （Ronald Arculli, 1939–）	香港交易所 主席	印中混血兒，他父親家族來自印度，1940 年代隨英軍來港。母親則是來自中國的英文教師。三歲的時候，父母離異。他的母親獨力撫養，當年生活困苦，居住在位於北角祇有百多平方呎單位內。於聖若瑟書院畢業後，憑着親戚資助，遠赴英國攻讀法律。1961 年，考取得英國及香港的大律師資格。1988 代表地產及建造界出任香港立法會議員。2002 年至 2006 年曾任香港賽馬會董事局主席。他亦曾任職於司法人員薪俸及服務條件常務委員會、城市規劃委員會、香港學術評審局及倫敦商學院。
李業廣		參看表 12.5。1999 年，再獲委任為合併後的香港交易所主席。
李國寶 （David Li Kwok- po, 1939）	立法會議員	廣東鶴山人，出生於英國倫敦，香港成長，李佩材家族成員，香港立法會金融界代表議員。 1985 年，李國寶立法局金融界議席自動當選，其後多次連任。2005 年他曾協助曾蔭權參選行政長官，擔任其競選辦公室主任。
梁智鴻 （Edward Leong Che-hung, 1939–）		出身自醫學世家，父親梁金齡是名醫，其弟梁智仁則是著名骨科醫生，其祖宗是「雞腳駁鴨腳」的清代著名中醫梁財信。 自 1988 年起擔任香港立法局及香港立法會議員，直至 2000 年放棄參選為止，更擔任多年內務委員會主席。並創立民主促進會。 自 1988 年起擔任香港醫學會會長，並獲政府委任為臨時醫管局成員。2000 年醫院管理局成立，梁智鴻再獲委任為醫管局成員，2002 年 10 月出任醫管局主席。
范鴻齡 （Fan Hongling, 1948–）	積金局主席	原籍浙江寧波，為天一閣范欽後裔，生於中國上海，1969 年中國香港大學工商管理畢業，中國北京大學法律學士，及擁有執業大律師資格，羅范椒芬胞兄。1990 年起成為國泰航空董事，隨後成為副主席、亦為港龍航空董事，及 1987 年加入中信香港後為副董事總經理。
羅仲榮（Victor LO Chung-wing, 1950）	金山工業集 團主席兼總 裁	香港出生，籍貫廣東惠州。2001 年獲頒授金紫荊星章。香港科技園公司董事局主席和香港理工大學校董會主席等其他多項公職。

（表 12.9 下頁續）

人物	所任公職	分析上可注意的角色功能
張炳良 （Anthony Cheung Bing- leung, 1952–）	香港教育 學院院長	1952 年在香港出生，1963 年畢業於東華三院李賜豪小學，後升讀香港華仁書院。1974 年，其在香港大學畢業，主修社會學及經濟學。1975 年擔任香港大學學生會評議會主席，於畢業後加入港英政府當行政主任，先後於布政司署及廉政公署任職。1986 年，加入城市理工學院公共行政學系。1995 年於倫敦經濟政治學院取得哲學博士學位。他曾先後擔任匯點主席及民主黨副主席，1995 年任立法局議員。其後出任香港政策研究所創會董事及「新力量網絡」創會主席。2004 年退出民主黨。

資料來源：不同的人物傳記和政府網站、報告、年報和憲報。

表12.10　曾蔭權延任任期後任命非公務員主要官員

人物	職位	分析上可注意的角色功能
唐英年	政務司司長	參看表 12.8。
曾德成 （Tsang Tak- sing, 1949–）	民政事務局 局長	胞兄為曾鈺成，聖保羅書院就讀，六七暴動時期於學校派發傳單被拘捕，因煽動罪被判監禁兩年。出獄後，於《大公報》任職，後來升任副總編輯及總編輯。第七至十屆全國人大代表，曾德成於 1998 年獲董建華聘請他出任中央政策組全職顧問。
馬時亨	商務及經濟 發展局局長	參看表 12.6。
陳家強 （Ceajer Chan Ka Keung，1957–）	財務事務及 庫務局局長	住彩虹邨，聖若瑟英文中學畢業後來於英皇書院升讀預科。美國衛斯連大學取得經濟學學士，芝加哥大學取得工商管理碩士銜及財務學哲學博士銜。在美國俄亥俄州立大學任教九年。1993 年，他加入香港科技大學商學院，於 2002 年 7 月獲委任為香港科技大學工商管理學院院長。曾擔任多項重要公職，包括消費者委員會主席、香港期貨交易所董事、策略發展委員會委員、扶貧委員會委員、外匯基金諮詢委員會委員、恒生指數顧問委員會委員及香港學術評審局委員。

資料來源：不同的人物傳記和政府網站、報告、年報和憲報。

表12.11 曾蔭權延任任期後任命非官方的行政會議成員

人物	所任公職	分析上可注意的角色功能
梁振英	召集人	參看表 12.5。
曾鈺成 *	立法會議員	參看表 12.7。民建聯。
鄭耀棠	人大代表	參看表 12.7。工聯會。
廖長城 *	政協委員	參看表 12.7。
周梁淑怡 *	立法會議員	參看表 12.3。自由黨。
史美倫		參看表 12.7。
陳智思 *	立法會議員	參看表 12.7。
夏佳理	香港交易所主席	參看表 12.9。
李業廣		參看表 12.5。
李國寶 *	立法會議員	參看表 12.9。
梁智鴻		參看表 12.9。
張建東	機場管理局主席	就讀聖保羅男女中學，在英得特許會計師資格，獲港浸會大學工商管理榮譽博士。 1969 年加入香港畢馬威會計師事務所，1974 年成為合夥人，歷任立法局及市政局。2003 至 2005 年擔任香港聯交所創業板市場議會主席。
范鴻齡 *	積金局主席	參看表 12.9。
羅仲榮 *		參看表 12.9。
張炳良		參看表 12.9。
許仕仁 (Rafael Hui Si-yan, 1948–)	前任政務司司長	天主教徒，全國政協常委，是大嶼山大澳的新界原居民。2000 年離開政府，到強制性公積金計劃管理局擔任首位行政總監，主司設計、策劃強制性公積金，在 2005 年重返官場、任政務司司長。
劉江華 (Lau Kong-wah, 1957–)	立法會議員	廣東佛山市順德人，1982 年任教於中華基督教會蒙民偉書院。為港同盟創黨成員，1991 年香港立法局選舉未能當選，後退黨組織公民力量。加入民建聯後於 1998 年當選立法會議員，2008 年 10 月 14 日，曾鈺成因就任立法會主席而辭去行政會議成員一職，而該職位其後由劉江華代替。

（表 12.11 下頁續）

人物	所任公職	分析上可注意的角色功能
劉皇發 ** （Lau Wong-fat, 1936–2017）	鄉議局主席	劉皇發生於香港新界屯門龍鼓灘村，為新界原居民。1980 年，出任新界鄉議局主席。1982 年，劉出任屯門區議會主席。1985 年，劉出任區域市政局議員。同年，他獲香港政府委任為立法局議員。1991 年功能組別鄉事組別的選舉當選立法局議員。
劉遵義 ** （Lawrence Lau Juen-yee, 1944–）	中文大學校長	籍貫廣東汕頭潮陽，生於中國貴州遵義，成長於香港。劉遵義的母親于志賢是已故中華民國監察院院長于右任侄女。1964 年取得史丹福大學物理及經濟學理學士學位，於 1966 年及 1969 年取得加州大學柏克萊分校的經濟學文學碩士和哲學博士學位。 劉遵義自 1966 年起任教於史丹福大學經濟系，1976 年晉升為講座教授，1992 年出任該系首任李國鼎經濟發展講座教授。獲得中華民國中央研究院院士。2004 年 7 月出任香港中文大學校長。 劉遵義亦擔任多項公職，包括中國人民政治協商會議第十一屆全國委員會委員、香港特別行政區政府策略發展委員會委員、廉政公署貪污問題諮詢委員會委員、創新及科技督導委員會委員、外匯基金諮詢委員會及其轄下管治委員會和貨幣發行委員會之委員、授勳評審委員會委員。
胡紅玉 ** （Anna Wu Hung-yuk, 1951–）	積金局主席	香港出生，畢業於瑪利曼中學，1974 年香港大學法律學士畢業。1977 年 3 月成為香港執業律師。 加入論政團體「香港觀察社」，1983 年更與觀察社成員上京，要求中英聯合聲明保障香港人權和法治及推行民主政制。1993 年擔任香港立法局議員時，促使政府成立平等機會委員會，並推動法案防止歧視，如種族歧視條例和性別歧視條例。2001 年擔任平等機會委員會主席時控告香港政府升中派位制度性別歧視勝訴。

（表 12.11 下頁續）

人物	所任公職	分析上可注意的角色功能
楊敏德 ** （Yang Mun-tak, 1952-）	理工大學校董會主席	上海紡織商人楊元龍的長女，商人潘迪生的第一任妻子，溢達集團董事長。1996 年在新疆設立紡織品公司，供應棉花紡織品予多間跨國時裝品牌，成為全球恤衫最大生產及出口商之一。2006 年，楊敏德在《財富》雜誌世界商界女強人排行榜中排名第 44 位。是第十屆、十一屆、十二屆全國政協委員。
葉維義 **（Yeh V Nee, 1959-）	昌營造集團執行主席	祖籍浙江寧波鎮海莊市。工業家葉謀遵之子、葉梁美蘭為其妻。畢業於拔萃男書院、威廉士學院和哥倫比亞大學法律學院。惠理集團、亞皆老街管理有限公司創辦人之一。擔任香港聯合交易所理事會成員、上市委員會委員及其衍生工具市場諮詢小組委員、亦曾為中國證券監督管理委員。

* 因曾蔭權改組行政會議，其中因為在 2008 年 9 月至 2009 年 1 月 20 日成員離任或其他原因離任。
** 因曾蔭權改組行政會議於 2009 年 1 月 21 日就任
資料來源：不同的人物傳記和政府網站、報告、年報和憲報。

表12.12 香港2011年所引起的高官僭建風波

高官	職位	揭發僭建詳情
劉皇發	鄉議局主席及行政會議成員	5 月 15 日揭發在屯門龍鼓灘的住所內涉嫌僭建，另青山灣的洋房天佑居，擅自加建了一座玻璃屋。
唐英年	政務司司長	5 月 18 日被蘋果日報揭發他的父親唐翔千九龍塘金園別墅 B 座地下及 1 樓的寓所擅自改建。 2012 年 2 月 13 日，唐英年被明報揭發位於九龍塘約道 5 號的大宅涉嫌隱瞞在泳池僭建玻璃洞，7 號的大宅亦被揭發僭建地庫。
林瑞麟	政制及內地事務局局長	5 月 18 日被蘋果日報揭發，其位於港島南區春坎角的寓所的天台有僭建物。
潘　潔	環境局副局長	5 月 18 日被明報揭發在大埔汀角路的住所有三處僭建物。
梁智鴻	行政會議成員	5 月 18 日蘋果日報揭發，山頂加列山道 8 號的寓所天台被指涉嫌僭建。

（表 12.12 下頁續）

高官	職位	揭發僭建詳情
葉國華	前行政長官特別顧問	5月19日被壹周刊揭發在西貢銀綫灣彩濤別墅一個單位擅自加建了一座玻璃屋。
孫明揚	房屋及規劃地政局局長	5月25日被東周刊揭發,其位於跑馬地箕璉坊菇園新台的寓所,五年前因被揭發有僭建物而遭屋宇署發出警告及釘契。
李國寶	行政會議成員	5月26日揭發窩打老道的東亞銀行分行,被揭發僭建巨型招牌。
曾蔭權	行政長官	5月31日被揭發與其妻共同持有的一個位於麥當勞道64號的豪宅單位改建露台。
林孟達	發展局建築物上訴審裁小組主席	6月1日NOW新聞台揭發位於渣甸山的物業有多處僭建,並遭屋宇署釘契。
區載佳	屋宇署署長	6月3日被明報揭發其位於銅鑼灣大坑豪園的單位,採用活趟式玻璃窗封露台。
葉滿華	鄉議局理順僭建物小組成員城市規劃委員會委員	6月15日明報接獲投訴,指他在西貢甘樹小築一個單位內的花園平台伸延至毗鄰政府土地;同時他亦被東方日報及太陽報揭發未有遵從由屋宇署發出的危險斜坡勘察令或修葺令。
周紹和	小額錢債審裁處主任審裁官	6月24日被揭發其位於碧瑤灣的住所平台上被指僭建了木製棚架及巨型儲物櫃。
蘇錦樑	商務及經濟發展局局長	7月30日被明報揭發在麥當勞道康樂大廈的寓所內涉嫌僭建。
曾偉雄	警務處處長	8月25日,明報揭發位於九龍塘的住宅物業有僭建物,已經在2007年3月起被土地註冊處「釘契」。
梁振英	候任行政長官	2012年6月22日,屋宇署指出梁振英在山頂貝璐道4號裕熙園4、5號屋僭建多達6處,包括大閘、雜物室、三面圍封的玻璃棚、玻璃上蓋木花棚、車位上蓋和一個超過300呎的地庫。
高永文	食物及衛生局局長	2012年7月3日被東周刊揭發在畢架山相連住宅擅自拆去單位內露台及天台的牆,並打通單位、露台及天台,未有向屋宇署入則。
栢志高	運輸及房屋局常任秘書長	2012年11月26日,被明報揭發其位於清水灣道松濤苑D2的洋房大宅,涉嫌在天井上非法加建一個面積65方呎的頂蓋,以及在屋前的一幅石屎檐篷僭建了加闊一倍至3呎闊的玻璃檐篷。

資料來源:不同的新聞報刊

表12.13 梁振英任期時非公務員的主要官員

人物	職位	分析上可注意的角色功能
吳克儉 （Ng Hak-kim, 1952–）	教育局局長	生於廣東廣州，籍貫廣東恩平，1980 年任摩托羅拉及飛利浦等出任人力資源管理職位，兼職執教香港理工大學及香港管理專業協會所舉辦的人事管理學課程。2006 年擔任香港考試及評核局委員會委員及人力資源委員會主席。 在公共事務上，吳克儉為教育統籌委員會當然委員、獨立監察警方處理投訴委員會委員、香港房屋委員會委員、審計小組委員會主席、香港人力資源管理學會理事會成員及國際委員會聯合主席、香港房屋協會審核委員會以及薪酬委員會委員。
曾德成	民政事務局局長	參看表 12.10。續任。
張炳良	運輸及房屋局局長	參看表 12.9。行政會議成員。
蘇錦樑 （Gregory So Kam-leung, 1958–）	商務及經濟發展局局長	蘇錦樑早年在香港島北角成長，就讀北角衛理小學和北角協同中學。在加拿大渥太華升學，在卡爾頓大學經濟學士學位畢業，渥太華大學工商管理和法律雙碩士學位。1997 加拿大回香港，加入民主建港聯盟，青年民建聯首任總監。1999 年獲委任為黃大仙區議會區議員。2008 年 6 月，獲委任為商務及經濟發展局副局長，於 2011 年 6 月 28 日接任因病辭職的劉吳惠蘭，擔任商務及經濟發展局局長。
陳家強	財務事務及庫務局局長	參看表 12.10。續任。
陳茂波 * （Paul Chan Mo- po, 1955–）	發展局局長	先後任職稅務局助理評稅主任及建造業訓練局會計主任兼秘書長。1984 年，香港中文大學工商管理碩士學位，任新昌集團董事及公司秘書。1990 年創辦陳茂波合夥會計師行。2006 年擔任香港會計師公會會長。2008 年出任香港立法會功能界別會計界議員，2012 年接替麥齊光出任發展局局長。
楊偉雄 ** （Nicholas Yang Wei-hsiung, 1955–）	創新及科技局局長	1977 年畢業於美國加州理工學院，取得電機工程及應用數學學士學位。蜆殼電器創辦人翁祐的女婿。2003 年任數碼港行政總裁。為當創新及科技局局長放棄美國國籍，他在台灣出生，被質疑擁有台灣居留權。

* 麥齊光上任後因申領政府房屋津貼時涉嫌違反《防止賄賂條例》被廉政公署拘捕請辭，2012 年 7 月 30 日正式離任

** 任期 2015 年 11 月 20 日–2017 年 6 月 30 日

資料來源：不同的人物傳記和政府網站、報告、年報和憲報。

表12.14 梁振英任期的非官方行政會議成員

人物	所任公職	分析上可注意的角色功能
林煥光 （Lam Woon-kwong, 1951–）	平等機會委員會主席	香港大學社會科學學院畢業，1974 年加入香港政府成為政務主任，曾任香港政府多個職位，包括沙田政務專員、教育署署長，公務員事務局局長，民政事務局局長等。2002 年 7 月任行政長官辦公室主任。2010 年 1 月獲委任為平等機會委員會主席。
鄭耀棠	港區全國人大代表	參看表 12.7。工聯會榮譽會長。
史美倫	金融發展局主席	參看表 12.7。
胡紅玉	積金局主席	參看表 12.11。
李國章	可持續發展委員會主席	參看表 12.6。
廖長城	香港科技大學校董會主席	參看表 12.7。
周松崗 （Chung-kong Chow, 1950–）	香港交易所主席	香港出生，先後在威斯康星大學和加州大學取得化學工程之學士和碩士學位。早期在英國氧氣集團（The BOC Group）工作，1993 年獲擢升為該集團的董事，1997 年到英國的 Guest, Keen and Nettlefolds 擔任總裁。2001 年轉職到澳洲的布萊堡工業集團（Brambles Industries）出掌行政總裁。2012 年 4 月 24 日，獲委任為香港交易及結算所董事會主席。
張學明 （Cheung Hok-ming, 1952–）	鄉議局副主席 新界社團聯會榮譽會長	張學明生於香港新界大埔林村鄉大菴村，為新界原居民，是香島中學、大埔王肇枝中學及英國利物浦約翰摩爾大學的畢業生。1985 年成為大埔區議員，1998 年接任大埔鄉事委員會主席一職。1999 年成為鄉議局議員及新界社團聯會會長。2004 年，參選立法會新界西地方直接選舉勝出，2007 年獲特區政府委任為大埔區議員，並當選大埔區議會主席。

（表 12.14 下頁續）

人物	所任公職	分析上可注意的角色功能
羅范椒芬 （Fanny Law Fan Chiu-fun, 1953-）	香港科技園主席 港區全國人大代表	任香港教育統籌局局長及常任秘書長、廉政專員。 2008 年 1 月當選為港區全國人大代表。任梁振英競選辦公室主任及候任行政長官辦公室主任及香港科技園董事局主席。
張震遠 * （Barry Cheung Chun-yuen, 1958-）	市區重建局主席 香港商品交易所 董事會主席	出生於親中國國民黨及反中國共產黨的家庭。父親是曾任港九各界救濟調景嶺難民委員會主任的中國國民黨黨員張寒松；母親則是路蘊真，籍貫山東，其表妹是前台灣光華文化中心駐港主任路平，舅父路友於亦是革命烈士。幼時與家人居住在調景嶺，就讀天主教鳴遠中學，在英國薩塞克斯大學念數學取得數學及電腦科技學位。 2001 年起出任市建局董事會成員，於 2007 年起出任董事會主席，於 2013 年 4 月連任；亦為紀律人員薪俸及服務條件常務委員會主席、薪酬趨勢調查委員會替任主席、策略發展委員會委員、公務員薪俸及服務條件常務委員會委員、授勳評審委員會委員和長遠房屋策略督導委員會成員。出任梁振英競選辦公室主席。
張志剛 （Cheung Chi- kong, 1959-）	一國兩制研究中心 總裁	畢業於香港中文大學人類學系，並且獲得學士及碩士學位，時事評論員、時政專欄作家、文章也常見於香港《亞洲周刊》。 香港發展論壇總幹事，一國兩制研究中心總裁。是第十三屆全國政協委員。
林奮強 * （Franklin LAM Fan-keung, 1961-）	特許會計師	就讀香港華仁書院，畢業於英國曼徹斯特大學經濟系，任地產分析員。1998 年獲委任中央政策組兼任非全職顧問，2006 年於瑞銀環球資產管理擔任董事總經理。智庫組織香港黃金五十創辦人之一，曾任瑞銀環球資產管理董事總經理。
陳智思	港區全國人大代表	參看表 12.7。

（表 12.14 下頁續）

人物	所任公職	分析上可注意的角色功能
李慧琼 （Starry Lee Wai-king, 1974–）	立法會議員， 民建聯主席	畢業於五邑司徒浩中學及香港科技大學會計系，註冊會計師。1999 年，李慧琼參加區議會選舉勝出，在 2004 年加入民建聯，2006 年獲區政府委任為中央政策組非全職顧問。2008 年立法會選舉勝出，後為民建聯主席。
葉劉淑儀 （Regina Ip Lau Suk-yee, 1950–）	立法會議員， 新民黨主席	祖籍廣東佛山市南海羅村，生於香港父親是新加坡華人，早年在當地的英華學校受教，興辦貿易公司「有裕行」，與中國共產黨關係密切。香港大學主修英國文學，1972 年畢業。1975 年獲香港政府招聘為政務主任，被派到輔政司署銓敍科工作，1977 年任民政署社區關係主任。1980 年復轉任助理新界政務司，1993 年改任副工商司，1995 年為工業署署長，1996 年 8 月人民入境事務署署長，1998 年 7 月起出任保安局局長。2003 年 7 月 16 日，在推銷《23 條》立法後辭職。 2006 年成立匯賢智庫，自任主席，2008 年立法會選舉成功當選。2010 年 12 月 15 日，組織新民黨，成為主席。
林健鋒 （Jeffrey Lam Kin-fung, 1951–）	立法會議員， 經民聯副主席	廣東南海人，成長於香港，父親林亮是永和實業創辦人、代理變形金剛起家。代表香港總商會當選進入立法會。本身是永和實業董事長，亦是香港總商會理事，香港工業總會理事及珠三角工業協會名譽會長。2012 年 10 月 7 日，林健鋒與六名建制派立法會議員成立「香港經濟民生聯盟」，他成為創始聯盟副主席。
楊偉雄 ** （Nicholas Yang Wei-hsiung, 1955–）	創新及科技諮詢委員會主席	祖籍湖南寧遠，蜆殼電器創辦人翁祐的女婿。早年留學美國，1977 年畢業於美國加州理工學院，取得電機工程及應用數學學士學位。分別於 1978 年及 1982 年獲得美國史丹福大學頒授電機工程碩士及工商管理碩士。1978 年加入英特爾任職高級設計工程師，在貝恩策略顧問任職策略管理顧問。1983 年來到香港工作。2003 年任數碼港行政總裁。2010 年至 2015 年 2 月任香港理工大學行政副校長。

（表 12.14　下頁續）

293

人物	所任公職	分析上可注意的角色功能
葉國謙 *** （Ip Kwok-him, 1951–）	民建聯成員 港區全國人大代表	廣州人，就讀漢華中學，1966 年澳門發生一二三事件後，葉國謙與一批同學跟隨左派赴澳，學習當地左派鬥爭經驗，至翌年六七暴動爆發，漢華中學組織學生鬥委會，葉國謙當選為委員，於 5 月中曾帶領數百名學生遊行往港督府，在門外張貼大字報，揮動毛語錄及高喊口號。後於華南師範大學畢業，1991 年當選為中西區區議員，其後選舉連任。於 2000 年香港立法會選舉的區議會功能界別選舉勝出。
張宇人 *** （Tommy Cheung Yu-yan, 1949–）	立法會議員， 自由黨主席	廣東東莞人，成長於香港，父張志安，母輩祖籍韓國仁川。畢業於拔萃男書院和美國佩珀代因大學（Pepperdine University），高益管理顧問有限公司主席。東區區議會區議員，立法會飲食界議員。
廖長江 *** （Martin Liao Cheung-kong, 1957–）	港區全國人大代表	在香港出生，中學曾就讀於英華書院，後往英國升讀中學，再於英國倫敦大學學院攻讀經濟及法律，獲頒榮譽經濟學士及法學碩士。執業大律師、香港中華總商會推薦當選立法會議員，是新民黨榮譽法律顧問。2008 年獲選為第十一屆全國人大代表。

* 分別因涉及香港商品交易所醜聞及出售物業醜聞提早請辭
** 2015 年 11 月 20 日轉任創新及科技局局長
*** 2016 年因應不同人士辭任而增添成員
資料來源：不同的人物傳記和政府網站、報告、年報和憲報。

表12.15 林鄭月娥委任非公務員的主要官員

人物	職位	分析上可注意的角色功能
陳茂波 （Paul Chan Mo-po, 1955–）	財政司司長	參看表 12.13。 2012 年為發展局局長，2017 年 1 月 16 日因應曾俊華辭任財政司司長，陳茂波獲委任為財政司司長。
鄭若驊 * （Teresa Cheng Yeuk-wah, 1958）	律政司司長	畢業於嘉諾撒聖瑪利書院，其後於 1981 年在倫敦國王學院取得理學士（土木工程）學位，1986 年在倫敦大學取得法律學士學位，2000 年晉升為資深大律師。 擅長處理建築業與國際投資爭議的法律事務，並有豐富的國際仲裁及調解經驗。
劉江華 ** （Lau Kong-wah, 1957–）	民政事務局局長	籍貫廣東順德，柏立基教育學院畢業成為教師，後於艾克斯特大學獲得學位，城市理工學院取得公共及社會行政學哲學碩士。早期由民主派轉變成為建制派，更成為民建聯副主席。1998 年擔任立法會議員，於 2012 年 9 月參加立法會選舉落選。12 月 20 日，香港行政長官辦公室公佈劉江華獲得聘任委員會通過，委任為政制及內地事務局副局長，並於 12 月 21 日履新。2015 年 7 月接替曾德成出任民政事務局局長。
羅致光 （Law Chi-kwong, 1953–）	勞工及福利局局長	祖籍廣東佛山市三水，1976 年於香港大學取得社會科學學士。1981 年，羅致光入職香港大學，1988 年，取得了美國加州大學洛杉磯分校社會福利博士學位。1993 年至 1997 年間曾任港大社會工作及社會行政學系系主任。1990 年和 1994 年，分別是香港民主同盟和民主黨創黨黨員。代表社會福利界立法會擔任議員，2005 年至 2007 年獲委任為扶貧委員會委員，到 2012 年林鄭月娥任政務司司長時主打扶貧政策，羅再獲委任入扶委會，並擔任轄下關愛基金專責小組主席。
楊偉雄	創新及科技局局長	參看表 12.14。

* 時任律政司司長袁國強亦繼續於第五屆政府中留任。袁國強選擇留任的決定，一直被視為只完成「一地兩檢」的工作，袁國強 2018 年 1 月 5 日因個人理由辭去律政司司長職務，由鄭若驊替補

** 2020 年 4 月 22 日，中國國務院根據時任特首林鄭月娥的提名和建議，正式免去劉江華的民政事務局局長職務，由徐英偉接替。

資料來源：不同的人物傳記和政府網站、報告、年報和憲報。

表12.16 林鄭月娥委任非官方行政會議成員

人物	所任公職	分析上可注意的角色功能
陳智思	亞洲金融集團總裁及亞洲保險有限公司主席	參看表 12.7。嶺南大學校董會主席、可持續發展委員會主席、古物諮詢委員會主席、活化歷史建築諮詢委員會主席及司法人員薪俸及服務條件常務委員會主席。
史美倫	香港交易及結算所有限公司主席	參看表 12.7。香港金融發展局主席、大學教育資助委員會主席及廉政公署貪污問題諮詢委員會主席。
李國章	香港大學校務委員會主席及可持續發展委員會主席	參看表 12.6。
周松崗	市區重建局主席	參看表 12.14。
羅范椒芬	中美交流基金會特別顧問	參看表 12.14。2014 年任科技園公司董事局主席。
林健鋒	永和實業有限公司董事長	參看表 12.14。香港總商會和香港工業總會理事。
葉國謙（Ip Kwok-him, 1951–）	港區人大、強制性公積金諮詢委員會主席	參看表 12.14。強制性公積金計劃管理局和市區重建局非執行董事、香港房屋委員會委員，及香港禁毒常務委員會委員。
張宇人	立法會議員、自由黨主席，香港飲食業聯合總會會長	參看表 12.14。
廖長江	大律師，立法會議員及人大代表	參看表 12.14。香港學術及職業資歷評審局主席、香港大學校務委員會委員及中央政策組非全職顧問。
任志剛（Joseph Yam Chi-kwong, 1948–）	中文大學劉佐德全球經濟及金融研究所傑出研究員	祖籍東莞常平，成長於香港。1970 年獲得香港大學學士加入香港政府，1985 年出任副金融司，主要負責處理貨幣與金融事務。1993 年任香港金融管理局總裁。

（表 12.16 下頁續）

人物	所任公職	分析上可注意的角色功能
葉劉淑儀	立法會議員、新民黨主席及匯賢智庫創會主席。	參看表 12.14。
湯家驊（Ronny Tong Ka-wah, 1950–）	資深大律師。	廣東新會人，出生於基層家庭，香港大學法律畢業，資深大律師，高等法院暫委法官。1999 年任香港大律師公會主席。2004 年當選立法會議員，創立公民黨。2015 年退黨及辭去立法會議員，指責民主派變得激進。創立智庫民主思路，擔任召集人。
黃國健（Wong Kwok-kin, 1952–）	立法會議員及香港工會聯合會副會長。	廣西上林人，香島中學畢業後任職海員，香港海員工會副主席，成為工聯會副會長，2003 年起任人大代表，2008 年起為立法會議員。
林正財（Lam Ching Choi, 1961–）	基督教靈實協會行政總裁	祖籍廣東東莞，生於香港，1980 年考入香港大學醫學院，香港兒科與社會醫學專科醫生，1996 年成為基督教靈實協會醫務總監，2005 年被擢升為協會的行政總裁，2016 年為安老事務委員會主席及兼任安老服務業行業培訓諮詢委員會主席。
劉業強（Kenneth Lau Ip-keung, 1966–）	永同益集團副主席及鄉議局主席	祖父劉天生、父親劉皇發，新界原居民。中學就讀拔萃男書院，大學畢業於倫敦政治經濟學院。2000 年任屯門區議會委任區議員。2015 年當選鄉議局主席，2016 年當選鄉議局功能界別立法會議員。
張國鈞（Horace Cheung Kwok-kwan, 1974–）	執業律師，立法會議員及民建聯副主席	大埔出生，香港城市大學法律系碩士畢業。2004 年任青年民建聯創會主席。2011 年香港區議會選舉勝出成為中西區區議員，2016 年獲選立法會議員。

資料來源：不同的人物傳記和政府報告、年報和憲報。

表12.17 特別行政區任期未滿而離職的問責局長

問責局長	任期	表面上的事由	分析上的評論 *
梁錦松 財政司司長	2002 年 7 月 1 日－2003 年 7 月 16 日	因偷步買車，辭去 財政司司長	偷步買車來說事件輕微而不應 引致下台，梁錦松的辭職的實 際效用的轉移視綫，為免董建 華完全承受壓力。
葉劉淑儀 保安局局長	2002 年 7 月 1 日－2003 年 7 月 24 日	為承擔廿三條立法 爭議的政治責任請 辭	政治責任更重的應該是律政司 司長梁愛詩，但因為其角色特 殊而先由葉劉淑儀辭職。
楊永強 衛生福利及 食物局局長	2002 年 7 月 1 日－2004 年 10 月 11 日	為承擔 SARS 事 件的政治責任請辭	事件應早承擔責任，拖延了十 多個到調查報告出籠才不得不 辭去職務。
麥齊光 發展局局長	2012 年 7 月 1 日－2012 年 7 月 30 日	因申領政府房屋津 貼時涉嫌違反《防 止賄賂條例》	事情十分奇怪，剛一任命就爆 出二十多年前的醜聞。事件估 計是圍內人士故意在其任職後 將資料放出，打擊政府班子 威信。
鄧國威 公務員事務 局局長	2012 年 7 月 1 日－2015 年 7 月 21 日	因家庭理由而離任	原因並不合理，是佔中運動後 梁振英挑選官員撤職，以建立 自己的威信。鄧國威的表現未 置要承擔政治責任。
曾德成 民政事務局 局長	2007 年 7 月 1 日－2015 年 7 月 21 日	退休	表面上還可以說成佔中運動中 曾德成沒有把好關，青年成為 運動的主力。佔中運動應該一 整個政府問責而不應將責任推 到一個人身上。而梁振英作為 親北京的新派大有可能對老左 派動手，事件更引起時為立法 會主席曾鈺成的不滿。
袁國強 律政司司長	2012 年 7 月 1 日－2018 年 1 月 5 日	因個人理由辭去律 政司司長職務	當他完成五年律政司司長任期 後本應離職，但一地兩檢作為 重要的任務故意要求他留下處 理，直至法例通過後隨即離職。

（表 12.17 下頁續）

問責局長	任期	表面上的事由	分析上的評論 *
羅智光 公務員事務 局局長	2017 年 7 月 1 日－2020 年 4 月 22 日	林鄭月娥重組班子 而離任	在任時面對反政府運動，其中 不少公務員參與。可能是林鄭 月娥認為羅智光處置公務員不 力而撤換。
劉江華 民政事務局 局長	2015 年 7 月 21 日－2020 年 4 月 22 日	林鄭月娥重組班子 而離任	表面是為區議會選舉失利而被 撤換，更可能的原因是林鄭月 娥不滿意民建聯系統的表現， 亦撤換梁振英系統的人馬。
楊偉雄 創新及科技 局局長	2017 年 7 月 1 日－2020 年 4 月 22 日	林鄭月娥重組班子 而離任	十分明顯是林鄭月娥要撤換梁 振英系統的人馬，以示威信。
劉怡翔 財務事務及 庫務局局長	2017 年 7 月 1 日－2020 年 4 月 22 日	林鄭月娥重組班子 而離任	該屆主要官員中年紀最大，撤 換時已屆 70 歲。

* 有關的分析是基於作者政治上的理解，並不是具有真憑實據的結論以供讀者探討。
資料來源：不同的人物傳記和政府報告、午報和憲報。

其他參考資料

《議員資料庫》，香港：中華人民共和國香港立法會。網址：http://app.legco.gov.hk/member_front/chinese/library/index.aspx

Hong Kong Government Reports Online (1842–1941), Hong Kong: Library of Hong Kong University. Website: http://sunzi.lib.hku.hk/hkgro/index.jsp

Biodata of Executive Council Members. Executive Councillors. Website: https://web.archive.org/web/19980112222313/http://www.info.gov.hk/hk1997/handover/exe7a.htm

第十三章

香港行政長官與《基本法》解釋

朱世海

澳門科技大學法學院副教授

　　《香港基本法》第 158 條專門對基本法的解釋做了規定，從中可見基本法的釋法主體有兩個，即全國人大常委會和香港法院，其中香港法院又包括從區法庭到終審法院等眾多法院。《香港基本法》所規定的基本法解釋體制是一大創新，不同於美國的普通法院模式，不同於德國的憲法法院模式，也不同於法國的憲法委員會模式。香港法院因擁有解釋基本法的權力而在實際上能夠對政府行為行使「違憲審查權」，[127]有時使「行政主導」變為「司法主導」。從防止行政權為非、保護人權的角度，司法機關對政府行為的審查是必要的，但因香港司法機關在違「憲」審查事務上經驗不足，以致對政府管治造成一些消極影響。為促進行政長官依法施政，從協調行政長官與司法的關係角度而言，需要提高行政長官對釋法的參與程度，發揮行政長官在釋法中的作用。

---

127. 「違憲審查權」是指特別行政區法院在司法審查中所行使的審查立法機關的立法行為或行政機關的行政行為是否違反《香港基本法》的權力。因這裏的「憲」指的是《香港基本法》，《香港基本法》不是憲法而是憲法性法律，故有學者認為特別行政區法院的「違憲審查權」是無稽之談。林來梵教授認為，基於中文的「違憲審查權」一術語應用於《香港基本法》理論時可能引起歧義，可以通過演繹「憲法訴訟」這一概念把有關基本法的司法爭訴以及特別行政區法院的違憲審查活動概稱為「基本法訴訟」。參見林來梵：《從規範憲法到憲法規範 —— 規範憲法學的一種前言》，法律出版社，2001 年版，第 393-394 頁。

一、香港法院釋法對行政長官施政的影響

回歸以來，香港法院的釋法活動較多，其中最有影響的是 1998 年的「吳嘉玲案」，正是通過「吳嘉玲案」，香港終審法院為特別行政區法院爭得了違「憲」審查權。在「吳嘉玲案」中，入境事務處依據《入境條例》，判定滯留香港的港人在內地所生子女屬於非法入境。案件當事人對《入境條例》表示質疑，認為違背了《香港基本法》的有關規定。終審法院通過該案申明，法院有權審查行政部門的行為是否符合《香港基本法》，如果裁定政府行為不符合《香港基本法》，法院可判決該行為無效。基於這樣的權能，終審法院裁定《入境條例》違反《香港基本法》的相關條款無效而予以廢除，並裁定撤銷入境事務處處長所作的相關決定。該案涉及基本法中兩個相互關聯的條款，即第 22 條第 4 款和第 24 條第 2 款。本案中最大的爭議是：終審法院在審理這個案件時，要不要提請全國人大常委會釋法。終審法院認為，要提請全國人大常委會釋法，必須滿足兩個條件：「類別條件」，[128]即這些條款應屬於「自治範圍」之外條款；「有需要條件」，[129]即在終審法院認為有需要的情況下才提請全國人大常委會釋法。終審法院在判決中指出的：我等認為在審理案件時，唯獨終審法院才可決定某條款是否已符合上述兩項條件；也只有終審法院，而非全國人民代表大會，才可決定該條款是否已符合「類別條件」，即是否屬於「自治範圍」之外條款。[130]

鑒於香港暴力不斷升級，香港特區行政長官林鄭月娥在 2019 年 10 月 4 日宣佈引用《緊急情況規例條例》，訂立《禁止蒙面規例》，以止暴制亂。香港高等法院原訟法庭在 2019 年 10 月 18 日做出的裁判，卻裁定《緊急情況規例條例》和《禁止蒙面規例》違「憲」(基本法)，從而給香港特區政府止暴制亂帶來重大影響。雖然《緊急情況規例條例》的文

---

128. 〈香港特別行政區終審法院終院民事上訴 1998 年第 14 號〉(FACV14/1998)，網址：http://legalref.judiciary.gov.hk/lrs/common/ju/judgment.Jsp，2010 年 9 月 10 日登陸。

129. 同上。

130. 同上。

本存在賦予行政長官職權過於廣泛、對依此制定的規例缺乏必要審查等缺陷，但其合「憲」性是不能否定的，作為特別行政區的行政長官是應具備一定的緊急權。《禁止蒙面規例》可能存在違反比例原則之處，但出於止暴制亂的現實需要，法院對其審查應秉持合憲性推定[131]立場。

　　香港法院憑藉釋法權而獲得的違「憲」審查權給行政長官施政帶一些消極影響，上述兩個案子就是代表性事例。基於憲法解釋與違憲審查的密切關係，香港法院因具有解釋基本法的權力而獲得違「憲」審查權。雖然在回歸以前，香港已經形成了由司法機關即法院負責司法審查的制度，即當時法院可依據《英皇制誥》和《皇室訓令》等英國頒佈的憲制性法律文件來審查立法行為和行政行為，但英國樞密院司法委員會對於香港法院的這種司法積極主義在肯定法院採取的寬鬆的、目的論的釋憲方法的同時，也指出其不應僵化地借鑒美加法院、歐洲人權法院判例，應當把握問題本質而靈活處理，要確保關於《人權法案》的訴訟不會出現失控的情況。香港回歸之後，根據《香港基本法》第81條的規定，[132]這種司法審查制度被保留下來，從而造成「在1997年回歸後，香港法院的違憲審查權有增無減，其適用的範圍從違反《公約》的人權標準的情況擴展到違反《基本法》內的任何其他條款的情況」。[133]從防止公權為非、保障港人消極權利和自由的角度而言，香港司法機關對行政行為的違「憲」審查是十分必要的。但違憲審查自美國立憲以來一直就被認為有司法暴政的傾向。杰斐遜曾指出：「法院卻給法官以決

---

131. 所謂的合憲性推定，「任何一個違憲審查機關的權力都是相對的，特定機關行使違憲審查權時應考慮審查對象涉及的各種因素，要在合理的範圍內有節制地行使違憲審查權，以減少可能引起的社會矛盾與社會震動。當判斷某一項法律或行為是否違憲時，如沒有十分確實、有效的依據認定其違憲則應盡可能推定其合憲，做出合憲性判斷，避免違憲判決。」參見韓大元：〈論憲法解釋程序中的合憲性推定原則〉，《政法論壇（中國政法大學學報）》2003年第2期，第4–5頁。

132. 《香港基本法》第81條規定，香港特別行政區設立終審法院、高等法院、區域法院、裁判署法庭和其他專門法庭。高等法院設上訴法庭和原訟法庭。原在香港實行的司法體制，除因設立香港特別行政區終審法院而產生變化外，予以保留。

133. 陳弘毅：〈香港的憲政發展：從殖民地到特別行政區〉，江平：《洪範評論》，第12輯，北京：三聯書店，2010年，第167頁。

定哪些法律合憲以及違憲的權利，他們不但能夠審查司法行為，而且將觸角伸入了立法以及行政的領域。這必將導致司法的暴政。」[134]司法審查是針對行政機關和立法機關可能出現的暴政，但司法機關同樣也可能出現濫用權力由誰來限制？杰斐遜曾對此憂心忡忡地指出：「我擔心的是聯邦司法。那個機構有如地心引力一樣不聲不響地運作，神不知鬼不覺地挺進，一步一步地佔領地盤，堅守地盤。現在，它正陰險地把一切政府吞入它的血盆大口之中。」[135]

回歸以來，香港法院釋法對行政長官施政帶來較大的挑戰和衝擊，[136]行政和司法關係呈現前所未有的緊張，究其原因，應包括以下三點：其一，司法機關未必刻意挑戰行政機關的權威，因司法機關對《香港基本法》的理解與行政機關不同，從而不可避免地導致兩者的摩擦。回歸後，行政機關領導人和司法機關領導人在價值觀、法律觀和政治取向等各方面出現了分歧。行政機關領導人着重內地與特別行政區關係的和諧，自覺在其職權範圍內忠實貫徹中央政府對香港的政策和側重法律應用所產生的社會效果。司法機關的領導人則強調香港相對中央政府的高度自治、人權的保障和普通法的法治原則。[137]其二，香港的法官缺乏違「憲」審查的經驗，還難以勝任此項工作的高度要求。回歸前香港雖然設有最高法院，但最高法院沒有終審權，當事人對最高法院判決不服的案件最後要拿到倫敦的樞密院裁決。香港法院不需要處

---

134. Thomas Jefferson. *The Writings of Thomas Jefferson.* vol. 11, Washington, D.C., 1903–04, p. 51 轉引自佟德志：〈憲法民主與關國政治文明的二元化〉，載應奇等主編：《憲政與民主》，江蘇人民出版社，2007 年版，第 108 頁。

135. Thomas Jefferson. Writings. New York: Literary Classic of the U. S., 1984 p. 189 轉引自佟德志：〈憲法民主與美國政治文明的二元化〉，載應奇等主編：《憲政與民主》，江蘇人民出版社，2007 年版，第 109 頁。

136. 除了前述的「吳嘉玲案」，還有「莊豐源案」等都給行政長官施政帶來挑戰和衝擊。在「莊豐源案」中，香港高等法院和香港終審法院在 2001 年相繼裁定莊豐源勝訴，不論其父母是否已在港定居，在香港出生的中國籍子女都享有居港權，此案例為內地孕婦在香港生子打開了大門，從而造成香港醫療資源的緊張和永久性居民的非正常增長。

137. 劉兆佳：〈行政主導的政治體制 —— 設想與現實〔C〕〉，中央人民政府駐香港特別行政區聯絡辦公室，《關於「一國兩制」和香港問題的理論文集》，第 307 頁。

理涉及憲制或憲法的問題，香港的法官並沒有處理涉及憲法案件的要求和經驗。在英國普通法體制裏，沒有違憲審查的程序和操作，法官的角色和功能是純專業性的，近乎機械的，按法律和事實判案，並無其他考慮，也不受其他因素影響，特別是其個人的價值取向或對某人某事的看法，法官只是法律的工具。在這樣的體制中，法官並不需要平衡社會上的個人權利義務與社會利益之間的衝突，不用對法律中的不同價值衝突作出取捨。這些問題都在立法的程序中由人民的政治代表予以考慮，由立法機關作出這些政治決定。[138] 其三，一些參與審判的法官、特別是來自其他普通地區的法官對香港社會情況不是很瞭解，他們只顧向法律負責，所作判決往往只考慮維護具體案件中當事人個體的權利，不考慮所作判決將產生的對整個社會的效果，從而給政府施政帶來很多負面的影響。正如有學者指出的：「由於香港司法機關在裁決案件時趨向於採取一種形式主義的思路，忽視法律政策的效果，因此，許多判決雖然看似維護了法條，但是卻留給政府和社會一系列棘手的社會問題。」[139]

二、全國人大常委會釋法與行政長官施政

　　為消除香港法院釋法所造成的棘手問題，行政長官不得不請出全國人大常委會釋法這個「殺手鐧」。例如，1999 年就「吳嘉玲案」涉及條款的解釋，及時消除香港終審法院的判決給香港帶來的衝擊。全國人大常委會釋法是香港行政長官施政的外部支撐，但全國人大常委會釋法不宜主動進行，也不宜經常進行，這導致行政長官在面對香港法院的司法積極主義，其施政要得到全國人大常委會釋法支持的需要往往難以滿足。

---

138. 邵善波：〈成文憲法對香港原有司法體制的影響〔C〕〉，中央人民政府駐香港特別行政區聯絡辦公室，《關於「一國兩制」和香港問題的理論文集》，第 312–314 頁。

139. 程潔：〈香港憲制發展與行政主導體制〔J〕〉，《法學雜誌》2009 年第 1 期，第 50 頁。

　　全國人大常委會釋法屬於司法行為，具有被動性。從國家的憲政體制而言，全國人大常委會擁有釋法的權力，這一點即使受普通法影響的香港法律界人士也應是理解的，關鍵是全國人大常委會釋法的程序沒有一套既定的規則。全國人大常委會釋法應堅持什麼樣的程序，是主動釋法，是被動釋法，還是既可主動，又可被動？這與全國人大常委會釋法行為的性質是密切相關的，如何看待全國人大常委會釋法行為的性質，這不僅關係全國人大常委會釋法能否被港人所接受，還關係全國人大常委會釋法的程序設訊「法律解釋是對法律規範的含義、用語所作的說明，乃法律適用中不可缺少的重要環節」。[140]法律解釋本質上是司法行為「解釋法律顯而易見是司法部門的職責」[141]。司法是指國家司法機關及其工作人員依照法定職權和法定程序，具體運用法律處理案件的專門活動。這是對司法的狹義解釋，廣義上的司法還包括解釋法律（包含解釋憲法）。全國人大常委會解釋法律稱為立法解釋，立法解釋的歷史溯源可追溯到法國。從理論上講，人民代表大會制度是盧梭的人民主權理論的充分演示。人民代表大會體現的是議會至上或立法至上原則，人民代表代表人民立法，法律必須是眾意的體現。因而，人民的意志必須也只能由人民或人民的代表來決定和修正（如制訂新的法律或修改現行法律）。推而廣之，代表人民意志的法律只能由人民代表機關或曰議會解釋。這應該是立法解釋的直接理論解釋。[142]全國人大常委會的立法解釋的性質究竟是立法行為，還是司法行為？有學者指出，「全國人大常委會是否可以主動解釋？我們認為可以主動解釋，原因在於立法性的權力運作可以發動於內部」，[143]這也很符合中國學界認為全國人大常委會的釋法就是立法的通論。對於認為全國人大

---

140. 李昌道：〈香港基本法解釋機制探析〔J〕〉，《復旦學報：社會科學版》2008年第3期，第62頁。

141. 約翰·馬歇爾在馬伯里訴麥迪遜案中的判詞。

142. 朱國斌：〈香港基本法第158條與立法解釋〔EB/OL〕〉，網址：http://www.calaw.cn/Pages_Front/Article/Article De-tail.2010-07-30。

143. 王磊：〈論人大釋法與香港司法釋法的關係 —— 紀念香港基本法實施十周年〔J〕〉，《法學家》2007年第3期，第20頁。

常委會是立法機關，故此全國人大常委會的立法解釋就是立法行為的觀點，我們有不同的看法。我們認為全國人大常委會解釋法律的行為既可能是立法行為，也可能是司法行為，[144]但我們對全國人大常委會對基本法的解釋應理解為司法行為，理由有：其一，全國人大常委會是最高國家權力機關的常設機關，行使部分最高國家權力，立法權和憲法監督權是其中重要內容。很多學者把全國人大及其常委會表述為國家立法機關，這其實是不准確的。立法機關一般是在三權分立體制下相對行政機關、司法機關而言的國家機關，全國人大及其常委會擁有立法權，並不能說它們是立法機關，立法權只是它們擁有的最高國家權力的一部麼「全國人大常委會除了作為國家最高權力機關的常設機關外，它還是國家的最高護憲機關，如同美國的最高法院、歐洲國家的憲法法院或憲法委員會。[145]全國人大常委會解釋法律（包括解釋憲法）的權力不是它作為立法機關的權力，而是作為權力機關的權力、進一步說是它作為護憲機關權力的一部分。解釋法律，一般認為屬於司法行為，無論是在普通法系，還是在大陸法系。因此，全國人大常委會履行護憲職責解釋基本法的行為應是司法行為。其二，全國人大常委會對法律的解釋稱為立法解釋，這是在中國大陸相對最高法院、最高檢察院對法律的具體應用解釋（司法解釋和檢察解釋）而言。即使在中國大陸範圍內，全國人大常委會對法律的解釋也不能完全視為立法行為，畢竟是就法律適用問題對法律條文的說明，目的是為了司法適用，本質還是司法行為，不能因為全國人大常委會被認為是立法機關，就得出立法解釋是立法行為的結論。行為的性質由行為本身的屬性決定，不能根據作出該行為的國家機關的性質來判斷，況且中國的

---

144. 實踐中極難判斷是立法行為，還是司法行為。解釋法律與立法是兩個概念，兩種行為，但內在聯繫是密切，正如本杰明豪德利主教所說：「無論是誰，只要他擁有絕對的權力去解釋任何成文或不成文的法律，那麼他差不多等於真正的立法者，而不是那些最初寫下或說出法律的人。」見〔美〕斯基‧威廷頓：《司法之上的政治基礎》，北京大學出版社，2010 年版，扉頁。

145. 陳斯喜：〈論立法解釋制度的是與非及其他〔J〕〉，《中國法學》1998 年第 3 期，第 19 頁。

國家機關不能用西方國家機關的劃分標準來劃分為立法、行政和司法等機關。全國人大常委會對法律的解釋不同於最高法院、最高檢察院的法律具體應用解釋，主要在於因全國人大常委會的憲制地位高於最高法院、最高檢察院等機關，其對法律的解釋在效力位階上高於具體應用解釋。兩者的主要區別不在於究竟屬於立法行為還是司法行為，其實最高法院和最高檢察院的司法解釋和檢察解釋也不完全是司法行為，多少也有立法的成份。其三，全國人大常委會對基本法的解釋稱為立法解釋，被認為是立法行為，引起港人的恐慌和反對。全國人大常委會的釋法之所以在香港引起如此大的反彈，很重要原因是港人受普通法理念的影響認為全國人大常委會是立法機關無權解釋基本法，如果我們強調全國人大常委會對基本法解釋行為是立法行為，港人更不能接受，因為這顯然不符合《香港基本法》的規定——該法第 159 條規定，本法的修改權屬於全國人民代表大會，因為只有全國人大才可以修改基本法。強調全國人大常委會釋法行為本質上屬於司法行為，有利於港人自覺接受全國人大常委會的釋法。此外，有人對此可能會提出把全國人大常委會解釋基本法的權力視為司法權與香港特別行政區享有獨立司法權相違背。其實，全國人大常委會作為護憲機關，解釋憲法性法律是其天然的權力，即使在實行司法獨立的西方國家，其憲法法院也擁有這樣的權力，不能因此說這就違背司法獨立。香港特別行政區的司法權是來自中央政府的授權，中央政府只是授予其包括終審權在內的一部分司法權，香港特別行政區享有獨立司法權也就是指享有終審權在內的審判權，對於解釋基本法這樣的司法權，中央政府沒有完全授予，還是做了保留。

全國人大常委會釋法在客觀上符合香港政府的意志和要求，但與終審法院及很多法律界人士的理解相悖，令很多普通法法律工作者擔憂香港法制的完整性受到削弱，這幾次釋法都給香港社會帶去衝擊，引起很大的反彈。香港特別行政區政府律政司原司長黃仁龍 2007 年 4 月 4 日表示，考慮到全國人大常委會釋法可能會造成的影響，特別行政區政府不會輕易向全國人大常委會尋求釋法，如果真的有這樣的情況

出現，他會竭盡所能，減低釋法對法治的影響。[146] 從基本法第 158 條的立法原意來看，香港法院對基本法的解釋無疑應是常態，故那種認為全國人大常委會釋法保持常態化的觀點是需要商榷的。

三、提高行政長官在釋法上的參與程度

對《香港基本法》解釋更涉及社會整體價值觀和公私利益的平衡，是一種非常政治性的行為《香港基本法》生效後，香港的司法體制發生了根本的變化，法官被推到一個他們從未扮演過的角色上去。[147] 基於香港法官難以勝任釋法的重任、全國人大常委會又不能經常釋法等因素，必須通過修改、完善基本法 158 條來增強行政長官對釋法等司法活動的影響力，以協調香港行政權與司法權的關係，促進行政長官依法施政。

《香港基本法》目前的解釋機制雖然是多方意見的結果，並經過實踐有新的創新，但仍然存在一些瑕疵，具體體現為：其一，授予了香港法院對非「自治範圍內條款」的解釋權，但基本法沒有明確「自治範圍內條款」與非「自治範圍內條款」的認定標準、認定許可權歸屬以及認定許可權衝突的解決機制。[148]「自治範圍」、「中央人民政府管理的事務」和「中央和香港特別行政區關係」的內涵模糊，沒有權威界定。其中，《香港基本法》對香港的高度自治作出了兩類劃分：一類是基於事權的範疇所作劃分，另外一類是基於治權的屬性進行劃分。兩者不完

146. 黃仁龍：〈港府不會輕易向全國人大常委會尋求釋法〉，網址：http://www.chinanews.com/ga/zxgagc/news/2007/04-04/907911.shtml 黃仁龍：〈港府不會輕易向全國人大常委會尋求釋法〉，2011 年 11 月 2 日登陸。

147. 邵善波：〈成文憲法對香港原有司法體制的影響〔C〕〉，中央人民政府駐香港特別行政區聯絡辦公室，《關於「一國兩制」和香港問題的理論文集》，第 76 頁。

148. 胡錦光：《中國憲法問題研究〔M〕》，北京：新華出版社，1998 年版，第 315 頁。

全吻合,由此導致理解的困難。[149]其二,沒有明確規定在香港終審法院以下的其他法院作出終局判決的情形下,應如何由終審法院提請全國人大常委會解釋的程序。[150]根據《香港基本法》第158條,如香港特別行政區法院在審理案件時需要對本法關於中央人民政府管理的事務或中央和香港特別行政區關係的條款進行解釋,而該條款的解釋又影響到案件的判決,由香港特別行政區終審法院在對該案件作出不可上訴的終局判決前請全國人民代表大會常務委員會對有關條款作出解釋,但終審法院不提請全國人大常委會解釋怎麼辦?在香港釋法實踐中曾遇到這樣的問題,以後很可能仍然遇到這樣的問題。其三,全國人大常委會的三次釋法都是行政長官主動提出,可以說是行政長官啓動全國人大常委會的釋法程序,行政長官通過提請釋法創造了行政長官可以作為釋法啓動者的規則。但行政長官提出釋法請求被質疑,有學者認為行政長官提請釋法的依據是《香港基本法》第48條第2項:行政長官「負責執行本法」,這多少有些牽強。在有成文法的前提下,行政長官的權力應是基本法所明確規定的,從行政長官「負責執行本法」的規定,並不能推導出行政長官有權提請有關方面釋法。其四,從全國人大常委會釋法實踐來看,全國人大常委會對基本法的解釋可分兩大類:涉訴的基本法解釋與非涉訴的基本法解釋,《香港基本法》第158條只對涉訴案件的全國人大常委會釋法程序有所規定(這個程序也沒有得到落實),沒有對非涉訴的基本法解釋的程序作出規定。

香港本土的權力配置體系缺乏自我實施、自我修補的能力是釋法存在中央和香港地方雙軌制的一大原因。[151]鑒於全國人大常委會釋法受到眾多局限,為增強香港本土的權力配置體系中自我實施、自我修補的能力,針對香港法院的司法積極主義,就需要通過修改、完善《香港

---

149. 程潔:〈論雙軌政治下的香港司法權 —— 憲政維度下的再思考〔J〕〉,《中國法學》2006年第5期,第52頁。

150. 胡錦光:《中國憲法問題研究〔M〕》,北京:新華出版社,1998年版,第315頁。

151. 程潔:〈論雙軌政治下的香港司法權 —— 憲政維度下的再思考〔J〕〉,《中國法學》2006年第5期,第56頁。

基本法》第 158 條來增強行政長官對釋法的參與度和影響力，具體舉措包括：其一，明確由全國人大常委會確定「自治範圍內條款」與非「自治範圍內條款」的認定標準，並界定「自治範圍」、「中央人民政府管理的事務」和「中央和香港特別行政區關係」的內涵。因為這些問題更多是政治問題，不僅僅是法律問題，香港法院很難判斷。其二，明確行政長官經國務院提請全國人大常委會釋法的權力，在具體釋法活動中，對涉訴的案件，應保持被動解釋，針對法院不提起，行政長官可以經國務院提請解釋；對非涉訴案件，包括那些不屬於法院管轄的事項的處理，如大陸法下的「國家行為」或「政府行為」和美國普通法下的「政治問題」或「憲法問題」也儘量由行政長官提出經國務院等機關提請全國人大常委會解釋為妥。全國人大常委會當然可以主動釋法，但應儘量不主動解釋。這除了出於全國人大常委會釋法行為視為作為司法行為這個考慮外，還有以下因素必須顧及：一方面，由特別行政區自己提出釋法建議，而不是由全國人大常委會主動釋法，有利於保障特別行政區的高度自治權，維護特別行政區居民對實行「一國兩制」的信心，消除他們的某些憂慮和擔心；另一方面，全國人大常委會釋法主要是因應香港特別行政區現實情況的需要，而特別行政區最瞭解自身的情況，自己最清楚有無解釋基本法的必要，故由行政長官代表特別行政區來向國務院提出釋法建議最為合適。[152]其三，可借鑒俄羅斯憲法第 85 條第 2 款，[153]提高行政長官在釋法上的參與程度。香港法院在具體司法活動中認為政府政策和行政命令、立法會立法違反《香港基本法》，應向行政長官提出中止以上立法的效力，行政長官中止有關政府立法或議會立法針對具體案件上的效力，對自治範圍內事項提請終審法院解釋，對中央人民政府管理的事務和中央和香港特別行政區

152. 上官丕亮：〈論全國人大常委會解釋基本法的程序〔J〕〉，《山東社會科學》2008 年第 10 期，第 22 頁。

153. 俄羅斯憲法第 85 條第 2 款內容是，在俄羅斯聯邦各主體執行權力機關的文件違背俄羅斯聯邦憲法和聯邦法律、俄羅斯聯邦的國際義務或者侵犯人和公民的權利與自由的情況下，俄羅斯聯邦總統有權中止這些文件的效力，直到相應的法院解決這些問題為止。

關係的條款提請（經國務院）全國人大常委會解釋。行政長官認為香港終審法院的解釋不符合《基本法》，仍可提請（經國務院）全國人大常委會解釋，並以全國人大常委會解釋為準。這樣的制度設計就限制香港的司法積極干預主義，保持司法謙抑，有利於行政長官依法施政。此外，如果涉及中央人民政府管轄事務、中央與地方關係等的爭議，行政長官提交全國人大常委會解釋，實質是取消香港法院對中央人民政府管理事務、中央與地方關係的條款解釋的權力。這能有效避免香港特別行政區法院出現對中央利益不利但事後無法糾正的有效判決。因為「在 1997 年後香港特別行政區終審法院有終審權，它的判決即最終判決，不能再上訴到北京，如果涉及國防外交及中央直接管轄的事務的案件，香港特別行政區法院又審判得不正確，這種錯判的案件將無法得到糾正」。【154】

---

154. 胡錦光：《中國憲法問題研究〔M〕》，北京：新華出版社，1998 年，第 315 頁。

「新界」原居民的
合法傳統權益

幕小衛

「一地兩檢」與
全國人大常委會的權力

朱國斌 編著

中央與特別行政區
關係專論

朱國斌 朱世海 編著

香港基本法
解釋理論及判例研究
上冊

黃江天

香港基本法
解釋理論及判例研究
下冊

黃江天

香港特區
立法權與行政權
關係研究

秦前紅 付婧

香港立法會
普選研究

王曜蕅

第五次人大釋法
憲法與學理論爭

朱國斌 編著

香港特區
政治體制研究

朱國斌 編著